韩国汉文学

- 概论与史 -

(韩)国立全南大学校出版部

韩国汉文学

- 概论与史 -

文 璇 奎 著

安 奇 燮
金 庆 国 译

(韩)国立全南大学校出版部

自序

我写完《韩国汉文学史》已有十八年了。起初，把在《现代文学》连载过的《韩国汉文学史》，只做了重新整理刊登，同时在多种版本出版过。但是，从未做修正或增补。

我们的汉文学具有两千年的历史。可是，不仅过去没有对汉文学从横向和纵向研究过的专著，近期也不多见。尤其对汉文学概论的书根本没有出版过。若是，我著作《韩国汉文学史》之后，継续倾注于汉文学，也许就会对它进行修正和增补，还能出版有关研究汉文学方面的书。但是，由于年青时代主要倾注在对中国语言的音韵及我国汉字音的学习，对韩国汉文学几乎很少过问过。

几年前，我曾接受过修正《汉文学史》，出版概论一书的劝告。因本人年年犹豫，也就《韩国汉文学史》做了不少不了了之。但是，有个让我在这个春季完成这本书的任务，这才写了这本书。对以前的改删，前面也加了“概论”。由于纸面关系，简单做了叙述，对引用的原文没附译文感到遗憾。

1979年　2月　　日

葛云 谨识

目 录

Ⅰ. 汉文学概论 篇

Ⅱ. 汉文学史 篇

I. 汉文学概论 篇

第一章 序说

第一节 汉文学的定义

什么叫汉文学?汉文学是 “用汉语描写的文学及其研究它的文学的学问” 叫做汉文学。所以也可以说韩国汉文学是 “我国人用汉字描写的文学, 而且研究其这个文学的学问”。但是, 如此简单地下定义总有些欠妥。那是因为仍然会对 “汉文” 这个名词的本意产生疑问。

“汉文” 可有两个解释。一个是 “汉代的文章”, 另一个是 “用汉字写成的文章”, 这里是说用汉字写成的文章的意思。用汉字写成的文章, 可以说是中国的文章。那么 “汉” 怎么表示中国的意思呢? “汉” 可以表示 “银河·生气·男子·日中·江名·地名('汉中'的略语)·'国朝'的名称·中国本土·中国本土人·姓” 等的意思。先秦时代, 主要用于表示 “银河”, 汉代(前、后汉) 以后, 主要理解为国朝的名称。“汉” 能作为代表中国的代名词, 实际上是汉代以后。那是因为在汉代时, 随着国家威势的不断高涨, 中国民族频繁出海和中国文化不断流传海外, 中国民族自认为自己是地球上最优越的、变得更自负;外国也认为中国不仅国家之大, 而且一切都很先进。因此, 形成了 “汉” 就是中国的观念。与此同时, 进入汉代, 对文字体进行了全面的改革, 旧的字体带来巨大的变化。即先秦时代的文字体是夏杂的。这夏杂的文字体称 “籀文” 或 “篆”。因为写起来非常不便, 秦代的裁判官程邈树担任了使字体简便的文字改革作业。他改革的字体叫做“隶书”，到了汉代进一步改成更简单和美观的字体。汉代整理的字体，后世称“汉隶”，这正是现代的中国字体。汉代人把以前所有的字体叫“古文”，汉隶叫“今文”。当时汉代的新字体流入到外国，外国人不知不觉把中国字叫汉字，认为汉字就是中国的文字。因此，用中国的汉字记述成的中国文章叫着“汉文”。

其次，有必要交代一下“文学”是什么。关于什么是文学，对这个问题，我们时常感觉不好答夏。尽管世界上最先享有文学的中国，也未曾对文学做过明确的定义。在《春秋左氏传·襄公二十五年》条的传文曰：

> “仲尼曰，志有之，言以足志，文以足言。不言，谁知其志。言之无文，行而不远。”

依此段话，“文”就是把人具有的意思用文字记述的。且在《论语·先进》篇里记载着孔子对其高弟子具有的特殊才能分四个方面的进行描述：颜渊·闵损·冉伯牛·仲弓在德行方面卓越，宰我·子贡善表语言，冉有·季路(子路)在政治上卓越，子游·子夏在文学上有才华。但是，邢昺在他的疏里把这个文学解释为“文章博学”。从这些例子中认为，古时的文学就是用文字表述具有意思的文章。但是，不能说文学就是简单的文章，叙述一些道理，或者为了教他人一些东西而进行的说明，再或者是把听过的和看过的如实的写出来，告诉别人传达给别人的文章等不能叫着文学。那么，究竟什么是文学？文学就是依据某种形态的文章和某种形式的手段，把人间·社会·自然，美丽地、真实地描写出来，与作者的情绪和主观融为一体的文章。

依上述记述，对汉文学的定义重新归纳整理的话，汉文学是把人间·

社会或自然，依照某种形态和某种形式，用汉字描写出符合中国语法写的文章，这就叫做汉文学。

第二节　汉文学的范围

我们的汉文学是我国人创作的，应属于我国民族文学的一环。可是，我们的汉文学未能形成我们特有的形态和形式，只吸收中国文学的形态和形式而形成。

中国社会是以1911年辛亥革命所产生的民国政府的树立为分歧点，划分成旧时代和新时代。但是中国文学是以1917年(民国6年)胡适和陈独秀作为先驱，提倡文学改良，掀起的文学革命为契机，区分新、旧文学的。

中国的新文学和我国的汉文学没有任何关系。给我们汉文学影响的中国古文学具有多种形态，其形态又分类于多种形式。中国古文学的形态有诗、赋、乐府、戏曲、小说、评论、随笔等。其中评论和随笔的形式不分类别，但是其它都由两个以上的形式组成的。即诗分为古代诗、古体诗、今体诗；古代诗分成诗经诗、楚辞两分；古体诗分成五言古体诗和七言古体诗两别；今体诗有绝句诗、律诗、排律诗区分，它们又各分为五言、七言。赋不一定区分，但是严格地讲，可分古赋、律赋、文赋。乐府是由古乐府、词、曲三部分组成，戏曲是由杂剧(北曲)和传奇(南曲)做不同的分法。同时，小说是由古文小说(传奇或传奇小说)和白话文小说(口语小说)做别论。

以上所说的诸形态中诗、赋、乐府是属于韵文学，小说、评论、随笔是属于散文学，评论和随笔不具有一定的形式。且戏曲是散文学和韵文学相错而成。为便了解以上所讲的内容，用表格形式作表示如下：

- 中国古文学
  - 韵文学
    - 诗
      - 古代诗
        - 诗经时
        - 楚辞
      - 古体诗
        - 五言古体诗
        - 七言古体诗
      - 今体诗
        - 绝句诗
          - 五言绝句诗
          - 七言绝句诗
        - 律诗
          - 五言律诗
          - 七言律诗
        - 排律诗
          - 五言排律诗
          - 七言排律诗
    - 赋
    - 乐府
      - 古乐府
      - 词
      - 曲
  - 散文学
    - 小说
      - 古文小说
      - 白话文小说
    - 评论
    - 随笔
  - 韵文学兼散文学··戏曲
    - 杂剧(北曲)
    - 传奇(南曲)

我们的汉文学是取中国古文学的形态和形式而成的。但是并不是原封不动地搬进来形成我们汉文学形态的。朝鲜时代的徐居正在他的《东人诗话》里说：

“乐府字字句句皆协律，古之能诗者尚难之。…… 吾东方语言与中国不同，李相国李大谏猊山牧隐，借以雄文大手未尝借手，唯益斋备述众体，法度森严，先生学中原师友渊源，必有所得者。”

如此说来，制作乐府文学是不可能的。那是因为乐府文学是原来以中国乐曲作为基础作谱的，不知中国乐律的我国人是无法谱曲的，即使谱成了乐律，用基础的乐律唱出的歌也就成了中国的音乐，这对我们一点儿实用性也没有。而且戏曲的台词部分，原来就应该用白话文组成，根据规则插进去的曲子也是中国的乐曲。我们不仅没用过白话文，而且不懂中国的乐曲，就不能制作曲子，不能谱写音乐，倘若能谱写，也得用中国话说，用中国音乐唱戏，这对我们是丝豪无用的。正因为如此，我国的汉文学中没有乐府和戏曲这两个部分。与此同时，在小说中也没有白话文小说。所以说，我们的汉文学是只有诗、赋、小说(只限古文小说)、评论、随笔等，其范围比中国古文学的狭窄。

第二章 汉字论

第一节 起源与发达

在《易经·系辞传》曰：

> "上古结绳而治，后世圣人易之以书契。"

可见在上古时代以结绳行为代替文字使用。但是，不清楚这个上古时代究竟是哪一个时期到哪一个时代为止。结绳还不能充分表达人的意思，这时又出现了代替它的书契。后汉时代的许慎在和帝永元12年(100)写的《说文解字·序文》中说到"著於竹帛谓之书"，清朝的段玉载对它这样的注释：

> "古者，大事书之於册，小事簡牍，……古用竹木，不用帛，用帛盖起於秦，……许於此兼言帛者，盖概括秦以后言之。"

帛是从秦代开始使用，可知许慎所说的竹帛是秦代以后的事情。且后汉的刘熙所著《释名》(8卷)中写到："契刻也，刻识其数也。"根据这类记录，可以说书契是把某一约束的符号刻在竹木。但是，不清楚书契又是从哪一个时期开始使用。

没有文字的古代时期，中国人把简单的约定用结绳和书契来代替文字。可是，这仅仅是记忆简单的事情的行为而已，不是具体地记录语言的行为。没有文字的古代时期，中国人除了结绳和书契之外还有一种代替文字的行为，那是用绘画来表达人的意思。代替文字的绘画，后来人称之绘画文字，而用绘画来表示人的意思的时代叫着绘画时代(pictorial stage)。绘画就是画事物的形状，可没有成型的形体是无法画出来的。因此，再怎么擅长绘画，也不可能把人类的思考都画来。假如说，绘画来表达意思时，事先没有与对方约定不能得到对方的同意，不同的人画的法不同，画出来的意思也自然不同，会有无法沟通的现象。

以上所举的三种行为是无文字时代的意思传递和记忆的方式。此行为不仅内容上不能致密，而且使用范围窄、缺乏确实性。为此，人们怀有创作可以完善地保存语言的符号的欲望，最终开始从事文字制作。

在没有文字的时代，用某种的行为来帮助记忆的时代叫着记忆帮助时代(memory stage)。很难说中国究竟哪一个时代是记忆帮助时代，也难说文字是什么时候开始出现的。从人类使用过来的多种文字的形成过程中看，一种是是一时形成一定数量的字，并在其使用过程中有增有减，另一种是从某一个时期开始形成，并随着时间的流逝渐渐的增加，作为中国文字的汉字来看，属于后者。

有关创造汉字的传说不少。即伏羲创造说(《尚书序》)·朱襄创造说(《三坟》)·苍颉创造说(《吕氏春秋》、《韩非子》、《淮南子》)·沮诵和苍颉共同创造说(《世本》)等。其中黄帝轩辕氏的史官苍颉(也称仓颉)参考鸟兽的足迹便创造汉字的学说最有说服力。一般来说，中国历史从夏、殷(也称“商”)代开始，更具体地说，从公元前1027年建国的周代开始的。但是，有关中国民族的社会构成创始的说法可溯及到比殷朝更早的几万年前。从始初到周代的建国，其传说中的系谱如下：

天皇氏－地皇氏－人皇氏－有巢氏－燧人氏－伏羲氏－女娲氏－共工氏－太庭氏－柏皇氏－中央氏－历陆氏－骊连氏－赫胥氏－尊卢氏－混沌氏－昊英氏－朱襄氏－葛天氏－阴康氏－无怀氏－神农氏－(炎帝)－轩辕氏(黄帝)－金天氏(少昊)－高阳氏(颛顼)－高辛氏(帝喾)－陶唐氏(尧帝)－有虞氏(舜帝)－(夏－殷－周)

据传说, 其中天皇氏、地皇氏、人皇氏的世代各自延续到1万8千年, 因而中国民族创世的传说可以溯及到很久以前的时期。但是, 假如说汉字在伏羲、朱襄、黄帝时代创造的话, 那个年代到底属于哪一个世纪呢? 对这个说法不能随便展开。所以对以前的汉字创造之说法是不可靠的。

对于汉字的起源进行科学的论述之前, 只不过是用上述的一个传说来说其年代是遥远的古代。虽然不能想像、也不能说, 第一个创造汉字的是哪一个时代的谁, 或者是几个人, 他们是什么时代在什么地方生活过, 最初创造了多少个字, 可是对它起源, 很早以前就开始进行考察了。但是, 普遍认可的说法还未出现。后来, 中国考古学者董作宾研究殷代的甲骨文字而著作了《中国文字的起源》(大陆杂记, 第5卷·第10期)一书。他研究的主要内容介绍如下：

- 殷代已存在并使用过绘画文字。
- 到了殷代, 与绘画的文字不同, 已变迁为完全以线划用的符号, 而六书也出现了。
- 断定汉字的根源－绘画文字的出现至少是公元前29世纪顷。
- 认为公元前24世纪顷已开始使用线划的符号, 以前属于绘画文字时代。

据董氏说，汉字是已在5千年前开始以绘画来代替的，近4千5百年前开始具有形状完善的文字。如此早期开始出现的汉字，随着时间的流动字数有了不断地增加。到了汉字最发达的11世纪，汉字数已达到5万数千多个字。尽管很难说仔细地叙述它发展情况，但通过历代出现的有关文字的书和韵书，大致可以整理如下的情况：

书名	作者名	收录字数	制作年代
苍 颉 篇	李斯	3,300	秦代·B. C. 206顷
说文解字	许慎	9,353	后汉·和帝永元12：100
声类	李登	11,520	三国·魏时：220～265
韵英	唐·玄宗御撰	19,177	天宝14：755
广韵	陈彭年 等	26,194	宋·真宗景德4：1007
集韵	丁 度 等	53,535	宋·仁宗宝元2：1039
字汇	梅 膺 祚	33,179	明·神宗万历43：1615
康熙字典	陈廷敬 等	42,174	清·圣祖康熙55：1716
中华大字典	中华书局刊	44,908	民国4：1915

第二节　关于六书

在中国，汉字曾叫做过“六书”。这个名称早就出现于《周礼》，可知它在周代已流传的。我认为，汉字称为六书，是它可以从六个部分来说明的缘故。汉代的学者们对汉字分别各起了六个名字，它们是：

① 象形·指事·形声·会意·转注·假借

② 象形·象事·象声·象意·转注·假借

③ 象形·处事·谐声·会意·转注·假借

其中, 第一种是后汉许慎所著的《说文解字》(一般略称《说文》)序文中命名；第二种是后汉班固撰写的 《汉书·艺文志》 中命名；第三种是后汉的明帝时人郑众的《周礼》中命名。对这三者进行对比, 象形·转注·假借是一致的, 而 "指事：象事：处事"·"形声：象声：谐声"·"会意：象意：会意" 这三者若干不同。但仔细分析的话, 大致相同, 在六种名称中, 前四种是对汉字构成方式的称呼, 转注和假借是从汉字运用中得到的称呼。

关于对六书加以说明之前, 首先简单地说明一下汉字是根据字体有了好几个名称的。中国对文字曾用过 "古文" 或者 "今文" 的名称, 这种区分从汉代开始。所谓古文, 就是指先秦文字, 即秦以前用的文体的文字而言, 所谓今文是指汉代, 曾广泛地流行过的文体的文字而言。且曾有过 "籀文" (也称 "史籀" 或 "大篆")·"篆书" (也称 "小篆" 或 "秦篆")·"隶书"·"楷书"·"行书"·"草书"·"八分" 等的书体。籀文是指周宣王(公元前827－782)时做过太史官的籀, 把以前的书体进一步进行改革, 变得更加简单的书体。因为是史官籀改革的, 所以也称 "史籀", 同时由于他改革的字体的尾部是拉长、有形体美的意思, 从而称之为 "篆"。后加一 "大 "字, 是为了区别与 "小篆"。

在汉代所说的古文, 就是对籀文和之前刻在于龟甲·兽骨·钟·鼎·石的甲骨文字和金文·石文等的统称。篆书是指秦代的丞相李斯与赵高等人协力, 对籀文的夏杂的部分, 进行改革, 变得更加简便的字体。隶书是指秦代的裁判官程邈负责处理犯人太多, 事务夏杂, 用篆书处理多有不便, 因而对篆书字体进行改革, 变得更加简单的字体。隶书体到了汉代得到了更好的整理, 使用更为之广。到了汉代更完整的隶书, 后世人称之为 "汉隶", 汉代人把它叫着今文。楷书也称 "正书" 或 "真书", 它是后汉时代考案的, 而其名称是唐代以后开始叫做的。草书是一般不太注意划和点， 是用毛笔写的字体。它也是后汉末期产生的。八分也是汉代出现的, 就是把字划的末端像“八”字的各划往上的样子写成的字体。

现在对六书进行说明。象形字， 是仿照事物的形体而成的。许慎在《说文解字序》曰：

“象形者, 画成其物, 随体诘诎, 日月是也。”

用现在我们使用的汉字不好理解其义。但是先秦文字即籀文或甲骨文字容易理解其意。按照事物的形象画出的字－象形文字， 是在汉字中最早出现的字, 是原始的字, 它与绘画文字没有了太大区别, “日·月·山·川·水” 等都是原来的象形文字。现今最早的汉字是清末时在河南省彰德府安阳县(现在的安阳市)发掘的龟背或者兽骨上刻成的字。因为出土的地方是殷国后期的首都殷墟, 所以叫着殷国的甲骨文字。与此同时， 和甲骨文字同时传播下来的字有殷·周时代创造的钟·鼎·彝器(指放在祭奠的地方的器物)等上刻的金文字， 这个文字中有不少的象形文字。

对指事许慎是这样说明的：

“指事者, 视而可识, 察而见意, 上下是也。”

指事文字就是指位置·数·性质等, 它与具体表现物体的象形文字相比, 表现了抽象的事物。如“上·下·一·四·中”等是属于这类字。

形声, 是字的一部分表示其意义, 另一部分表示其音的, 已有的字两个字以上合起来形成的字叫形声字。许慎把它解释说：

"形声者，以事为名，取譬相成，江河是也。"

"梅·鸡·铜·花" 等属于此类。形声也称谐声，在汉字中许多是形声即谐声文字，根据许慎的《说文解字》所收录的字，大约有百分之八十是形声文字。在汉字中绝多数是形声文字，那是因为古代中国人为了区别同音字，或取事物的名称时为了显示出它的品态和种别的共通特点，造出具有同一部分的字。因此，形声文字渐渐地多起来了。举例说，把"강(江)" 可以用 "工"·"可" 的音来表示 "江" 的音，但是为了区别于用"工"·"可" 来表示其它意思的词，旁边加了部首偏方 "氵" 表示 "江"·"河"。而且 "亘"·"胃" 可以表示江的名称，但也是为了区别这个字能表达的其它意思的词，在旁也加了 "氵"，成 "洹" "渭"。还有 "原因·婚姻·灰색말(灰色马)」等都与 "因" 的音相同，因此用 "因" 字可表示这三个词的音。但表达因音时，为了造出既独特又能区别该字，婚姻加上"女" 的偏旁造成 "姻" 字，灰色马加上 "马" 的偏旁造成 "駰" 字。想要表达 "青" 的概念可以用 "青" 字，但为了表示 "什么东西青" 的 "什么"，加上了 "氵"，便成 "水青" 的 "清" 字，为了表示 "晴天"，"青" 字加了一个"日" 便成 "晴"，而 "青" 字旁加了一个 "目" 字便成 "睛"，表示了人的"睛秀的眼珠"。正是这样，自然产生了同音异义的字。谐声文字在古时候音也相同或近似过。所以研究先秦时代音韵的人，重视上古时代文献上写着的谐声文字。但是秦以后由于语音的相互变化，许多谐声文字成了异音。

会意是把两个以上的既存字合起来而形成的字，在该字的原意上再赋与新的意思。许慎说明会意时说：

"会意者，比类合谊，以见指撝，武信是也。"

举例说，表达树木的字是“木”，但表达许多的木，就把木字重叠起来造成一个“林”字，而表达森林时，把“木”字上下重叠成“森”字了。同时，早晨的太阳是从林中间升起来，为了表达太阳从东升起的意思，把日和木重叠起来写成“东”字；“武”字是把“戈”和停止的“止”结合而成的。“明·宫·男·安·信”等也属会意文字，对它们涉及的话：明是由“日”和“月”合成的。“日”字也可以表明“明”的意思，但这个“明”字的意思和音不能同时表现出来，因此加个“月”字造出新的字。在上古时代，人们生活居住的地方称之为“宫”。而这个字专门用在帝王居住的名词，是后世的事情。就用“宀”也能表达房屋的意思，而加“吕”，是为了表达窗或者出入口而加上去的。这样具体地表示人们居住的建筑物。“男”是“田”和“力”两个字合成的字，这就是意味着在田地里用力劳动的就是男子。“安”指“宀”（指房屋）和“女”字相下结合而成的字，它就是说，女人在房屋里，家即平安的意思。“信”是“人”和“言”字合成的，表示人说的话被信赖的意思。

对转注，许慎曰：

“转注者，建类一首，同意相受，考老是也。”

在六书中，对此的分歧很多。清代的段玉裁在他的《说文解字注》第15卷中说：“转注犹言互训也。”他说的意思就是“考”可训成“老”，相反，“老”也可训成“考”。而且，清代朱骏声在他的《说文通训定声》序中说：“转注者，体不改造，引意相受，令长是也。”无论说哪一种论述最适当，这只不过对字的运用方法而言，自身古有字的意义移转而具有新意义的时，未创造符合于新意义的新字而把已有的字使用于该新意义的字。举例：表示长短的“长”字，用于年长的意义，同时也用于首领·长官的意思。

假借也是指字的运用方法而言。对此，许慎曰：

> "假借者，本无其字，依声托事，令长是也。"

这说明在讲某些的话时，若没有与那个语音的意思一致的字，或者想不起来该语音的话，不考虑字的本义，只是借用同音的字。即，"豆" 这个字是原来指在举行仪式时，盛东西的木器的意思，因为表述 "豆子" 的语音与 "豆" 字音一样，所以借它来用的。表示 "宴" 字的语音与 "燕" 字相同，就把这个字借来，把 "宴会" 标记成 "燕会"，这些都是好的例子。

第三节　汉字的特征

中国文字的汉字具有多种特征。关于具有哪些特征的回答，当然是根据对汉字的认识深浅不同其回答也不同，但，无论对它的认识是深是浅，它的特征有如下几点：

① 它的历史长，字数多。
② 一个字形成是繁杂的。
③ 具有表音兼表意。
④ 亦有一个字具有两个以上的音。
⑤ 亦有一个字表达两个以上的意义。
⑥ 有多种造字方法。
⑦ 运用方法并不单纯。
⑧ 有声调 (tone)。

⑨ 有许多异音同音字。

⑩ 有许多同音异义字。

其中第1·第2是，无论知识程度高低，基本上认识汉字的人，都能提出来的特征，即具有5千年悠久历史和5万数千多字的汉字的特征。另外，汉字除了“一·人·口·水”这几种笔画构成的简单字之外，大部分有五个以上的笔画，其中也有几十笔画构成的汉字，由此，不得不说繁杂。

我们所了解的文字，即我国文字·英文字·法文字·德文字·日文字·蒙古文字等都属于表音文字(phonogram)。这与字义毫无相关，只表示构成语音的单音或者音的结合。与此相反，还有表意文字(ideogram)。这与字音毫无相关，指直接表示意义的文字。古代的绘画文字就是表意文字，但现行文字中没有完全的表意文字。在中国的文字史上曾经有绘画时代，当时的绘画文字可以说它是完全的表意文字。但是，即使是跟着绘画的性质而形成的形象文字，它每一个文字都被共认之后，就有了固有的音。因此，不能说它是完全的表意文字。不管汉字是什么方式造成的，都有它固有的音，而每一个汉字一定有意义。正是如此，它与我国文字及许多文字只有表音的性质不同，汉字不仅表示单音节的一个词的音，同时表示一个词的意义。所以，汉字可以称“表语(单词) 文字”(logogram)。

汉字必须具有它固有的音，也有不少的破音字。对这一点，用我国的汉字音也可以容易理解。即“易”字，用于“容易”“简易”的意思时，我们以“yì(이)”音来读。但用于“换易·交易·贸易”的意思时，又以“yi(역)”音来读。“乐”字，我们用于“音乐·乐器·奏乐”时以“yuè(악)”音来读；用于“乐山·乐水”时以“iao(요)”音来读；用于“安乐·心乐”

时以“lè(락)”音来读。如此多音读法不是由于我国独自的便法，是随着古代中国的多种读法而来的。以中国音举例的话，能举许多字，其中举一个例子“会”字，能读成“xuei4(huì)”，但如用于“地名·山名”或“会计”时，又读成“k'uai4(kuài)”。就是这样，汉字用两个以上的音读成的字确实不少，就在中国除了本音之外，另一种音叫着“又音”。

与在上述所举的例子一样，汉字不仅有两个以上的读音的字，还有许多表达两个以上意思的字。对这种例子太多，不能一一都举例说明，仅举几个例子说明的话，有如下的例子：

- 将：这个·将军·姓·伴随着·做·得到·送·献·传·奉·养·追赶·期望·带领·将要·应该作….大·老·美丽·又·或者·差不多·将来。
- 请：请·求·告诉·祈愿·问·招请·谒见·清·情·敬辞。
- 以：用·带领·以为·想·及·姓·于·因为·这个·拿·而·以·依·此·表示目的。
- 停：止息·固定·停止·停留·停放。
- 小：小·少·时间短·轻·窄·容易做·年幼·幼儿·小人·慎·以为小·稍微。
- 度：法度·制度·限度·程度·天体运行的距离·速度·太阳·一日·时·计量长短的标准·风采·摘·调音·渡·量·投入·推测·生活·问。

在前节中已讲述汉字造字方法很多，这儿不必重复讲。通过“六书”中转注和假借的原理，我们可知汉字在音·意义方面，脱离固有的本性，而用于别处。但是，汉字除了转注或者假借之外，运用上还有许多特征。即以汉字表记的汉语具有孤立语的·单音节的特征。能同时把一个词语的音和意义表达的一个汉字，就是一个词语。因为一个词语随着使用位置不同，其意义也发生变化，所以要表达示不同意义时，只换个词语的位置就行了。同时，汉字具有表音兼表意，为此可以只用在表达语音，或只用于表达意义的。

我们了解到，汉语属于声调语言(tone language)。因为汉字直接记录单音节词的音和意义，一读出一个字的声音，就能知道它是哪一个词语的发音、这个语音表示什么意义。因此，字本身具有表达词语音的独特的声调。有关汉字语音的问题，在下一节中仔细说明。

汉语中有不少词语音不同而意义相同、或者音相同而意义不同的词语，把汉语词语的音和意义一起表达的汉字也如此。首先，举异音同义字的例子，如“汝·尔·你·若”等字都表示指“你”的意思，但是语音各不相同。又如“我·吾”字都指“我”的意思，而语音又不同。“同·若·如·似”等字，表示“同样”的意思，但语音却不同。再举同音异义字的例子，如“佳·假·价·加·可·哥·嘉·家·架·柯·歌·笳·苛·茄·轲·迦·贾”(按韩国语发音上的分类：译注)等字，在我们无视声调的汉字音的读法，都读成同音的“가”，而每个字的意义却不同。但是，必须属于同声母(initial)·同韵母(final)·同韵·同声调才成为同音的汉语语音，这些字并不都是同音。根据宋代的《集韵》把这些字分类为同音字，“价·架·贾”是同音，“加·嘉·家·笳·茄·迦”是同音，“哥·柯·歌”是同音。但它们的意义各不相同。参照现代北京音中，同音而不同意的字作举例说明的话，有如下的例子：

- /ʂï4/：世·贳·事·似·识·矢·势·适·硕·室·逝·誓·侍·式·试·拭·轼·饰·市·柿·士·仕·视·氏·示·释·是
- /ʂeng1/：生·牲·甥·声·升
- /tian4/：店·甸·钿·电·殿·奠

第四节　汉字的音

1. 汉语的特征

论述汉字的音之前，有必要先说一说，以汉字所记述的汉语，即中国语的特征。因为汉语的特征，就是汉字音特征的要素。

汉语属于汉藏语族(Sino-Tibetan Family)，可以说具有三种特征。它们是孤立的(isolating)语言，单音节的(monosyllabic)语言，声调语言(tone language)。

世界语根据每个词语在语法上按照什么样的纽带性而构成语言，可分成三种语言，即孤立语(Isolating Language)·添加语(Agglutinative Language)·屈折语(Inflectional Language)等。孤立语是以独立的词语构成文章的语言形式的语言，它的语法关系是随着词语的次序所决定。世界上还没有完全的孤立语，但汉语具有浓厚的孤立语的特性。汉语不是任意转换汉语的原形，也不是在一个语干上加上补助的要素，然后把词语和词语联系起来，构成的语句。那么，汉语词语无不例外的，都孤立而完整地表达一个观念吗，并不是那样。比如说，在古代常用的"也·矣·耶·於·之"等和现代白话文中常出现的"麼·啊·罢·呀·了·的"等的助词字或介词字并不表达完整的观念或孤立存在。正是有这一点，还很难肯定汉语是否是完全的孤立语。但是，汉语中大部分的语词具有孤立语的性质，所以可以说汉语属于孤立语。那么，究竟汉语是怎么构成的呢？对此，可以举例说明。即汉语：

○ 我有钱。你有钱。他有钱。

与汉语一样，都属于屈折语的英语，随着主语的人称的如何，就产生了

谓语 "have" 或 "has" 的区别, 而汉语并不这样。又不像属于添加语的韩国语, 在 "나는 돈이 있다" 一文中, 需要 "는·이" 的添加要素。又：

o 我唱。我已唱。我唱过了。我要唱。我想唱。

就像这些, 不管tense如何变, "노래 부른다(唱歌)" 中的 "唱" 字不变。又：

o 我买书。你买我书。他给我书。他爱我。

其中, "我" 使用于像 "내가(我)·나의(我的)·나에게(对我)·나를(把我)" 等相不同的格, 但是 "我(uə)" 字音节上没有丝毫不同。又举一个例子：

o 上喜。上天青。将军上马。

在上文的 "上" 字, 不管文章中成为 "名词·形容词·动词", 它的音节都不会有变化或需要其它要素的补助。

汉语的词语大部分跟在以上所举的例子一样, 照原形孤立地被使用。因此, 可以说汉语具有孤立的性质。

由于汉语有许多单音节(one syllable)的词语, 可称之谓 "单音节的语言"。所谓 "单音节的语言", 是跟 "夏音节的语言" (dissyllabic language), 即一个语词成为夏音节(dissyllable)相对而言的。但是, 这里要讲明一点, 是严格地说从一字一音的观点上可以说汉语是单音节的语言，又从一词一音的观点上不好断言它是单音节的语言。那是因为汉语的文字，确实每一个字只读成一个音节。因此，从一字一音的意义上可以说汉语是单音节的语言，但是汉语中的词语并不都是单音节词，所以称它为单音节的语言的话，产生与事实不符合的问题。举例子：

① 大夫(의사)·蝴蝶·琵琶·天人·葡萄·葫芦
② 爸爸·妈妈·哥哥·姐姐·妹妹
③ 国家·土地·国民·学校·东西(물건)·窗户·交通·工人·火车·美丽·成功
④ 儿子·孩子·桌子·一点儿·石头·舌头
⑤ 老鸹·老鼠·老虎

即汉语有与这类相同的二音节词·三音节词，也有以比三音节更多的音节形成的复音词。在以上举例子中：①是本然的复音节词，④有“子·儿·头”等的接尾辞(suffix)，⑤有接头辞(prefix)“老”，②·③是重复单音节词，②是复合具有相同意义的单音节词而成的；③是复合异义的单音节词而成的。从以上所举的例子，汉语中有本然的复音节词，两个或两个以上的单音节词复合的复音节词，或有接辞(affix)的复音节词等，现行的汉语词语中有不少的复音节词。因此，不好断言汉语是单音节语，只能说它是近似于单音节语的语言。

汉语是有声调的语言，从声调来区分词语。世界各种语言中不少语言有部分的强弱或者高低的accent，而大部分它的组织并不严格。汉藏语族的许多语言，把声调组织地利用起来，而表示音韵的差别，能够区分语词。每个音节严格的区分声调的语言，叫之“声调语言”，可以说汉语是其中有代表性的。

汉语的声调主要区分高低，每一个音节有一定的声调，特别是以声调来区分同音异义词(Word of homonymy)。举例：/ai/音的语词，有“哀(슬픔·서러워하다)”·“挨(…의 순서顺序로·다가선다)”·“嗳(아이고!)”·“爱(사랑·사랑하다)”等。如果，随便发/ai/音，这时听的人不知对方说的什么意思，特别是汉语中有不少的同音异义词，发音上没有清楚的区别时，说话人、听话人或者是听写的人之间容易产生不条理和错觉。因此，正如声调语言一样，汉语的每个音节都有严密的声调。

人类语言，一般区别语声的强弱·高低，像英语的accent主要在发音一个韵母中区别单纯的强弱，而汉语的声调主要根据高低而区分的。现今汉语的北京官话(peiching mandarin)是：

① 阴平声(称第一声或上平声)
② 阳平声(称第二声或下平声)
③ 上声(称第三声)
④ 去声(称第四声)

有四个声调，称之“四声”。这四声的声调调型各不相同，阴平声是保持始终一样高的声调，也就是说平板调(level tone)。阳平调是上升调(rising tone)，发音是从低到高音。上声即降升调(falling-rising tone)，先比初音稍低，再往上调音的。去声是下降调(falling tone)，急往下调音，发上声时音声较长，发去声时其较短。用画图表示四声如下：

〈四声 音程图〉

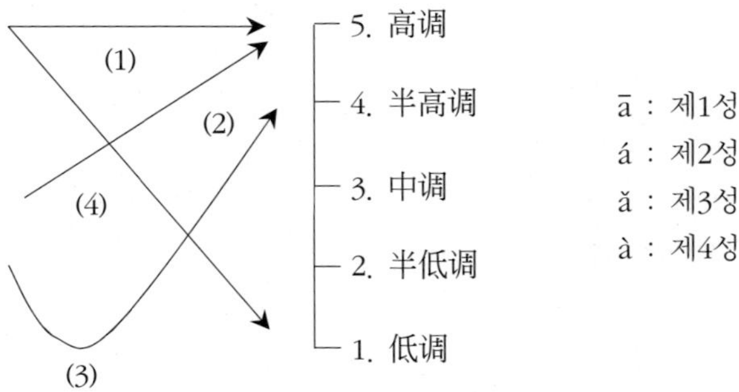

汉语以这四个调类来发音音节，如果没有这样的区分，无法完全形成汉语，而且以相同的音韵(音素）形成的语词意义，也无法区别。下边就是它的例子：

〈实音〉	①	②	③	④
/u/	屋	无	五	误
/t'i/	梯	提	体	替

2. 关于中国字音

在前项中，讲过汉语即中国语的特征包括孤立的、单音节的、声调语言三个方面，汉字音也同样反映这样的语言特征。即汉语的字音也虽有若干例外，但大体上一字音表示一词音，一字一音，字字都赋与固有的声调。汉语音节的构造，表现于IMVF/T的方式，这个方式被摘用于字音，汉语的字音即是汉语的音韵。在IMVF/T的方式中，〔I〕说的是字音最前面的音素，即声母(initial)，〔M〕说的是被介入字音中间的半母音，介母即韵头(medial)，〔V〕说的是核母音，即中心母音(principal vowel), 〔F〕说的是最后面的音素, 即韵尾(final)。〔T〕说的是声调(tone)。一般〔I〕叫做声母, 包括〔M. V. F〕三者合称叫做韵母(final)。

汉语的字音是由一个音素(音韵) 或者两个以上的音素相结合而的, 再加上声调便构成了一个表现独特意思的字音。汉语字音也有只有一个音素构成的, 但那是由母音构成的, 而不能由子音的一个音素构成。汉语字音把韵母部分分为韵头、韵腹、韵尾三部分, 韵头指称介音(也叫介母音), 韵腹指称核母音, 韵尾指称最后面的音素母音或者子音。汉语字音的韵母都可以归类到以上三部分的某一部分, 有的韵母没有韵头, 有的韵母没有韵尾, 有的韵母三者都包括。例如 :

〈韵　母〉

	〈字〉	(字音)	〔声母〕	(韵头)	(韵腹)	(韵尾)
①	一	I	无	无	I	无
②	八	pa	p	无	a	无
③	爱	ai	无	无	a	i
④	高	kau	k	无	a	u
⑤	也	Ie	无	I	e	无
⑥	我	uo	无	u	o	无
⑦	卦	kua	k	u	a	无
⑧	要	iau	无	I	a	u
⑨	吊	tiau	t	I	a	u
⑩	绵	mian	m	I	a	n
⑪	贵	kuei	k	u	e	i
⑫	穷	tɕ‘yng	tɕ‘	y	u	ng

据上例，汉语字音的构成(除声调)有如下方式：

① 由韵腹单独构成，而无声母、韵头、韵尾。
② 仅有声母、韵腹。
③ 有韵腹、韵尾，而无声母、韵头。
④ 有声母、韵腹、韵尾，而无韵头。
⑤ 无声母、韵尾，而有韵头、韵腹。
⑥ 有声母、韵头、韵腹，而无韵尾。
⑦ 有韵头、韵腹、韵尾，而无声母。
⑧ 声母、韵头、韵腹、韵尾四者都具备。

以上概述了汉语字音的几种构成方式。

另外，"四呼"在汉语字音论和汉语音韵论中受到重视。"四呼"分为"开口呼"·"齐齿呼"·"合口呼"·"撮口呼"四类，这四者由字音中韵母的样子而区别。即"齐齿呼"是韵母只有/i/或韵母的韵头(介音)为/i/(如后有别的音素，则为半母音/j/)的字音；"合口呼"是韵母只有/u/或韵母的韵头为半母音/u/的的字音。字音的韵母只有/y/，或韵母的韵头为半母音/y/叫"撮口呼"，不属于以上三个定义的字音叫"开口呼"，即"开口呼"的韵母不是/i·u·y/，而韵母的韵头也不是/i·u·y/的字音。

最初把字(语)音分为"开口音"和"合口音"，在此基础上发展为四呼。在中国的隋(589～617)·唐(618～907)代开始把字·语音分为"开口音"和"合口音"。在唐代认为开口音有两种音的性质(即后来的开口呼和齐齿呼)，合口音有两种音的性质(即后来的合口呼和撮口呼)，开口音和合口音又可各分为四种，即1等·2等·3等·4等。到宋代，音韵论中一个特殊的分支"等韵学"成立后，把语·字音分为1等·2等·3等·4等的性质，又分为开·合口音和四呼。对于四呼的区分观念早已存在，但一直没有确定的名称。只是把开口音的1·2等音叫做开口音的"洪音", 把3·4等音叫做开口音的"细音", 把合口音的1·2等音叫做合口音的洪音, 3·4等音叫做合口音的细音。北宋朝的邵雍(洛阳人, 真宗大中祥符4年：1011－神宗熙宁10年：1077) 著的《皇极经世声音唱和图》中有"开" (开口音的洪音)·"发" (开口音的细音)·"收" (合口音的洪音)·"闭" (合口音的细音)四种名称。其后, 清朝的藩耒(吴江人, 字次耕, 圣祖康熙年间〈1662～1722〉的检讨官) 著的音韵书《类音》中才把四呼命名为开口呼·齐齿呼·合口呼·撮口呼, 这样四呼才有了确定的概念。为了清楚地表示开口音·合口音和四呼·四等的关系, 把它们的特性整理之后, 表示如下：

(音)	(呼)	［等］	(呼)	(音)
开口音	开口：无介音	(1·2) 介音 /u/：	合口	合口音
	齐齿：介音 /i/	(3·4) 介音 /y/：	撮口	

对此, 还需要提出的是各呼包含着两个等, 每个等都有什么样的音韵(音素)的差异。隋文帝仁寿元年(601), 从陆法言等完成的韵书《切韵》问世以来, 音韵学家开始关心韵部的分法, 特别关心的是于把韵部分为开口音和合口音, 或者是不是母音/i/介在的拗音, 母音/i/不介在的直音。他们在分别开口音和合口音、直音和拗音的过程中, 发现了虽是同样的直音, 却又互相不同；虽是同样的拗音, 相互之间却有差异。于是认为直·拗音两者都有两个类别, 其四种类别中1·2等音属于直音, 3·4等音属于拗音。但是他们认为两个直音和拗音都有差异, 而把它们区别。若把开·合口音、四呼、各等音及其特征更清楚地表示的话, 如下图所示：

〔开口音〕		〔合口音〕
开口呼：无介音	1－母音比较后舌的－1 2－母音比较前舌的－2	合口呼 ：/u/ 介音
齐齿呼：/i/ 介音	3－拗音要素比较弱－3 4－拗音要素比较强－4	撮口音 ： /y/ 介音

中国字音从上古时期至今，不断地发生变化。如要叙述中国字音变化的全过程，那很长、很夏杂。限于纸面上的问题，只能对声母、韵母、声调简单言及。

现在中国的北京官话有21个的声母，根据调音点(point of articulation)分类如下：

p·pʻ·m·f (唇音：labials)
t·tʻ·n (齿茎音：alveolar)
k·kʻ·x (软口盖音：velar)
tɕ·tɕʻ·ɕ (齿茎硬口盖音：alveole － palatal)
tʂ·tʂʻ·ʂ·ʐ(ɽ) (卷舌音：retroflex)
ts·tsʻ·s (齿音：dental)

一些探求上古汉语(Archaic chinese)的声母分类的学者都各有己见，一直未形成固定的学说。但是，瑞典的著名语言学者 Karlgren, Kals Bernhard Johannes(中国名：高本汉，1889. 10. 5～)在《compendium of Phonetics in Ancient and Archaic Chinese》(1954, B. M. F. E. A. Stockholm. Vol. XXVI, pp. 211−367)这本著作中，主张基本的声母分为

33个类，其中还有像象/kl·pl·ŋl·ml·xm/等这样的夏子音也存在。按照他的主张，上古汉语的声母约可分为40种。如要详细分析那么夏杂的声母怎样演变到现在简单的声母是不可能的。

在中国，对汉语音韵和字音的分析是从汉代已经开始的，对声母的具体分析是始于唐代。以前我们称声母为“母”或者“纽”，但“纽”更为常用。从我们现在的声母分类的结果来看，最早的是唐末僧人守温的“30字母”和不知名人士归纳的“归30字母例”。这些记录在敦煌里发现的唐写本中。下面是那30个字母。

唇音：不·芳·并·明

舌音：端·透·定·泥(舌头音) / 知·彻·澄·日(舌上音)

牙音：见·溪·群·来·疑

齿龈：精·清·从(齿头音) / 审·穿·禅·照(正齿音)

喉音：心·邪·晓(清音) / 匣·喻·影(浊音)

这些是守温在分类相同的声母的字的时候，取代表性的字，把它当成该当声母的表示，然后下了声母共有30个的结论，再把这些按照音别分类的。

唐末，分析声母时分出了30个字母，但是这个没有正确的分析当时的声母。所以唐末乃至宋初(唐亡：907. 宋建国：960)里出现了36个字母。这36个字母在唇音增加了四类、舌音·齿音各自增加了一类，如下面所示。

- 唇音
  - 重唇音：帮·滂·并·明
  - 轻唇音：非·敷·奉·微
- 舌音
  - 舌头音：端·透·定·泥
  - 舌上音：知·彻·澄·娘
- 牙音：见·溪·群·疑
- 齿音
  - 齿头音
    - 精·清·从
    - 心·邪
  - 正齿音
    - 照·穿·状
    - 审·禅
- 喉音：影·晓·匣·喻
- 半舌音：来
- 半齿音：日

中国以前的语言学者，根据发出声母的部位，分出唇音·舌音·牙音·齿音·喉音·半舌音·半齿音。唇音的发音域(region of articulation)主要在嘴唇部位，而且唇音分重唇音(双唇音:bilabial)和轻唇音(唇齿音 : labiodental)两种。舌音的发音是(litu-gual)通过舌头的动作而发出来的。舌头(tongue)在发音上是一个很重要的器官，分为舌尖(point, tip)·里面(lower blade)·舌端(blade)·前舌面(front of tongue)·後舌面(back of tongue)·中舌面·舌根·舌缘(rim of tongue)等。但是，以前的人没有追究会在哪个部位发音，知识把通过舌头的动作发出来的音，统称舌音。舌尖与牙齿之间的发出的音，即现代的齿茎音(舌尖音 : apico-alvelar plosives)称为舌头音；舌面前半部分破裂发出的音，即现代的舌面前的破裂音(dorso-prepalatalplosives)称为舌上音。牙音，按照现代的语言学用语来说的话，分成软口盖音(舌根音:velar)和鼻音(疑母〉: nasal)。以前的人以为这是从臼齿附近发出的音。齿音(dental)，发音

时舌尖顶住上门牙，现在分为齿间音(inter dental)·齿里音(post dealal)·齿茎音Ate−(alveolar, supra dental) 等。但是，中国的古音韵学当初只分齿头音和正(整)齿音。前者是从舌尖和上下前齿之间发出的音，即摩擦音(fricative)；后者包含着卷舌音(retroflex)和舌背(dorsum)发出的音，即舌背音(舌面前音 ：dorsal)。喉音是从声门(glottis)发出的音，现在我们称它为声门音(glottal)。半舌音在现代用语里称为边音(侧面音，侧音 ：lateral)。这个音是因口腔(oral cavity, buccal cavity)的气流通路的中间被阻塞，气流从舌头的两边通过而发出来的。中国的边音有因舌头紧贴硬口盖(front plate, hard plate)前半部分的下面，而阻碍气流而形成的/r/音。古代人认为有声音是由舌头的动作发出的，应该是舌音。但是与其他的舌音不一样，故起名便于区别。半齿音是舌面的鼻音加摩擦而发出的舌面鼻音(dorso−nasal fricatives)，但是人们以这个舌面鼻音，误认为有声音 "日" 母의 것을当成了齿音。可因不能与其它的声母一视同仁，所以起了名字。

前代中国音韵者把声母分为五音或者七音，并且在同一个因里面根据它们的音韵的差别，分为全清(只有清)·次清·全浊(只有浊)·不清不浊(只有清浊)等。这些用现代汉语表示的话如下:

全清(清) ：无气音(unaspirated)	无声音(voiceless)
次清 ：有气音(aspirate)	
全浊(浊) ：有声音(voiced)	
不清不浊(清浊) ：liquid	

※ 古代希腊人分类自己语言的音韵时，把/r. m. n. l/等声音称为hygra(liquid)。在现在的语言学历 侧音(lateral)·颤动音(rolled)·鼻音(nasal)称为liquid。

中国的不清不浊都是有声音。

唐末·宋初的人分析了隋·唐代的中古汉语(Ancient chinese)里的声母，并表明共有36类。但是这一说法没有固定下来，中国的声母在变为宋·元·明的古官话(old mandarin)·清代的近代官话中，有过几次变化。虽说如此，但是在研究中国语音韵或者中国字音时，都非常尊重36字母的说法。不过，近来有一些人反对中古汉语36类声母，并推出自己的主张。其代表性的有清朝的陈澧(字兰甫, 广东, 番禺人, 1810-1882)，他在自己的《切韵考》中说有40类；到了民国时期，白涤洲在自己的论文〈广韵声纽韵类之统计〉(北京女子师范大学学术刊第2卷第1期)主张47类，白涤洲的主张普遍被承认。下面是36字母·40字母·47字母的对比表。

发音部位新名	发音部位旧名		全清			次清			全浊			不清不浊		
			36	40	47	36	40	47	36	40	47	36	40	47
双唇音	唇音	重唇音	帮	帮	博力	滂	滂	普芳	并	并	蒲苻	明	明	莫武
唇齿音	唇音	轻唇音	非	非		数	数		奉	奉		徵		
舌尖音	舌音	舌头音	端	端	都	透	透	他	定	定	徒	泥	泥	奴
舌面音	舌音	舌上音	知	知	陟	彻	彻	丑	澄	澄	直	娘	娘	女
舌根音及鼻音	牙音		见	见	古居	溪	溪	若去	群	群	渠	疑	疑	五鱼
舌尖音	齿音	齿头音	精心	精心	子苏	清	清	七	从邪	从邪	昨徐			
捲舌音	齿音	齿上音		庄山	侧所		初	初		状	士			
捲舌音及舌面音	齿音	正齿音	照审	照审	之式	穿	穿	昌	状禅	状禅	食时			
声门音 舌根音 半母音	喉音		影晓	影晓	乌干呼汗				匣	匣	胡	喻	干喻	干以
边音	半舌音											来	来	卢力
舌面鼻音	半齿音											日	日	而

接下来应该按照韵母，四声的顺序来说，但是觉得先对四声进行说明的话，会对后面说明韵的时候比较好方便，所以颠倒顺序，先对四声进行说明。

对于现代汉语中的四声，已经进行了说明。那是元代以后，因发不出入声的语·字音而准备的。入声音被保存的时代里，四声有平声·上声·去声·入声四个名字。这些四声的名字具体是哪个年代成立的，尚且不明。清代的学者对平·上·去·入声的起源进行了各方面的考察。即陈澧在他的《切韵考》卷六中说道：

> "古无平上去入之名，借宫商角徵羽，以名之。"

在启用这些四声的名称之前，人们用"宫·商·角·徵·羽"这五个声调名字。还有，顾炎武在他的著作《音学五书·音论》里说：

> "今考江左之文，自梁天监以前，多以去入二声同用，以後则若有界限，绝不相通。是知四声之论，起於永明，而定於齐梁之间也。"

他考察了长江下流南岸一带的古代文章，论中主张南北朝时代南朝的梁国(502–557)武帝天监年间(502–519) 以前，去声音和入声音很多被混用，没有很好的区别开来，之后才渐渐的严格区别，即四声论始于梁前朝的齐国(479–502)武帝永明年间(483–493)，确立是在齐国和梁国之间。但是赵翼在他的《陔馀丛考》卷第十九中说道：

> "今按隋书经籍志，晋有张谅撰四声韵略二十八卷，则四声实起晋人。"

主张晋代(西晋:265–317. 东晋:317–420)已经成立了平·上·去·入声四

声。这个说法比其它的说法更受支持，认为四声始于晋代，到了南北朝时代(420–589) 初期已确切的成立了。但是平·上·去·入声四声，在唐(618–907)末，经过 5代(907–960)部分地区在本质上有了变动，而这些又经过了北宋(960–1126)， 到了南宋(1127–1279)之后变化更大。所以，元代(1280–1368)以后，在北方中国，四声变成了无用之物，顶替它的是跟现在一样的新的四声。新四声完全成立是在14世纪初。元朝的周德清在元晋宗泰定元年(1324)写的《中原音韵》里没有对入声进行区别，把之前的入声字都派入为平·上·去声，从这里我们也可以看出这一点。

平·上·去·入声四声完全成立之前，声调是什么样子，对于这个问题清代的许多学者进行了研究， 从结果来看有人说没有严格区分；也有人说虽然平·上·去声三声分的很好，但是入声包含在去声里。还有人说平·上是一类，去·入声是另一类。所以最终没有得到一个固定的说法。

平声·上声·去声·入声四声中，入声是所有字音韵母中以/k·t·P/等为韵尾的总称。而且这些入声音，与平·上·去声的以/ng·n·m/等为韵尾的音是对应的，所以/–ng:–k/·/–n:–t/·/–m:–p/才这样对应。四声不仅在词语音里面区别， 而且在作韵文的时候使用的文字也要严格区别。对于平声，上·去·入声概括为「仄声」。对此要说明一点，那就是阴声和阳声。在语言学中，音节以母音(vowel)为结尾的我们称它为开音节(open syllable)，而以子音(Consonant)为结尾的我们称它为闭音节(close syllable)。但是中国的音韵学中，有类似的区分，音节或字音以/ng·n·m/等为韵尾的叫「阳声」，以母音为结尾的叫「阴声」。在汉语的音节和子音中，大多数是闭音节、阴声。

举例说明根据以前的四声分类的词语的话，如下图所示。

〈平声〉	〈上声〉	〈去声〉	〈入声〉
同·童	动·眮	洞·眮	独·读
金·今	锦	禁·僸	急·给
文·闻	吻·抆	问·紊	物·勿
居·刀	举·倒	据·到	

以前的平·上·去·入声中入声是以/−k·−t·−p/等音发出来的，这个自然的就能认识到。但是平·上·去声这三种是什么样的音调发出来的，就没有办法具体说明。没有任何书说明过四声的音调，我们没有办法轻易的下结论。但我们可从康熙字典里，前半部分的〈分四声〉中对古代四声的说明(如下文所示)，来推测其要领。

- 平声平道莫低昂(平声发音要平，没有上下。)
- 上声高呼猛烈强(上声发音要高、要强。)
- 去声分明哀道远(去声发音要分明，并且长长地发出哀声。)
- 入声短促急收藏(入声发音要短，并且要立即往里收音。)

现在来说一下韵母。现在北京官话(普通话)的韵母为/ɨ(으)·i·u·y(ü)·a·o·ɤ·e·ai·ei·au·ou·an·ən·ang·əng·əl(ɚ)·ia·ie·iau·iu·ian·in·iang·ing·ua·uo·uai·uei·uan·uən·uang·ung(uəng)·ye·yan·yn·yng/等(在这里面，'e'不能单独成为韵母。) 37种。与前面所说的声母组合之后的音节再加上它们自己所构成的音节大概有400种。上古汉语形成之后，韵母也发生了很多变化。其变化状况比声母夏杂得多。所以很难表明从上古时代到现在为止的变化过程。要想把各个时代的韵母具体准确的论述是不可能的。

清代的诸多学者为了究明上古汉语的韵母，努力考察了诗经诗、楚辞的韵字，还有其他文献里的推测为韵母的字，但是没有定论。

在中国为了表明某字的音，使用了“反切”这一方法。反切会把某一个字的音分成两个字来表示，并且上字是声母，下字是韵母，把它们连接在一起就能形成一个音，形成的音就是那个字的音。比如说把“东”字的音进行反切的话表示成“德红切”，“切”指的是从两个字里面各取声母和韵母来组合的意思。即“德红”中取各自该取的部分，“德”字是声母/t/的字，所以取声母/t/，“红”是韵母/ung/的字，所以取韵母/ung/，把这两个连接起来就是/tung/音，这就是“东”字的音。这是根据省略法(abbreviation)得到的音，是一个表示某字音的方法。取“德”的声母会导致中音消失(syncope)和尾音消失(apocope)，取“红”字的韵母会导致头音消失(apheresis)。把两个字的前后连接起来表示某字音的反切法，要遵守两个严格的规律。即遵守以下条件。

① 反切上字其声母要与接受音表示的字的声母一支，最好是同一个声调。
② 反切下字其韵母要与接受音表示的字属于同一种韵。并且开·合口音的区别要一致。等也要一致。

反切法创始之后，开始进行更严格的区别声调，把发出同一个韵母的字按照同一个声调进行分类，再把这些字按照同一个声母分类成一个群的工作，然后把这些词·字音的区别结果纳入到韵书里。韵书的体裁以平·上·去·入声的顺序来区分，它们以韵母相同的字分类，还以相同的声母别分字群，被分类的字下面加上反切，并表明字义。然后按照四声别，在韵母群的字中找出代表的字，作为韵目。

在中国谁是第一个写韵书的人呢？对于这个问题，大家都说，三国时代的魏国(220−264)李登写的《声类》10卷是其鼻祖。李登的声类虽然没有传承下来，但是在随书潘徽传里，对他的体裁有如下记载。

“李登声类吕静韵集始判清浊，才分宫羽。”

李登没有按照平·上·去·入声来分类，而是把声调分类为宫·商·角·徵·羽等。但是，分别字音的声调时，以字群别来分类的事是无庸置疑的。所以成为了韵书的先驱。如前面所述，从晋代的张谅编写了《四声韵略》28卷的说法来看，根据平·上·去·入声四声，把同韵母的字群区分开来而整理出来的韵书，可以说是始于晋代。根据随书经籍书等其他记录，可以知道有许多人编写过运输，但是一个也没用被流传下来，所以无法确认他们的面貌。正式的韵书是隋朝把分裂的中国统一的时代(589−617)出现的。隋文帝开皇年间(581−600)初开始着手，文帝仁寿元年(601)完成的陆法言等编写的这本《切韵》5卷，作为第一本韵书而有名。切韵也没有全部传承下来，只有一部分的唐写本保存在法国的Pari国民图书馆里。没有办法知道其全貌。唐代出现了很多模仿切韵的，或者进行增改的，还有根据某地方的音表写的韵书。但是只有模仿切韵，忠实的反应语·字音的孙愐编写的《唐韵》5卷中的一部分被流传下来。

到了宋代，韵书的编写更加活跃。隋·唐代，不仅正式的开始编写韵书，并且出来了很多版本，它们各不相同。而且，隋·唐期间，汉语的音韵和字音也产生了变化，所以需要一本有一个基准，并符合时代的语·字音的韵书。所以出现了既継承了切韵韵书的传统，又把忠实地反映唐代语·字音的孙愐编写的唐韵几乎原原本本的传下来的《广韵》5卷。本名是《大宋重修广韵》，这本书是以陈彭年·邱雍为中心，受皇帝之命而编写的。传下来的宋本广韵的卷首中记载着：

"凡二万六千一百九十四言，注一十九万一千六百九十二字，准景德四年十一月十五日。"

还有宋朝的王应麟编写的《玉海》(200卷，附有辞学指南4卷)卷45里说道：

"景德四年十一月戊寅，崇文院校定切韵五卷，依九经例颁行(本陆法言撰)，祥符元年六月五日，改为大宋重修广韵。"

根据这个记载，可以知道广韵是宋贞宗景德4年(1007) 11月做成的，初名叫《切韵》，然后在贞宗的大中祥符元年(1008) 6月5月改名为《大宋重修广韵》。广韵完全传下来了，作为被传下来的韵书，是最古老的，它以唐代的孙愐的唐韵为蓝本，是一个在研究唐代汉语音韵和字音方面，很有价值的资料。好像是因为的出现，使之前编写的韵书失去了价值而消失了。广韵出来之后，陆法言等的切韵以及唐代编写的一些韵书都销声匿迹了。广韵的卷首的祥符敕牒里指出：

"朕聿遵先志，导扬素风，设教崇文，悬科取士，考核程准，兹实用焉。"

根据这段话可以知道编写的意图在于正确读出字音，并且用于科举考试中作押韵的诗时的标准韵书。广韵分57韵·上声55韵·去声60韵·入声34韵，全韵共计206个。广韵编写出来的之后，又立即编写了使之简单化的《韵略》(不传)，但是没过多久，针对广韵的不完备，出现了应该写出符和当时的语·字的韵书的舆论。因此，在仁宗景祐4年(1037) 6月，丁度等人改修了同广韵同一时期出现的韵略，编写出《礼部韵略》5卷。丁度等人又受到皇帝之命，补充广韵的不足之处，增加收录的字，在仁宗宝元2年(1039)编写出收录5万3千5百25字的大韵书《集韵》10卷。礼部韵略和集韵的分韵法与广韵一样，都是206韵，但是对其中13个韵进行了修改，忠于当时的现实音修改了反切法，使字的排列更加整齐。

集韵问世以后，出现了许多字书和韵书。以集韵为根本出现的书中，最早写出来的是字书《类编》(15卷)。然后，之后出来的是金国的韩道昭写的《五音集韵》15卷。这本韵书完成于金 章和8年(1208)，金 卫昭王的崇庆元年(1212),加了自序印刊的。这本运输有两个特异点。

① 根据七音别或字母别，还有等别来排列字的。
② 把韵分为平声44韵·上声43韵·去声47韵·入声26韵，全韵目为160。

体裁和之前的不一样，是这本书的特异点，但是最令人注目的是之前的206韵，在这里少了46韵，减少成160韵。这个说明当时汉语的音韵和字音在传播的过程中发生了比较大的变化。五音集韵之后，出现了近代韵书模范的 《平水韵》。如果说五音集韵是根据广韵的韵目而编写的话，平水韵是根据集韵的韵目编写的。黄公绍(宋末度宗成淳〈1265-1274〉元年进士，字直翁，号在轩)的《古今韵会》(不传)里指出平水韵是由编写的。黄公绍对此在古今韵会得凡例里说道：

> "江南监本免解进士毛氏晃增修礼部韵略，江北平水刘渊壬子新刊礼部韵略，互有增字。"

根据这段话，出现刘渊编写了平水韵的这一说法。平水原本是一个地名，属于平阳府，是现今山西省新绛县附近。〈跋王文郁新刊韵略〉里说，清朝钱大昕(字晓微，号辛楣，1727–1786)，发现了元代刊行本王文郁的《平水新刊韵》，在卷首的许古的叙中有"平水书籍王文郁"这样的文句。即王文郁是平水县的书籍官，他新刊韵略名为《平水新刊韵略》。根据清朝谢启昆(高宗乾隆年间〈1736–1795〉的进士)的《小学考》卷第33的〈锋山西通志〉，山西通志书目中有毛麾的平水韵，毛是平阳人，金世宗大定16年(1176:宋孝宗淳熙3)当过校书郎，他编写了平水韵。根据这些的话，在王文郁·刘渊之前，有一个金国的毛麾编写了平水韵。根据许古的叙述，王文郁的平水新刊韵略是在金国哀宗正大6年(1229：宋理宗绍定2)刊行的。所以认为王·刘是模仿毛的平水韵而写的。黄公绍的古今韵会凡例(熊忠的古今韵会举要旧本凡例)中指出：

> "旧韵上平声二十八韵，下平声二十九韵，上声五十五韵，去声六十韵，入声三十四韵，近平水刘始并通用之类，以省重复，上平声十五韵，下平声十五韵上声三十韵，去声三十韵，入声一十七韵。"

根据这段话，我们可以知道刘渊的壬子新刊礼部韵略有107个韵目。但是王文郁的平水新刊韵略重把上声的〈拯〉韵和〈迥〉韵合并起来，成了29韵，所以共106韵。

根据上面这些来推断的话，宋代南迁(高宗建炎元年:1127:金太宗天会四)之后，韵书有大规模的改编，主要是因北方人而改编的。而且，详考他们所写的韵书的话，可以知道宋代汉语的音韵也好字音也好，都发生了很多变化，韵母比之前少了很多。作为参考作成一个广韵的韵目和宋代变少的韵目的对照表。("元·阮·愿·月" 韵, 应该属于 "山" 摄, 但是因为没有办法移动, 所以写在了 "臻" 摄栏里。)

元代以后, 以长江为分界线, 北部汉语和南部汉语的语音韵和字音有了很大的差别。出现了很多反映南和北的语·字音的韵书, 对这些书的介绍在此省略。

3. 关于我国的汉字音

我国的汉字音是由 最初传进来的汉字的中国字音 为根据而形成的。要想确切地指出当初是哪一地区的中国字音传人了我们的民族社会, 是很难的, 但我们起初接受的汉字是北方的地区, 因此对于中国北方的字音首先传人过来的事实是不容置疑的。但是, 我们不能原封不动地接受中国字音。那是因为中国语音韵体系和我国语言的音韵体系互不相同。我们对现在的中国语音韵, 很难准确地发音出来, 而且用我们的文字不能完整地表现出来, 由此可以想到两国语言的音韵体系不同的话, 不能一模一样地接受对方国家的语言的音韵。

如果说中国语音韵大体上是从古代开始逐渐向简单的体系改变的, 那么我们的国语音韵是从古代开始逐渐向夏杂的体系变化的, 这么说一点也不失言。因此, 在古代, 拥有比现在更简单的语音体系的我们民族, 没办法把极其夏杂的中国字音体系原封不动的接受。即在中国, 一系列的音韵分成几种, 而与其相似的音韵我们只有一种, 因此只好把中国的几个音韵综合成一个来接受。举出其例, 则我们当初在中国有残存上古汉语音的时候接受了汉字, 在接受了中国字音, 当时有舌根音(以前称作牙音), 即/k·k‘·g·g‘·kl/, 我们不能把这样分成几种的一系列的声母一一都接受, 只好把这些接受成/K/这一个声母。因此, 中国字音和我们字音之间从最开始就自然产生差异。而中国字音随着时代的变迁，随着中国语言的变化发生了改变，我国的字音有时会受到中国字音变化的影响，有时还会随着我国语音的变化发生改变，由此，今天两国字音之间有了很大的差异。申叔舟在世宗29年(明 英宗 正统12：1447)9月下旬所作的《东国正韵序》里这样指出。

> “我国语音其清浊之辨，与中国无异，而与字音独无浊声，岂有此理。此清浊之变。…… 初声之变亦众，国语多用溪母，而字音则独夬之一音而已。此尤可笑者也。…… 且字母之作，谐于声耳。如舌头舌上唇重唇轻齿头正齿之类，于我国字音未可分辨，亦当因其自然。何必泥于三十六字乎?”

通过这一段文章，我们可以看出十五世纪我国汉字音的特征如下。

① 没有出现浊音(有声音)。
② 做为溪母(ㅋ初声)只有去声夬韵的夬(쾌)音。
③ 没有出现轻唇音，唇音只有重唇音。
④ 没有舌上音，都是舌头音。
⑤ 正齿音没有再分类，都是齿头音。

在这一文章里没有提起我们持有疑问的“日：△”母音，但我认为我们的汉字音当中没有出现过“日”母音。

<table>
<tr><td colspan="3" rowspan="2">调音部位
按调音方法区分</td><td>唇音</td><td>齿槽音</td><td>硬口盖音</td><td>软口盖音</td><td>喉 音</td></tr>
<tr><td>双唇音</td><td>舌端音</td><td>舌面音</td><td>舌根音</td><td>声门音</td></tr>
<tr><td rowspan="3">破破裂擦音</td><td rowspan="2">软音</td><td>无 声·无 气 音</td><td>p(ㅂ)</td><td>t(ㄷ)</td><td>c(ㅈ)</td><td>k(ㄱ)</td><td></td></tr>
<tr><td>无 声·有 气 音</td><td>p‘(ㅍ)</td><td>t‘(ㅌ)</td><td>c‘(ㅊ)</td><td>k‘(ㅋ)</td><td></td></tr>
<tr><td colspan="2">无 声·无 气 硬 音</td><td>pp(ㅃ)</td><td>tt(ㄸ)</td><td>cc(ㅉ)</td><td>kk(ㄲ)</td><td></td></tr>
<tr><td rowspan="3">摩擦音</td><td rowspan="2">软音</td><td>无 音·无 气 音</td><td></td><td></td><td>s(ㅅ)</td><td></td><td>h(ㅎ)</td></tr>
<tr><td>无 声·有 气 音</td><td></td><td></td><td></td><td></td><td></td></tr>
<tr><td colspan="2">无 声·无 气 硬 音</td><td></td><td></td><td>ss(ㅆ)</td><td></td><td></td></tr>
<tr><td colspan="3">鼻 音</td><td>m(ㅁ)</td><td>n(ㄴ)</td><td></td><td></td><td></td></tr>
<tr><td colspan="3">舌侧音</td><td></td><td>r(ㄹ)</td><td></td><td></td><td></td></tr>
</table>

我们所共认的现代国语的声母(初声)中，除了/zero(o)/，还有18类，如前面的图表所示。

国语的固有语音间往往有/b·d·g/等的有声音，但这些没有得到作为固定的音韵的肯定。那么汉字音里的声母到底有几种呢？在固有语当中上面所举的18类字音都成为声母(初声)，但在汉字音当中，这些18类不能都成为声母。即汉字音的声母当中有硬音(fortis)的特例，即：

“喫：끽·双(以这一字来其组成的字)：쌍·氏：씨”

但是这些不能正式加入汉字音的声母体系，结果不能形成固有语当中的/k：k‘：kk/这样的对立了。还有，属于夬韵的合口音二等的全清的“夬”，或次清的“快·噲”等，只有少数的字保存了/K/这一声母，成了特殊例子，也不能正式加入声母体系，因此“气”的有无对立没有像固有语中那样完整。所以，现今能正式加入汉字音声母体系的只有如下

12类。

p(ㅂ)	p'(ㅍ)	m(ㅁ)		
t(ㄷ)	t'(ㅌ)	n(ㄴ)		r(ㄹ)
c(ㅈ)	c'(ㅊ)		s(ㅅ)	
k(ㄱ)			h(ㅎ)	

根据作者以三国史记·地理志的记事及其他记录为资料详考的结果，一直到三国时代和统一新罗的景德王(742－765)时期确实没有出现过有气音。

因此，那些时代里，汉字音的声母只有/p·m·t·h·r·c·s·k·h/等而已。然后经过新罗末期和高丽时代产生了/p'·t'·c'/等的有气音，但/k'/有气音没有完全成立。

汉字音声母没有经过什么大的变化，但有过两次比较突出的变化。第一次是因有气音的成立，声母数量增加了，第二次是许多舌音(t－·t'－)字的声母变成了齿音(c－·c'－)。这一变化是在朝鲜时代的中叶发生过，而那是口盖音化的结果。在固有语当中，/t·t'·k·k'·h/等的初声和/I/或此母音先行的重母音/ja·jə·jo·ju/等相接的话，变成/c/(t·k的情况)·/c'/('t·k'的情况)·/s/(h的情况)等的口盖音化显著。一般认为，我国语音的盖音化现象兴起是从宣祖末时开始的，而像象现在一样完整的是英祖·正祖时代。虽然汉字音上的口盖音化也随着固有语的口盖音化而兴起，但其过程不和固有语口盖音化进度那样缓慢，而是已急快的速度来完成的，其范围很狭窄。汉字音的口盖音化是，只在舌音(t－·t'－)系的舌上音字和舌头音四等字里进行的，认为那些变化是在肃宗十年(1684)前后所完成的。

我们不知道三国时代·统一新罗时代·高丽时代的汉字音韵母的情况。现行汉字音上的音母是和下面的现行汉字音一览表里所示一样。参看一览表，可以看出声母或音母的体系和固有语的初声或中·终声的体系不同，我国语言的音韵体系是固有语音韵体系和汉语(汉字音)音韵体系双立而成的，因此称作二元体系。对从三国时代到现在的汉字音韵母变化的情况， 很难能－－给予说明。但在此简单地举出我认为重要的几点。

① /−t/入声字音的/−l/音化
② /ɐ(ᄋᆞ)/母音的/a(아)/母音化
③ 重母音的单母音化
④ 齿音(舌端音)系字韵母/ja·jə·jəi·jo·ju/等的/a·ə·e·o·u/母音化
⑤ 唇音系字韵母中的/ï(으)/母音的/u(우)/母音化

在中国，古代的/−k·−t·−p/等入声音都逐渐消失，但在我国的汉字音里除了古代中国的/−t/音以外都以原貌保存下来了。即念成

“卜：/pok/(복)·学：/hak/(학)/·略:/rjak/(략)·集：/cip/(집)·协：/hjəp/－(협)·甲：/kap/(갑)·法：/pəp/(법)”

而原来/−t/音的入声字都变成/−l/音，念成:

“笔：/p‘il/(필)·出：/c‘ul/(출)·刮/koal/(괄)·血/hjəl/(혈)。”

但, /−t/入声字音从接受汉字的时候开始，大体上一直到统一新罗时代的中叶，仍为中国古代的/−t/音。而后受到中国字音的/−t〉 −d〉 −l/

这样的变化影响，念成/−l/音。申叔舟在《东国正音》里这样指出：

> "质物诸韵，宜以端母为终声，而俗用来母。其声徐缓，不宜入声，此四声之变也。"

这指的是"质·勿"等的/−t/音入声字应该用"ㄷ：t"终声来发音，但在民间都用"ㄹ：1"终声来发音，其发音缓慢，就不能成为入声的发音。因此，创制训民正音的当事者们试图桥正到原来的古音，用了"以影补来"之法(用表示影母的"ㆆ"来补充表示来母的"ㄹ"，把当时念成"ㄹ"终声的原来的/−t/音入声字的终声改成"ㄹㆆ"

> "括：과ᇙ·述：ᄉᆔᇙ·失：시ᇙ"

用这样的方式表示字音。但是没有回到古代的字音。或许是作者的偏见，但根据我以文献记彔为资料详考的结果，一直到新罗景德王时代汉字音里没有出现过/ɐ/母音。我想这一母音是出现在新罗景德王以后的时代里。所以朝鲜时代的中叶不仅用到了这个母音，而且灭亡以后，的字音表里也记载着这一母音。例如：

> "梅：ᄆᆡ·采：ᄎᆡ·生：ᄉᆡᆼ·皆：ᄀᆡ·爱：ᄋᆡ·私：ᄉᆞ·陪：ᄇᆡ·渗：ᄉᆞᆷ·胎：ᄐᆡ"

但，实际上17世纪后半期里，汉字音的/ɨ/母音换成/a/母音了。起初创造我们文字的时候，基本母音为十一个，此外还有二字中声·一字中声与ㅣ相结合·二字中声与ㅣ相结合等，故定为29类母音。而其中的"애·의·외·위·에·얘·예·왜·웨·ᄋᆡ"等，发音成/ai·ïi·oi·ui·əi·jai·jəi·oa i·uəi·ɐi/。这样的发音在固有语音里或汉字音里都是一样的， 而且在高丽时代以前都是如此。但，其中除了“의”以外都变成了单母音/ɛ·ø·ü·e·jɛ·je·oɛ·ue·ɛ/等。重母音变成单母音，也是在17世纪后半期里发生的。

固有语的语音或汉字音的韵母里出现了“야·여·예·요·유·예”等的母音，而在齿音(舌面音)系的字音，即/c−·c‘−·s−/音里(原来为/t−·t‘−/字，也包括口盖音化后的/c−·c‘−/)，这些把先行的/i/母音脱落掉，变成只有/a·ə·o·u·e/这几个。举出其例则如下：

ㅇ 章：쟝→장 ㅇ 昌：챵→창 ㅇ 详：샹→상 ㅇ 征：졍 →정 ㅇ 处：쳐 →처ㅇ 箸：뎌(口盖音化)→져→저 ㅇ 听：텽(口盖音化)→쳥→청 ㅇ 锡：셕→석 ㅇ 电：뎐(口盖音化)→젼→전 ㅇ 照：죠→조 ㅇ 吊：됴(口盖音化)→죠→조 ㅇ 朱：쥬→주 ㅇ 柱：듀(口盖音化)→쥬→주 ㅇ 济：→졔→제 ㅇ 弟：뎨 (口盖音化)→졔→제 ㅇ 体：톄 (口盖音化)→쳬→체 ㅇ 洗：셰→세

前面提过的重母音中，后行的/i/母音随着单母音化脱落，与此相比，先行的/i/母音脱落的变化是在离现在不远的时期里完成的。据作者的详考，这一变化在十九世纪后半期里已经完成了。

根据《训蒙字会》或《新增类合》或朝鲜时代初期里出现的各类谚解书，则入声物韵的唇音字·平声登韵的唇音字·上声等韵的唇音字去声嶝韵的唇音字·入声德韵的唇音字等，被记载成/ïl/(物韵)··/−ïng/(登·等·嶝·韵)·/−ïk/(德韵)等音，和上面的唇音系字音发出的/ul·ung·uk/等韵母有差异。不仅是在朝鲜时代的初期，而且在中期也都存在过这一现象。随着重母音的单母音化，又都变成了/−u−/音。最后对四声予以说明，则我国的汉字音里或汉语里，只有入声音能自然区分，而平·上·去声这三个声调则没有区别。申叔舟的《东国正音序》里说：

“语音则四声甚明，字音则上去无别”

这就说明，在当时入声是自然区分的，而上声，去声和平声则没有各自区分。根据作者从三国史记·地理志记事中选择国音对应的字来分析的结果，在三国·统一新罗时代里也不存在平·上·去声之间的区分。因此，可以说自古以来，在我们的汉字音里不存在平·上·去·声的区别。在朝鲜时代里出现过以《东过正音》为首的，朴性源(字士浚。号圃庵，1697－1767)在英祖23年(1747)所编的《华东正音通释韵考》2卷·洪启禧(字纯甫，号淡窝，1703－1771)所著，英祖27年(1751)印刷的《三韵声汇》2卷(补1卷也有)·正祖20年(1796)所编的《御定奎章全韵》2卷等的韵书，把汉字分别整理成平·上·去·入声的四声，用我们的文字记了音，但那都是按照中国韵书的体载编著的，不是因为我们的汉字音里四声的区别像中国那样严格而编写的。在我国没有区分四声，是因为我们的语言不是声调语言，在写汉语，说汉字音，听汉字音上不需要四声的区别。因此，汉字音的四声只在做韵文时，为了遵守规定的格式，选择字的时候，才予以区分。

《现行汉字音一览表》

声母 / 韵母		k	※1 kk	n	t	r	m	p	s	※2 ss	zero	c	c'	※3 k'	t'	p'	h	音数
		ㄱ	ㄲ	ㄴ	ㄷ	ㄹ	ㅁ	ㅂ	ㅅ	ㅆ	ㅇ	ㅈ	ㅊ	ㅋ	ㅌ	ㅍ	ㅎ	
a	아	佳		那	多	罗	马	※4	事		亚	子	次		他	波	下	12
ja	야						乜				也							2
ə	어	去							西		鱼	贮	妻		※5 摅		许	7
jə	여			女		侣	※6 旀				如							3
o	오	古		努	到	劳	母	宝	小		五	朝	初		土	包	虎	13
jo	요	交		尿		了	妙				尧					票	效	7
u	우	九		吼	豆	楼	无	富	数		雨	主	推		套	※7 飄	後	13
ju	유	奎		纽		柳					油						休	5
i	이	奇		尼		里	味	悲	时	※8 氏	以	知	治			皮	屎	11 ※12
ak	악	刻		诺		落	莫	朴	削		恶	作	捉		卓		学	11
an	안	间		暖	丹	乱	万	般	山		安	残	赞		叹	板	限	13
al	알	渴		捺	达	剌	末	发	杀		谒	茁	刹		夺	八	割	13
am	암	甘		南	谈	滥	※9 姏	※10 碰	森		暗	潜	惨		探		含	11
ap	압	甲		纳	沓	拉			插		押	杂	渫		塔		合	10
ang	앙	江		娘	当	浪	亡	方	上	※11 双	央	张	昌		汤		抗	12 ※13

声母 / 韵母		k ㄱ	※1 kk ㄲ	n ㄴ	t ㄷ	r ㄹ	m ㅁ	p ㅂ	s ㅅ	※2 ss ㅆ	zero ㅇ	c ㅈ	c' ㅊ	※3 k' ㅋ	t' ㅌ	p' ㅍ	h ㅎ	音数
jak	약	醸		門若		略					弱					愎		5
jang	양			娘		两	※12				洋						向	4
ək	억				德				夕		亿	敌	尺					5
ən	언	件						番	仙		彦	全	浅				宪	7
əl	얼	乞						罚	薛		竭	节	铁				歇	7
əm	엄	俭					※13 灭 々	凡	烱		严	占	尖				验	8
əp	업	劫						法	摄		业	接	妾				※补	6
əng	엉								成			停	厅					3
jək	역	格		惄		力	觅	壁			驿					※14 皕	革	8
jən	연	见		年		连	免	边			宴					便	现	8
jəl	열	决		埕		烈	灭	别			咽						穴	7
ɨm	염	兼		念		廉					冉					贬	嫌	6
jəp	엽	箧		聂		猎					叶						协	5
ɨng	영	京		宁		令	命	病			营					平	形	8
ok	옥	哭		傉	毒	录	木	复	续		玉	族	促			幅	或	12
on	온	坤		※15	敦	论		本	孙		温	存	寸		哼		混	10

韵母	声母	k	※1 kk	n	t	r	m	p	s	※2 ss	zero	c	c'	※3 k'	t'	p'	h	音数
		ㄱ	ㄲ	ㄴ	ㄷ	ㄹ	ㅁ	ㅂ	ㅅ	ㅆ	ㅇ	ㅈ	ㅊ	ㅋ	ㅌ	ㅍ	ㅎ	
ol	올	骨			突		没		率		兀	卒					忽	7
× om	옴										※16 唵							
ong	옹	工		农	东	笼	梦	奉	宋		翁	从	铳		通		红	12
jok	욕			衄							浴							2
jong	용			髿		龙					容							3
uk	욱	国					默	北	叔		旭	竹	丑					7
un	운	君		嫩	钝		文	分	顺		运	准	春				勋	10
ul	울	屈		讷		殁	物	佛	术		蔚	茁	出				欻	10
um	움															品		1
ung	웅	宫						朋	崇		雄	中	充			风	薨	8
juk	육			忸		六					肉						慉	4
jun	윤	均				伦					允							3
jul	율	橘				律					汩						恤	4
jung	융					隆					戎						凶	3
ïk	윽	极		耨	得	勒						即	侧		特		黑	8
ïn	은	根									银		※17				欣	3

韵母 \ 声母		k	※1 kk	n	t	r	m	p	s	※2 ss	zero	c	c'	※3 k'	t'	p'	h	音数
		ㄱ	ㄲ	ㄴ	ㄷ	ㄹ	ㅁ	ㅂ	ㅅ	ㅆ	ㅇ	ㅈ	ㅊ	ㅋ	ㅌ	ㅍ	ㅎ	
ïl	을	劾							瑟		乙	栉					吃	5
ïm	음	今				凛					饮	怎	闯				欠	6
ïp	읍	及							习		邑	辑	⿰酉皮				吸	6
ïng	응	兢		能	等	陵			承		应	增	层				兴	9
ik	익	※18 ⿱月吺	※19 吃	匿					植		益	织	敕			愊		6 ※7
in	인	紧				邻	民	贫	新		引	陈	亲					8
il	일	吉		昵		※20 ⿰车刂	密		失		一	质	七			笔	诘	9
im	임	金		赁		林			心		妊	斟	寝					7
ip	입			隰		立			十		入	集	蛰			乏		7
ing	잉							氷			仍	徵	秤					4
ε	애	开		内	代	来	买	背	塞		爱	再	采		泰	败	害	13
εk	액	客			※21 宅		麦	白	色		额		责		择		核	8 ※9
εng	앵	坑				冷	孟		生		樱	争			撑	彭	行	9
※22 e	에	揭							世		恚	齐	体					5
je	예	系		※23 ⿰钅爾		例	袂				刈					废	兮	7
ø	외	怪		脑		儡			衰		外	罪	崔		退		会	9

现行汉字音一览表中的关于“※”符号的说明

※ 1 “ㄲ” 这是由于 “吃” 字发特殊的 “끽” 音而设定的。但, 不能正式加入汉字音的声母。

※ 2 “ㅆ” 对此有过说明。是由于 “氏·双” 字而设定的, 但不能当作汉字音的正式声母。

※ 3 “ㅋ” 对此也有过说明。如果像我们汉字音里的 “ㅊ·ㅌ·ㅍ” 等一样, 想设定一个 “ㄱ” 的有气音 “ㅋ” 声母音, 那其范围应该是广泛的。但, 这一声母最终没有具体成立, 只用在 “쾌” 这一音。故不能加入汉字音的正式声母, 只能当作一个特殊的例子而已。

※ 4 某字典里把 “杷” 这一字的音记成 “바”, 而这一字的音应该是 “파”。

※ 5 念成 “터” 音的只有这一个字。这一字在广韵里是 “丑居切” (平声·鱼韵·次清音·开口音三等)。如果按一般的规律, 则古代为 “뎌”, 经次清音(有气音)化变成 “텨”, 再经口盖音化变成 “쳐”, 又经韵母的单母音化, 应该变为 “처”。也许是变成有气音时, 以 “터” 的直音直接传过来的。还有, 广韵里 “丑居切” 的字又有 “樗·荼·樗” 这三个字, “樗·樗” 两字念成 “저”, 而 “荼” 字则根据集韵的反切, 即 “同都切” 和 “商居切”, 念成 “도·서”。

※ 6 “旀” 是国字(我国创制的字)。国字音不加入到汉字之数。

※ 7 广韵里是 “匹尤切” (平声·尤韵·次清音·开口音三等), 这一反切里又有六个字, 其中五个字取了又字音, 变成另外一个音, 而 “衃” 字则根据集韵的 “铺枚切”, 念成 “배”。

※ 8 “氏” 和 “是” 一样, 在广韵里属于上声纸韵 “承纸织切” (全浊音·开口音三等)。在《训蒙字会》·《新增类合》·《倭语类解》·《华东正音通释韵考》·《三韵声汇》《御定奎章全韵》 等书里的记音为 “시”。但, 在朝鲜时代的中期, 偶然出现为 “씨”。即光海九年(1617)成书的《东国新継三钢行实图》里的记音为 “《林氏 : 림씨”·“金氏 : 김씨”, 但汉字音声母里没有硬音, 因此这一应该当作特殊例子。

※ 9 这一字在广韵里是“武酣切”(平声·谈韵·开口音一等), 若根据这一反切法则成“맘”音。但现在, 也不取集韵的“莫勘切”(去声·勘韵·开口音一等)的音, 而念成“담”。在中国, 则根据古代的反切音, 年成/man2/, 而在我国则忽视反切法。因此, 从音数中排除。

※ 10 属于这一音的只有这一个字。不经常使用。

※ 11 与“氏”的“씨”一样是属于特殊例子的音。《训蒙字会》里的记音为“솽”,《新 增类合》里则为“상”。也许《训蒙字会》里的是被当时的中国读音所误导而写成的。这一字在广韵里属于平声·江韵的 “所江切”。这一字偶然当作硬音的是在朝鲜时代中叶。即在光海四年(1612)的做成的叫 《练兵指南》的谚书里, 有“뎨일쌍(第一双)这样的记彔记事。由于这一字变成了“쌍”, 和这一字相和而成的字也都念成“쌍”。但, 和这一字属于同一反切的“泷”字, 则取集韵“户东切”的音念成“롱”, 根据广韵的反切则念成“상”。

※ 12 做为此音, 某字典里举出“名养”字。叫作《五音篇海》的书里记音为“名养切”。这一反切属于上声·养韵·开口音三等, 阳(平声)·养·漾(去声)韵的唇音都是“망”。因此,“망”音是不能成立的。

※ 13 属于这一音的字, 除此之外还有几个。

※ 14 广韵的职韵“彼侧切”里除这一字以外还有九个字, 而别的字念成另外的音。

※ 15 做为此音, 某字典里举出“麐”字, 而这一字在广韵和集韵里记音为“奴昆切”(平声·魂韵·合口音一等), 因此应该念成“눈”音。

※ 16 这一字在广韵里属于“乌感切”(上声·开口音一等)。和属于这一反切的其他的字一样, 为“암”音。“옴”是只在真言等里用的音, 不能加入到正式字音数。因此, 这一韵母也不能存在。

※ 17 做为此音的字, 某字典里举出了“榇·龀·䞋”等字。“榇·龀”在广韵里是“初觐切”(去声·震韵·开口音二四等)。但, 这一韵系的齿音系都是“진·친·신”音。还有,“榇”的又一个音为“七邻切”(震韵·次清音·开口音四等)。这

个反切当然是"친"。"竴"这一字的音在《字汇补》上记为"仄谨切""从性切"(去声·劲韵·全浊音·开口音四等)。后面的反切是"정→정"音。前面的反切则属于平声·殷段韵·次清音·开口音二等，而在中国字音体系中不存在这一音。这个反切是错误的，应该为"初觐切"。反正对此音不能给予肯定。

※ 18 这些字在广韵里是"苦若击切"(入声·锡韵·次清音·开口音四等)，在集韵里是"古历切"(全清音)。不管取哪一个，都成为"격"音。这一字没有理由念成"긱"音。不能加入字音数。

※ 19 "沏"字在广韵里是"苦击切"(入声·锡韵·次清音·开口音四等)，在集韵里是"诘历切"(开口音四等的次清音)。因此，应当念成"격"。而偶然变成为"끽"，成了特殊例子。和这一字一样的反切来记的其他的字都念成"격"。这一变化十分令人怀疑。当作特殊例子。

※ 20 做为此音，某字典里举出了"车刂·剽·朸"这三个字。"剽·朸"在集韵里是"力质切"，"车刂"在玉篇里是"力一切"。这些反切是属于质韵·开口音三等的，而属于这一反切的字，都念成"률"的合口音。因此，否定这一音。

※ 21 宅字和其他"择·泽"等的十二个字一样，在广韵里属于"场伯切"(入声·陌阴韵·全浊音·开口音二等)。这些字在《训蒙字会》或《新增类合》里记音为"틱"。"庚·梗·映·阴韵"的开口音二等的/t-·t'-/音字经过口盖音化都变成了/c-·c'-/，因此这些字的变化过程应该是/"틱→칙→책"音/，却拒绝了口盖音变化，仍然为"택"，成了口盖音变化上的特殊例子。但，"宅"字却念成"택"。这和"分"字念成"푼"，"茶"字念成"다·타·차"等的三个字一样。即"○○ 的宅"·"宅内"这样的时候念成年成"댁"，而可以把此音看作是我国汉字音里有气音派生之前的音的残存。但不作为正式的音，而当作特殊例子。

※ 22 作者在《国语国文学》第62, 63合并刊的以《/je/韵母字音的现实》为题目的论文里指出过，原来我们汉字音的韵母体系里没有存在/əi→e/的韵母。但，由于应该为"계"音的"揭·偈"等或"恚"字,不合规律地念成"게·

에", 做为特殊例子, 偶然地形成了/e/韵母, 又由于齿音的 "셰·졔·쳬" 等音经单母音化变成 "세·제·체", 因此韵母/e/得到了肯定。

※ 23 对属于这一音的字, 以后有必要进行详考。

※ 24 做为此音, 某字典里举出了 "雫(물장울놔)" 字。叫作《龙龛手鉴》的中国字书里把这字记音为 "奴寡切"。这一反切音属于上声·马韵·合口音二等。但, 自古中国的语·字音里没有成立/n/声母的合口音等。因此, 这一反切是错误的, 应该属于开口音二等。做为开口音二等, 则成 "나" 音。

※ 25 做为此音, 某字典里举出了 "妠·豽" 等字。这些在广韵里属于 "女滑切" (入声·黠韵·合口音二等)。此韵的合口音二等中, 牙·齿·喉音的韵母是/oal/, 而其他的则和开口音二而等一样, 是/al/韵母。因此排除。

※ 26 把 "鸟舂" 字念年成 "좡", 也许是根据崔世珍在训蒙字会中记成 "좡", 但这是不正确的。这一字在广韵里或集韵里记为 "书容切" (平声·钟韵·全清音·合口音三等), 应该为 "숑→송" 音。崔世珍在《训蒙字会》里这样指出, 即 "오과리좡。俗呼青一, 亦作 "庄鸟"。他没有注意本音, 而误认为 "좡" 音, 是因为注重了 "庄鸟" 字的 "庄" 字音。"庄" 字在《正字通》里记为《侧霜切》(根据广韵的反切法, 则为平声·阳韵·全清音·开口音二等), 认为他看到了在中国齿音二等的开口音和合口音都念成/uang/韵母音, 就如把 "双" 字, 记音为 "솽" 一样, 把上面的字记为 "좡"。在此则排除。

※ 27 对于 "쾌" 音, 和在前面说明的一样。当作特殊例子。

※ 补 某字典里, 用这个字音举出了 "垥" 字。篇海里记为《虚业切》。这一反切属于广韵的 "业" 韵, 属于全清音·开口音三等。但, 这一反切音在我国则念成 "협"。

详考我们的字音, 不合规律的除此之外还有许多, 对于 "얻" 音字, 也可以当作问题

对象。在此所说的某字典, 指的是省文社刊张三植所编的《大汉韩辞典》。

第三章 文体论

第一节 形体(态)上的区分

用汉字写的文章可以分为文语体文和口语体文，或者分为文言文和口语文。文语体文或者文言文广义上说是古文，口语体文常叫做白话文。文言文是作者把要记述的思维，不顾及语言的音，只表达意思的文章。白话文却是作者按照社会言众所使用的共同语的语音，在选择该音节恰当音的字而写的文章。即文言文是看、读之后便可摅得意思的文章，白话文是读之后，能再现作者的话的文章。

中国的文字比世界上任何一个民族的文字

发明的都早，在数量方面也是很庞大的，先于任何一个国家出现了作文章的活动。汉字的数量很多，文字的构造也很夏杂，有的字虽然字不同，但是其而音或意思相同，有的字可能虽然是同样一个字，但是又有好几种意思，还有的字可能是虽然是不同的意思，但是因其音相同，而被使用等等的妙处很多。于是，苦心于运用文字写文章，要想正确地理解别人文章，是很困难的，这是难以避免的，这都是对于汉字及用汉字写的文章的共同观念。

在中国用汉字写文章的时候，言与文一致，言和文之间没有罅隙。随着社会渐渐地发展，不同的地域造成特殊的文化，语言受到每个地域的风土及特殊文化的条件等的影响，于是产生了只在该地域社会使用的语言。随着时间的推移，适合时代的新语产生了，从原来的一个语言派生出多个的不同的语言，以前的语音也发生了改变，语音变化也形成了，而且其变化不断地反复。在那段时间里，与执着于记述古代语的形式而没有任何变化的文章，自然地产生了差异，其差异也就随着语言的反复变化越来越大。终于，言与文完全分离了，固守古老的格式的文章就称做文言文。从文言文是依照古老格式的文章这一角度来看，文言文既被称做古文又叫汉文。现今，用汉字记述的中国文，出现了区别文言文或白话文的观念，但在白话文还没在社会上登场的时代里，中国文只有汉文，即文言文，就是用古文写的文章。

白话文与文言文的不同点是，文言文选择具有符合要记述的意思的字，遵循语法而写的，白话文则是选择具有符合要记述语言的音的字，遵循语法，按照发音的顺序而写的。所以，前者有忽视字音的倾向，后者有忽视字义的倾向。例如，把 "이 물건은 정말로 싸다." 这个文章，用现北京官话说是

/tʂə^{4} kə(^{4}) tung^{1} xi^{1} ʂï^{2} tsai^{4} tɕjan^{4}/

也可以写 "这个东西实在贱"。但是，文言文表述就是 "此物实安。"，它们每个字的发音是/tsʻï^{3} u^{4} ʂï^{2} an^{1}/，这两句话对照起来的话，如下面所示：

这个	东西	实在	贱
此	物	实	安

如果把一个一个的语词对比来说，「东西」与「物」不通，一般人们都理解的「贱」的意思与「安」不通，「实在」的普遍意义与「实」不通。如果按照文言文的字音发音的话，那是作为大众语言不能通的。

中国白话文在社会上兴起是从唐代末开始的，白话文的兴起是借助于佛教大众化的力量。即在唐朝的末顷，佛教盛行，随着佛经翻译物在世间广泛流行，民众的读书观念提高了，为了副应这个，把佛教理致和故事，还有鼓吹佛教思想的小说类，用大众易懂的白话文写了出来，进而人们喜欢上了通过白话文进行读书。

唐末兴起的白话文，从宋代起被民众所熟悉，移迁到元·明·清代的过程中进一步扩展了其影响，因此在清代后两个时代的诸形态、诸形式的文学中，使用白话文的戏曲和口语文小说比别的更旺盛，特别是白话文小说在所有文学中形成了最大的盛况，压倒了其它的文学，与民众的亲素密度最大。在中国，白化文立足于社会的时间虽然较晚，但其声势的伸展又快又广。这是因为大众所爱好的戏曲和白话小说开始盛行并得到了大众的支持。在宋代兴起的原因有佛教传播的盛行与叫做 “词” 的乐府文学发展的影响，印刷术的发展·平民的撅起等，但最主要的原因是大众的行乐观念的昂扬。中国历朝的首都在各个方面都形成了盛况，宋朝的首都汴京的文化兴隆胜于任何朝代的首都，特别是庶民大众层的道乐场的盛行是非常可观的。被称为〈瓦子〉 的民众道乐场的盛行告诉我们生活上变得比以前稳定的庶民在社会上，文化上的发展。成为后世中国庶民文艺的源泉的瓦子有舞蹈、摔跤、傀儡(人形剧)、诸读宫(以各种曲调演唱某一故事的内容的)、说话等行事，娱乐群众。但是，其中最盛行最受大众欢迎的是以白化文小说为基本的说话，以给大众专门讲有趣的故事为生的说话人的说话，很快就白化小说化了，记载着北宋时说话人的说话内容的说话台本即成了白话小说的根本。即捕捉大众嗜好，敷衍了说话台本的小说化盛行起来了。所以，白话小说得以兴起并发达起来。加上进入元朝，比小说更有效果的大众文艺"戏曲"的兴盛，使白话文的威力更大了。还有至进入明·清代以来随着一般大众的文化意识的提高与对社会的批判精神的增加，文人们开始更多的地创作出作为大众文艺的戏剧刷与白话文小说，特别是小说家们为了迎合对政者的残忍，官人们的横暴，以及贵族和富豪们压迫，社会道德的失衡等的不满与反抗心以及憎恶旧社会并追求新环境的民众心里，把暴露批判现实，厌恶现实，并追求理想社会的内容用白话文记述下来，这进一步加强了民众对其小说的贪读，并因此加强了白话文的威力。但这并不是说明，清代间文言文的势力衰弱了。文言文的势力一如既往。但，随着社会改革的气运，清德宋光绪31年(1905)，具有悠久历史与传统的科举制度的废止了，文言文在社会上受到了重大打击。加上，1971年(民国6年)以胡适与陈独秀为先锋，掀起的《文学革命》(即主要主张文学不应使用文言文，而应使用一般大众可以看懂的白话文的运动)，文言文在大众那里正面受到排挤。还有 1919年(民国8年) 5月4日发起了一种叫五四运动的史无前例的大民众运动，而其间以民众为对象的所有的书都是使用白话文所写的，以这个运动为起点，只用白话文的新文学站住了脚，文言文丧失了其生命。

以上讲的是文言文和白话文，而我们的汉字学与白话文无关，它所使用的只有文言文。所以，以下就没有必要对白话文再进行探讨了。

文言文是中国的古代语言。但是，不能把中国古代的语言只说成是文言文。文言文可根据态度的如何而变化文体。举例说的话，有〈古文〉·〈骈(pian)文〉·〈时文〉 这三种。一切文言文都是古代的语言，所以可包括在古文里，但是这里指的古文是狭义的古文，古文是至从骈文、时文等出名以后，为了区别骈文与时文而起的名字。古文这个词的广泛应用是在清代。南宋时代的王应麟在〈辞学指南〉中把文言文的文体分为〈散文〉和〈四之文〉两种，散文就是指古文，四之文指的是骈文。古文指的是什么样的文言文呢？古文是指作文上不拘泥于任何法度，而作得只要求达意就可以，所以不用在句中使用对偶的句子或牵强附会或句末写上同韵的字来符合韵律等雕琢文章的手段，而且不用遵守一定的作文格式，只是把想记述下来的思维，用正确的文字按照文法写下来的文章。提倡古文的人把先秦时代或汉代的文章当作模范的古文，其中有些人比较尊重汉代的文章。下面作为古文的例子，各举一篇用我国的语言与中国的语言写的文章。

> "赵高欲为乱，恐群臣不听。乃先设验，持鹿献於二世日，马也．二世笑曰，丞相误邪。谓鹿为马。问左右，左右或默，或言马，以阿顺赵高，或言鹿者。高因阴中诸言鹿者以法，後，群臣皆畏高." 一《史记》卷6·〈二世皇帝3年条〉记事
>
> "夫文字者，各其国之言语声音也。出於言而发於音者，皆文也。故传曰，言者身之文，文不可以离言，音不可以离文。强鹦鹉以鸳语，则必不能，劝猩猩以豺嗥，则必不得者，何也。音有所偏，而习有所拘。此各国之所以异言而殊文者也。然事物之理情万殊，人民之言语无穷，因音制字，子母相生，穷天下之理，述万物之变，以成一国文字，而一致全国之言语。故西儒曰，国文者均一，其国之独立者也。
>
> 我国世庙，以天纵之圣，制作国民正音，创子母二十八字。精而约，简而要，虽？巷妇孺，便於学习，而易於通解，实吾东独立之至宝也。
>
> 若以国文教训全国之民，则无有一个不识字之人．奈何？於习惯，徒以艰？难解之汉文，误了聪俊子弟．兀兀穷年，虚费光阴，白首篷华，甘作老博士穷措大，岂不可惜。况又以其言自言文自文之故，人民之不识字者，

居十之七八，民智之暗 昧愚 弱，岂非由此而然乎。

苟欲发达教育，挽回独立，惟在乎国文之扩张。至若汉文，非曰可废。特设专门学校，选聪俊子弟，以教育之，庶可为今日之当务也。"一张志渊的〈国文关系论〉

前面的文章是堪称东洋史书模范的前汉时期司马迁(字子长)所写的史纪中的文章，后面的是张之涵(字舜韶，号韦庵或嵩阳山人，本贯仁同，1864. 11. 30-1921. 10. 3)的提倡国文学专用的文章，见于他写的「韦庵文稿」(12卷)的第5卷。在他的这些不拘于任何法式，只求将事实陈述的意图自由地、如实地表现来的文章中找不出对偶的语词或做作的痕迹。而且，上句节下句节没有奏成一定的字数，也找不出在句末和句末写上由同韵的字而构成韵律的情况。这些文章才真正是只为了达意而写的。

先奏时代或前汉时代的文章，或后汉时代的文章都是古文。但是从后汉末兴起了一股写散文要求一定法式的风气，使文章的质起了变化。那是因为文中的对句多起来的缘故。对句指句中或前后句中使用了对偶句子。对偶是指将种类·性质相同的事物或把反对的和相对的配成对。举例来说，诸葛亮(字孔明，181-234)在蜀后主建兴5年(227)，所写的〈前出师表〉这篇有名的文章中有:

"侍卫之臣，不懈於内，忠志之士，忘身於外者，盖追先帝之殊遇，欲报之於陛下也. …… 亲贤人，远小人，此先汉所以兴隆也。亲小人，远贤臣，此後汉所以倾颓也."

这些句节，其中句找出:

侍卫之臣，不懈于内，

忠志之士，亡身于外，

辛贤人，远小人，此先汉所以兴隆也。=

辛贤人，远贤臣，此后汉所以倾颓也。=

如此有很多种对偶。这种追求对偶的作文态度最终导致了下面将提出的一种新的文体以骈文的形成。所以，骈文在南北朝代和唐代，极为盛行。因此，产生了主张从南北朝时代的终末期起，出现主张文章法应重新回到写古文的法式的人，虽然唐代中期的萧颖士·李华等提出了专写古文的主张，但还是力所不及。还有韩愈(字退之，768－824) ·柳宗元(字子厚，773－819)两大文人也积极主张使用古文，并自己率先专念于古文。但是，被骈文之势力压在一边的古文没有换回其势力，在唐代骈文一直处于优势。但，自从进入宋代，属于文学界和政界中心人物的大人物提出古文，而且自己写了很多古文做了人们的榜样，因此古文夏兴了，而骈文的势力变弱了。所以，在后来的世代，古文维持了安定的局势。宋代为古文夏兴做出重大努力人士是政治界的重镇，还有作为诗人而闻名的欧阳修(字永叔，号六一居士，1007－1072)·因其出色的词和散文而成为宋代的代表人的苏轼(字子瞻，号东坡，别称大苏。1036－1101)。他的父亲苏洵(字明允·号老泉，为区别于他的儿子们又别称老苏)，他的弟弟苏辙(字子由，为区别于他哥哥的大苏，别称小苏。1039–1112)·新法党的领袖王安石(字介甫， 号羊山。1021–1086)·欧阳修的弟子曾巩(字子固，号南富。1019–1086)六人。将这些人与唐代的韩愈·柳宗元会称为唐宋八家或唐代宋八大家。

中国人自古以来喜欢使用“天池：山川·暗黑：光明·花落：鸟啼·山问之明月：江山之清风”此类对偶的句字，加上如上述所说，从后汉末开始，做文章的人善于使用对偶法，将其视为一种作文上的法式，并致力于文章的修辞，最终形成了不同于古文的一体骈文。骈文的特征有：

① 使用了很多对句(对偶的句子)。
② 将4字句和6字句视为句调的基本。
③ 表达相同意思时，尽量使用言调优美的字。
④ 尽量使用优美的语词。
⑤ 即使是散文，也要和韵文一样，在句末写上相同韵的字使其符合韵律。
⑥ 在句中使用的典故很多。

骈文又可称骈俪文或骈体文，后来又称为四六文。这些名称是由句中使用对句的特征而来的。即“骈”有“两匹马并排栓在马车上”的意思，“俪”有“两个人一起并排耕作”的含义，即转用为“一对”这个意思，作为文体的名称了。

骈文被确立为一种文章体是在南北朝代的齐·梁朝期间，当时人们称骈文为“今体”。这词的含义是“当今新文体”。南北朝时将骈文称为今体，可见于梁武帝的“与湘东王论文集”中的“若昔贤可称，则今体宜弃”。“四六文”这个名字是在唐中期以后才用上的，是因为骈文以四字句和六字为句调的基本。参照下面几个例子，来实证一下骈文的

特点:

"南昌故郡, 洪都新府。星分翼轸, 地接衡庐。襟三江而带五湖, 控蛮荆而引瓯越。物华天宝, 龙光射牛斗之墟。人杰地灵, 徐孺下陈蕃之榻。雄州雾列, 俊彩星驰。" —–唐王勃(字子安, 647–675)〈滕王阁序〉

南昌古郡, → 星分翼轸。 → 襟三江而带五湖,
洪都新府, 地按衡庐。 控蛮荆而引瓯越。

物华天宝, 龙光射牛斗之墟。 → 雄州雾列,
人杰地灵, 徐孺下陈蕃之塌。 俊彩星驰。

将此文句并例来看开, 就可在文中横纵找出很多对偶。

"夫天地者, 万物之逆旅, 光阴者, 百代之过客。而浮生若梦, 为欢几何。古人秉烛夜游, 良有以也。况阳春召我以焕景, 大块假我以文章。会桃李之芳园, 序天伦之乐事。群季俊秀, 皆为惠连。吾人咏歌, 独惭康乐。幽赏未已, 高谈转清。开琼筵以坐花。飞羽觞而醉月。不有佳作, 何伸雅怀, 如诗不成, 罚依金谷酒数。"

: 李白(字太白, 701–763)的〈春夜宴桃李园序〉

(句的最后一字上头所画的"ˇ"表示此字是仄声字, "°"表示此字是平声字。)

如上述文章, 骈文中句节的最后一字以 (平–仄·仄–平·平–仄·仄–平)这种规律交替使用平仄字, 使上下句的音调很协调。

"山不在高, 有仙则名。水不在深, 有龙则灵。斯是陋室, 惟德吾馨。苔痕上阶绿, 草色入廉青。谈笑有鸿儒, 往来无白丁。可以调素琴, 阅金经。

无丝竹之乱耳，无案牍之劳形。南阳诸葛庐，西蜀子云亭。孔子云：何陋之有。”

：唐代刘禹锡(字梦得，772-842)的〈陋室铭〉

在这个文章里隔句末字“名·灵·声·青·丁·经·形·亭”等是押韵的字。除“名”字，其它都是广韵的平声清韵的字，“名”字虽是平声清韵，但与青韵的字通用。在骈文中铭类·颂赞类·哀祭的文章里，也像诗那样把隔句的押韵称为正则，把没有押韵的称为变体。

通过上述所举的三个例子，我们就可以理解其特征。对偶多，四字句·六字句多，句末交替使用平仄字，美化音调，也会加韵，挑好的词使用。并且，这三篇文章引用了各种故事，把引用古典的句字或事情做对句的称为“剪裁”，做好剪裁是写骈文的必须条件。

骈文最重视的是对偶法。做对偶的方法将近有30多种，但重要的方法有“天：地·东：西·长：短·往：还·高：低·黑：白·远：近”这些把相反的词作为对偶的“的名对”；像“日：月·怒风：疾风·薄云：轻雾”等，以同类语为偶的“同对”；“天：山·风：树·月星：山川”等以异类语为偶的“异类对”·“寝与日已寒：白露生庭?”等虽然作为异类对难以理解，从整体来看它是能成对的是“意对”四类主要的法则。并且，对偶的句法也有好几种，像“襟三江而带五湖”，在一个句中写对偶的“当句对”，像象“南昌故郡，洪都新府”中一句句成对的“变句对”，还有像象“十日休假，胜友如云。千里逢迎，高朋满座”用两个句节成对的“隔句对”的三种方法。在我国也写出了很多骈文，新罗的崔致远(字孤云或者海云，857-?)写骈文很拿手。当他在唐朝当官吏时，僖宗广明2年(881)，有个叫黄巢的起义，占领了福州，引起了大骚。朝庭命高骈为诸道行营都统，派他去剿灭黄巢，崔致远做高骈的幕下书记从军，那年7

月8日替高将军作了〈檄黄巢书〉，感动了黄巢。这是一件非常有名的事，而〈檄黄巢书〉就属于骈文，以下是那骈文文章的全文：

"广明二年七月八日，诸道都统检校太尉高骈，告黄巢。

夫守正修常曰道，临危制度变曰权。智老成之於顺时，思者败之於逆理，然则虽百年系命，生死难期，而万事主心，是非可辨。今我以王师，则有征无战，军政则先惠後诛。将期克复上京，固且数陈大信，敬承嘉论。

用戢奸谋，且汝素是遐虻，较为？寇，偶因乘势，秽敢乱常，遂乃包藏祸心，窃弄神器，侵凌城阙，窃黩宫闱，既当罪极滔天，必见败深涂地。

噫，唐虞已降，苗扈弗宾，无良无赖之徒，不义不忠之辈，尔曹所作,何代而无. 远则有刘瓘王敦，觊说晋室，近则有禄山朱?，吠噪皇家。彼皆或手握强兵，或身居重任，叱陀则雷奔电走，暄呼则雾塞烟横。然犹蹔逞奸图，终歼丑类，日输阔辗，岂纵妖氛。天网高悬，必除凶族。况汝出自问阁之末，起於拢亩之间，以焚纫为良谋，以杀伤为急务。有大愆，可以擢发，无小善，可以赎身。不唯天下之人，皆思显戮，兼恐地中之鬼，已议阴诛，纵饶假气游魂，早台亡神夺魄。凡为人事，莫若自知，吾不妄言，汝须审听。

比者，我国家德深含垢，恩重弃瑕，授尔节旌，寄尔方镇。尔犹自怀鸩毒，不敛枭声，动则啮人，行唯吠主，乃至身负玄化。兵缠紫微，公侯则奔窜危途，警跸则巡历远地，不能早归德义，但养顽凶。斯则圣上於汝有赦罪之恩，汝则於国有辜恩之罪，必当死亡无日，何不畏惧于天。况周鼎非发间之端，汉宫岂偷安之所。不知尔意，终欲奚为。

汝不听乎。道德经云，飘风不终朝，骤雨不终日。天地尚不能久，而况於人。又不听乎。春我传曰，天之假助不善，非祚之也，厚其凶恶，而降之罚。今汝藏奸匿暴，恶积祸盈，危以自安，迷而不复，所谓燕巢慕上，护恣骞飞，鱼戏鼎中，则看焦烂。我缉熙熊雄略，纠合诸军，猛将云飞，勇夫雨集。高旌大冷，圆将楚塞之风，战舰楼船，塞断吴江之浪。陶太尉锐於破敌, 杨司空严可称神。旁眺八维, 横行万里, 既谓魔张烈火, 热彼鸿毛, 何殊高攀泰山, 压其雀卵。即日金科御节, 水伯迎师, 商风助肃杀之威, 晨露涤昏烦之气, 波涛既息, 道路即通。当解缆於石头, 孙权後殿, 仁落帆於岘首, 杜预前驱, 收复京都, 克期旬朔。但以好生恶杀, 上帝深仁, 屈汰伸恩, 大朝令典, 讨官贼者, 不怀私念, 谕迷道者, 固在直言。飞否折简之词, 解尔倒悬之急, 汝其无成胶柱, 且学见机, 善自为谋。

过而能改, 若愿分茅裂土, 开国承家, 免身首之横分, 得功名之卓立, 无取信於面友, 可传荣於耳孙。此非儿女子所知, 实乃大丈夫之事。早须相报, 无用见疑. 我命戴皇天, 信资白水, 必须言发响应, 不可恩多怨深。或若狂走所牵, 酣眠未寤, 犹将拒辙, 固欲守株, 则乃批熊拉豹之师, 一麾扑减, 乌合鸥 张之众, 四散分飞, 身为齐斧之膏, 骨作戎车之粉, 妻儿被戮, 宗族见诛。想当燃腹之时, 必恐噬脐不及, 尔须酌量进退, 分别否臧。与其叛而减亡, 曷若顺而荣贵。但所望者, 必能致之, 勉寻壮士之规, 立期豹变, 无报愚夫之虑, 坐守狐疑。"

"时文" 这个字的意思是 "时代的文章"。时文指自宋代起, 按照写官史登用试验的科举答案时使用的法式写的文章。时文广泛地被称为 "八股文", 此文体兴于宋代(960–1219), 确立于明代(1368 – 1660)变成了明·清(1661 – 1911)两个时代科举专用的文体。

至于八股文的构成, 它把一篇文章分为 "破题"·"承题"·"起讲"·"四股"·"结束" 等五代股, 再把四股分为 "提股"·"虚股"·"中股"·"后股"。此四股又各可分为 "前股"·"后股" 结束的部分又可分为 "小结" 与 "大结"。所以其构成如下表所示。

- 八股文
  - 破题
  - 承题
  - 起讲
  - 四股
    - 提股
      - 前股
      - 後股
    - 虚股
      - 前股
      - 後股
    - 中股
      - 前股
      - 後股
    - 後股
      - 前股
      - 後股
  - 结束
    - 小结
    - 大结

四股的各股分为前, 后股, 共成了八个股, 所以此文体称为八股, 又因是当时所流行的文章故称为时文。此文体在作文上受到了各种各样的拘束。在写此种文体的文章时应留意的重点如下：

① 破题：以两句或三句写出全文的要指, 通常使用对句。

② 承题：継成破题的意思, 明快地下断定。此部分句的长度为3·4句到5·6句。

③ 起讲：作为说出文章的开头的部分, 以简单叙述为其要领。

④ 四股：如上述，每股分为两段，每股都要成对偶，要按顺序展开文义。

⑤ 结束：先在小结部分，相应起讲做结论，在大结部分相应破和承题做结论，作为一篇文章的结尾。此结束部分不同于破·承题，不用对句而用散句。

⑥ 一篇文章的长度：明代是200字程度。但在清代世祖顺治年间(1664-1661)把一篇文章的长度定为450字以内。其后随着字数的限制逐渐消失，也有6·7百字的。

第二节 形式上的区分

因为文章是表达人的思维的，所以随着想法的不同，其表达的方式也不同，跟着文章就有了各种各样的形式。在中国第一个细分文章形式的人是三国时代的魏国的文帝－曹丕(曹操的儿子，字子桓，178－226)。在他写的≪典论·论文篇≫里写到:

> "夫文本同末异，盖奏议宜雅，书论宜理，铭诔尚实，诗赋欲丽，此四科不同。"

把文章分为奏议文，书论文，铭诔文，诗赋此四种，并说到奏议文要准确，书论文要明于事理，铭诔文要真实，诗与赋要美。还有南北朝时代的刘勰(字彦和，梁武帝〈502－549〉时人)在他的著作≪文心雕龙≫里把文章形成分为「骚·诗·乐府·赋·颂赞·祝盟·铭箴·诔碑·哀吊·杂文·谐讔·史传·诸子·论说·诏策·檄移·封禅·章表·奏启·议对·书记」等21种。还有梁染朝的昭明太子肃统(501–531)，使用了包括楚辞在内的，以及至当时所出的许多人所写的文章，编撰了有名的《文选》30

卷，他在文选中把文章的形式分为“诗·赋·骚·七·诏·册·令·教·策·表·上书·启·弹事·牋·奏记·书·移·檄·难·对问·设论·辞·序·颂·赞·符命·史论·史述赞·论·连珠·箴·铭·诔·哀·碑文·墓志·行状·吊文·祭文”等39种。

此后谈到分文章形式的事很多，如宋代太宗时敕撰的《文苑英华》(4卷)中分为37种，明代徐师曾在他的《文体明辨》里分为101类。

染朝明太子肃统的文选里的分类，成为了后世人分类文章形式的典范，但它免不了区于繁杂的批评。

在中国，三国时代以后，的许多人开始追究文章形式，对其进行分类，而这些都很繁杂。但是到了清代它被整理，变得既简洁，又有要领。即清代的姚鼐在他的《古文辞类纂》里将文章分为“论辩·序跋·奏议·书说·赠序·诏令·传状·碑志·杂记·箴铭·颂赞·辞赋·哀祭”等13种。这些分类是既简单又有要领的。对姚氏的分类加以说明如下：

① 论辨类：是一种议论文，文选的论·史论·难·策 等属于此类。

② 序跋类：为写在著书或诗·文前，后的文章。序一般写在前面，跋写在后面。文选的序符合此类。

③ 奏议类：指臣下写给君主的关于政事的文章。文选的表·上书·弹事·牋·奏记等属于此类。

④ 书说类：是以对某些事的议论为主的书信体的文章。文选的书·移·启属于此类。

⑤ 赠序类：送别某人或祝贺他人的庆事时写的文章称为“序”。即韩愈的〈送孟东野序〉 或明代归有光的〈戴素庵七十寿序〉 可作为很好的例文。文选没有分出此类。

⑥ 诏令类：指君主的诏敕，或者臣下代君主传达命令的文章。文选的诏·册·令·教·檄属于此类。

⑦ 传状类：传记和行状的文章，大体上私自将前辈的事迹记述的事称为行状，还有史官记述某人的行迹的或准的文章。文选的行状属于此类。

⑧ 碑志类：刻在碑石上传于后世的文章。文选里分为碑文和墓志。

⑨ 杂记类：指一般的记事文。随笔文学的文章属于此类。文选没有分出此类

⑩ 箴铭类：有警戒自己或他人的意思的文章，文选里分为箴和铭。

⑪ 赞颂类：称颂人的德或事物的文章。文选的赞·颂·史述赞属于此类。

⑫ 辞赋类：包括楚辞或赋。文选的骚·赋·七·对·问·设论·辞·符命·连珠等属于此类。

⑬ 哀祭类：指吊文或祭文。文选中的诔·哀·吊文·祭文属于此类。

此13类按中国文学的诸形态的文形来说，楚辞和赋属于辞赋类，小说兼取13类，随笔大体上取杂记类的形式，评论主要取论辨类的形式，所以不成问题。但是，诗或乐府文学的形式并没有包括这些形式。所以姚氏的弟子梅曾亮编撰了《古文辞略》，在这个基础上增加了"诗歌颂"。还有，清末的曾国藩编了《经史百家杂钞》，把文章分类成三门11类，如下面所示：

- 著述门：论述类·辞赋类·序跋类。
- 告语门：诏令类·奏议类·书牍类·哀祭类。
- 记载门：传志类·叙记类·典志类·杂记类。

曾氏的分类把姚氏的分类进一步简化。他也没举出诗·乐府文学的文章形式。如果在他著述门里再加上"诗歌类"，它可能成了最好的分类。

第四章　汉文学形态论

第一节　诗文学

1. 诗文学的本质和类形

(1) 诗的体质

最早说明诗为何物的文章是≪书经·舞典≫中的 “诗言志·歌永言。”在≪诗经·大序≫中说:

“诗者, 志之所之也。在心为志, 发言为诗。”

进一步做了具体的说明。诗就是把心中感觉到的潜在的思想表达成语言, 但是并不是所有表达成语言的都可以成为诗。但是诗和音乐分离前, 诗是以歌的形式唱出来的。作为歌词的语言必须不同于普通使用的语言。作为歌词的语言要有韵律,这是很重要的。后世的诗被要求具有一定的形式即要求遵照篇法, 所以, 诗体的语言受到了各种制约。

第1章第二节已提过, 我们的汉文学没有我们独创的形态或者形式, 只是模仿了使用文言文的中国文学的形态和形式, 而且遵守了它们所具有的各种规则, 所以, 我们自然要讲到中国文学的形态与形式, 以及其规则。

要用诗表现其内容就得遵守韵律法和篇法。韵律法中要遵守的法则基本的有平仄发和押韵法。

什么是平仄？第2章第4节提到了汉字音。著者在那篇文章中讲道汉字音是声母与韵母相结合，再在其上面加上声调才构成了一个字·语音，以前的声调分成平声·上声·去声·入声四种，而相对把平声直接说成平声，"仄声"就是把上声·去声·入声这三种的统称。平仄法就是为了顺调诗句的语调，而适当地结合平声的字和仄声的字的规则。

押韵又称履覆韵，用我国话说是"韵을 단다"。押韵与平仄法相似，是为了调整诗的韵律，使隔一句或隔几句句末的字之间，使用相同韵目的字。用文言文写成的中国的诗必须得押韵。其法则是随诗体和诗形变换方法。作古体诗的方法不是一律的，而是各种各样的。

先秦时代或至前汉时代，诗的篇法没有定下来。篇法是构成一篇诗时，把一篇诗限制成几句或把一个诗句定成几字，或在一篇诗中规定最初几句用来写诗意的，下面几句起承上启下的作用，再下面几句用来总结一篇的诗意，即把"起承转结法"等概括起来的方法。上面已讲过，中国语是单音节的语言。一个音节大都是一个语词的音。汉字必须在表示出一个语音音节的同时表现出一个语词的意思。所以，一字表示一词，因而诗中有几个字这句话被说成有几个词(单语：言)，进行区别。即五个字构成的一句子，称为"五言诗"，七个字构成的称为"七言诗"，然而上古时代(先秦时代)或者分成前·后汉的时代为止，诗的一句子里，并没有规定其字数，而且也没规定一篇诗要写几句。然而，从前汉末项开始，句的字数出现了限制，并且第一次出现了定型诗。但是，至南北朝时代以前，一直没有限定一篇诗要有几句。而从唐代开始才兴起了新体诗。并出现了一篇诗只能写成四句或八句的一定的句法。

(2) 诗的类型

中国的诗至从上古时代开始经历了许多次变动，所以，前后出现了不同的篇法和韵律法。所以中国的文言文诗分成各种体和形式，因而，诗可分成古代诗·古体诗·今体诗三大别。古体诗分为称为北方中国诗的诗经的诗和称为南方中国诗的楚辞。古体是可分为一句由五个字组成的五言古体诗和一句由七个字组成的七言古体诗两个形式。作为新体诗的今体诗有限定为四句的绝句诗，限定为八句的律诗·律诗形由作者决定长短的排律诗，这些又各自分为五言与七言。

2.《诗经》诗形的诗

中国上古时代的诗有「诗经」的诗和楚辞两种，它们有诸多不同点。但是楚辞对我们的汉文学没有产生直接的影响。所以，在谈到楚辞的后身的赋时，再言及它。下面只讲诗经中的诗。

《诗经》是将从殷(又称商)的末业到周国(公元前1027-246，实际灭亡时间为公元前256年)春秋时代(公元前728-487)定王时(公元前606-586)所作的北方中国的诗，集成的一大诗集。《诗经》的编写年代不确切，而且也没有弄清编者是谁。但是，《史记·孔子世家》里写到是孔子从三千余篇的古诗中，根据礼仪道德方面的比重，删去不好的，只留下其余的写成了这本书，所以将其名称为诗。后世人们也许是相信了《史记》的记录，出现了孔子删诗说(孔子从三千余篇诗中除去非道德的，而选出好的编写成诗的说法)，有的人信，有的人否定。

这些原来只是被称为《诗》，自从进了汉代以来儒家治学，又传播他们主张，有根本的作用的书称为“经”，首先与称为《书》的书和称为《易》的书一起称为三经，然后把经字各加在各自的称呼上，所以被称

作 《书经》·《易经》·《诗经》，作为纯粹的文学书的诗(诗经)则变成含有儒家学理的书。

孔子时代或在他之前被编撰，并与易经·书经·春秋·礼记等一起作为中国最古的古典的诗经，内含三百五篇的古诗流传在现今。诗经从被编撰以来，广泛地流行，被当作是中国社会的文学的教本而爱惜。其后，据传说因为秦始皇的焚书(公元前213年)这一暴虐行为而失传于世界，而到了刘氏的汉代发生了古籍的整理事业，通过从秦代而活下来的学者们的暗诵，诗经得以再现。这时重新写成的诗经虽说是按原样写的，但不是一个人背下来的，而是四个人即四家的诗经的并立，而那四个人之间互相都具有不同点。那时的四家诗是，之前的诸侯国一鲁国出身的申培所传的《鲁诗》；齐国出身的辕固生所传的《齐诗》；燕国出身的韩婴所传的《韩诗》；鲁国出身的毛亨所传的《毛诗》。这些虽并存于前汉(公元前206－公元前8)·后汉(25－220)两时代间，但后来却依次灭亡了。即齐诗在三国时代，鲁诗在西晋时代各自灭亡，韩诗亦在南北朝时代只留下〈外传〉一篇，本文消失了。因而，只有毛诗流传下来，今天的诗经即是毛诗。

当初编撰《诗经》时其包含了311篇的诗。但是，今天只剩下了305篇，原来的〈南陔〉·〈白华〉·〈华黍〉·〈由庚〉·〈崇丘〉·〈由仪〉等六篇只有篇名，而其诗辞失传了。是因为在汉代再现诗经时暗诵的人忘掉了，没有背指出来的缘故。诗经的诗有“六义”的东西。它是根据诗的种类和内容区别命名的统称名。六义即是将“风”·“雅”·“颂”·“赋”·“比”·“兴”一括起来的名称。其中，“风·雅·颂”是区分诗的种类的名称。风是指纯粹的民谣诗，雅主要指处于支配阶级的个人所写的诗，而颂是周国王室、诸侯国的鲁国公室、殷国统治者的后代在祭奠祖宗时作为所唱的歌辞所作的诗。“赋·比·兴”是按诗的内容作区分的。赋是直叙吟咏的对象的，比是在吟咏某一事时不直叙，而将此比喻成别的来吟咏，兴是指在吟咏某一事物时，先说别的东面的诗。

传下来的诗经中，160首属于风，105首属于雅(原来是111首，如上面所述，6篇已流失)，40首属于颂。并且，“风”可分为15国风(15个诸候国的民谣)，它们有周南11篇·召南14篇·邶风19篇·鄘风10篇·卫风10篇·王风10篇·郑风21篇·齐风11篇·魏风7篇·唐风12篇·秦风10篇·陈风10篇·桧风4篇·曹风4篇·豳风7篇。“雅”分为“大雅”与“小雅”，“大雅”有31首，“小雅”有74首(原来是80首，其中6篇，如上面所示已失传)。“颂”分为三种，即周颂31篇，鲁颂4篇，商颂与5篇。

儒家将文学视为道德的枝叶，并把诗经为儒家在传播、主张儒家思想的道具，而致力于把诗经的诗按自家的理论合理化。其结果是15国风中的“周南”·“召南”的二南被视为纯正的道德，的所以称作“正风”；邶风以下的13国风则被视为包含着非道德的要素，所以称作“变风”。并且，就像诗经的大序里“至于王道衰，礼仪废，政教失，国异政，家殊俗，而变风变雅作矣”说的那样，雅的大雅是王道兴盛，礼道正常的时代所作的，小雅则视为王道与礼仪道德衰败的世代所作的。但是，这种说法只是出于儒家单方面的见解。风不能区别为正风·变风，大雅与小雅的分别只是出于其唱时的歌调的不同，这种说法我认为妥当一些。颂分为三颂是因为周颂只用于周国王室宗庙的祭祀的乐章，商颂只用于殷国统流治者的后代向先祖祭祀时的乐章，鲁颂只用于作为诸候国的鲁国公室的祭祀时用的乐章的缘故。

《诗经》的诗不是依照一定的篇法而做，而是完全自由地创作的自由形态的诗。有一篇二章的，有三章·四章·五章的，还有更多的。并且一章有三句的·四句的·也有更多的。相同篇里，有些章是四句的，有些章是八句的。章句法，是自由的。还有一个句的学数也没有任何限制，一个句子里的字，有4字的·5字的·6字的等各种各样的，有一个章或一篇的全句由同一字数写成的，也有不同字数的句字写成的混合的杂言体的，所以一篇诗的长短随诗篇不同而不同。诗经的诗是押韵的，诗经的诗中所用的韵字是在研究上古汉语以及再构上古语言上具有至大价值的资料。下面举一下诗经中的诗的例子。

- “关关雎鸠，在河之洲。窈窕淑女，君子好逑。”〈周南·关雎篇〉第一章。
- “参差荇菜，左右流之。窈窕淑女，寤寐求之。求之不得，寤寐思服。悠哉悠哉，辗转反侧。”〈关雎篇〉第二章

这些是诗经最前头的周南·关雎篇的第一·二章的诗。两个章的每句都由四言组成，非常整齐。但是，第一章只有四句，第二章由八句构成。

- “采采卷耳，不盈顷筐。嗟我怀人，置彼周行。”〈周南·卷耳篇〉第一章
- “陟彼崔嵬，我马虺隤。我姑酌彼金罍，维以不永怀。”〈卷耳篇〉第二章

这些都是卷耳篇的诗。两章都相同地由四句构成，但相对第一章的每一句都是由四言构成的，第二章的两句是四言的，第三句是六言的，第四句是五言的。

- “厌浥行露。岂不夙夜，谓行多露。”〈召南·行露篇〉第一章
- “谁谓雀无角。何以穿我屋。谁谓女无家。何以速我狱。虽速我狱，室家不足！”〈行露篇〉第二章

这些是同一个行露篇里的诗，第一章是四言的，只有三句；第二章是六句的，是五言句和四言句混合的杂言体。

○ “殷其雷，在南山之阳。何斯违斯，莫敢或遑。振振君子，归哉归哉。” 〈召南·殷其雷篇〉 第一章

这首诗是六句的，是三言·四言·五言句字混合的杂言体。

○ “绿兮衣兮，绿衣黄裳。心之忧矣，曷维其亡。” 〈邶风·绿衣篇〉 第二章
○ “女曰鸡鸣，士曰昧旦。子兴视夜，明星有烂。将翱将翔，弋凫与雁。” 〈郑风·女曰鸡鸣篇〉 第一章

这些诗隔句都是押韵的，还有:

○ “匏有苦叶，济有深涉。深则厉，浅则揭。” 〈邶风·匏有苦叶篇〉 第一章

这首诗的第一·二句末的韵相同，第三·四句末的韵又相同，所以一个章里有两个韵。即中间换韵了(换韵字)。

如上所述，诗经的诗是自由形的诗。但是，分析传下来的三百五篇的诗，四言的句和由四句构成的最多。所以，诗经的诗可说成是以四言四句的为基本形的。并且，可推断中国的诗的原始形是四言的。

3. 古体诗

(1) 古体诗的形式

进入唐代，诗句字字都要使用区别平·仄声的严格的平仄法，并且只能用定下来的韵字来押韵。此外遵守各种各样法式的新体诗即今体诗确立以后，为了区别之前的诗体，有了古体诗这个，是指汉代到隋朝的诗体。

古体诗又称为“古诗”，在今体诗文学形成以后，虽然人们継续按照古体诗的诗式做了一些诗，并做出了很多五言古体诗(五言古诗)或七言古体诗(七言古诗)，但是古体诗原来是从五言诗开始的。

中国的诗本来是无形的。而到了汉代才形成了五言的定形诗，至隋朝这个五言定形诗又是唯一的诗式。根据南北朝时代陈(557-589)的徐陵(字李穆，507-583)所编的《玉台新咏》的〈古诗十九首〉中的一部是前汉武帝时期的人枚乘写的。所以有了五言定形诗是在武帝时已确立的说法。

但是，这一说法是虚说，将一个句子限定为五言的诗，即五言定形诗的形成是武帝之后的事情。五言的定形诗形成的时期虽然不确切，但是没有发现前汉时期的诗人所写的作品，只发现了汉书·五行志中前汉成帝时(公元前32-7)的童谣诗：

> “邪径败良田，谗言乱善人。桂树华不实，黄爵巢其颠。昔为人所羡，今为人所怜。”

但是从后汉初五言的诗陆续被文人们创作出来。其最初期的可举班固(32-92)所作的〈三王德弥薄〉诗。这首诗形式整然，内容充实，说明在一世纪五言诗已形成并在文人之中作为一种诗式得到了认定。想到这些事实，五言的定形诗是受到前汉末时期的民间歌谣的影响而开始形成，并在进入后汉初即一世纪以后取了固定的诗式。后汉初期形成的五言的诗逐渐发展，并在后汉的中·末期声势大振，出现了〈古诗十九首〉·蔡琰的〈悲愤诗〉和有名的〈孔雀东南飞〉等作品，并随着三国时代数国帝王曹操、曹丕、曹植曹氏式三父子及一些文人们，活跃地开展了文学活动，五言诗达到了黄金时代。

传下来的诗中有不属于今体诗，而是依照旧诗式作的诗，如晋代苏伯玉之妻所作的三言与四言的句字混合而成的〈般中诗〉、明代的魏偁所作的九言八句的诗〈石城六旱仲冬十二夜大雨晓起作〉等。所以，有人说古体诗既有三·四言的，也有九言的。但这些诗是以作上古时代无形诗的意图所作的诗，不能认为古体诗的诗形是三言或九言的。古体诗起初是五言诗，后来随着七言诗的登场，古体诗便有了五·七言两种。通常把魏文帝曹丕的〈燕歌行〉看作是七言古体诗的鼻祖。但是，严格的说，它应该是古乐府诗。后来又出现的很多像燕歌行那样每句七言的诗。晋代某人写的〈白苎舞歌诗〉·南北朝时代的鲍照写的〈拟行露难〉·梁染武帝的〈河中之水〉·〈东飞伯劳歌〉·梁染代简文帝所作的〈乌夜啼〉·〈乌栖曲〉·隋代虚思道所作的〈从军行〉等。但是这些也应该说成是古乐府诗。即三国时代以后古乐府诗与音乐离得越来越远，变成了光看，然后去吟味的东西。从而，以附在乐曲上作为歌曲来作诗的态度写出的作品，终究还是乐府文学。并且古乐府在题名的后面要加上"歌"·"行"·"歌行"·"怨"·"引"·"曲"·"吟"·"辞"·"篇"·"唱"·"调"·"叹"等，而上面所提到的作品的题目差不多都附有"歌·曲"等。但这并不是说七言诗与古乐府诗没有关系，而可把七言古体诗看作是七言调古乐府诗变质而成的。

乐府是到唐代中·末期"词"形成之后，在新的乐府登场为止对古乐府·诗·曲的统称，指的是音乐歌词文学。在上古时代诗是作为歌而唱的。而随着社会持续的骚乱，音乐被轻视，乐谱损毁，到汉代古乐进入全灭状态。因此汉武帝设置了"乐府"这一官署，广泛采取了民间的乐曲和歌词，并命令文人和乐工作出新的歌词的曲子，致力于音乐的复兴。这就使音乐歌词文学别于诗兴了起来，它在民间文人们中也流行起来，世人无意之间就取管乐曲的官著名将音乐歌词文学叫做"乐府”。乐府是以乐曲为基准而作的，所以没有一定的形式，一篇的长短不同，句的字数也是各种各样的。其中也有七言的。但是，三国以后乐府与音乐的距离逐渐远了起来，随着时间的推移变质成像供于读和吟味的诗一样的乐曲。在此期间，乐府诗的七言形和已有的五言诗一起转换成同一个诗形。但是，至南北朝时代中期，文人即使要作七言的诗，也要考虑到乐府的曲子，其题名也是诗乐府的题名。因而，虽然采取了七言诗形，它也是属于乐府诗的范畴的作品。而到了南北朝时代的陈代和隋代，文人摆脱了对乐府的观念，去作七言诗，其结果形成了七言古诗体。隋朝的薛道衡所作的诗〈豫章〉(28句)就是说明这一点的作品。但是，七言古体的具体化是在进入了唐代以后。

古体诗分为五言古体诗·七言古体诗(七言古诗)两个形式。但其字数是没有限制的。所以作者可任意决定一篇的长短。但是，古体诗有“解”或“段”这种词。解·段是将一篇诗，按字数分解的名称。“解”在原则上指每四句，有时也指两句。而“段”是以两解以上，来给诗分段。作者可任意决定分段的法式，有些段是二解或三解，有些段则是四解·五解·六解·七解，根据情况有时七解以上会为一段。所以，每个诗分的段是不同的，就算是同一首诗也有很多第一段是二解第二段是四解，第三段是三解等例子。并且，有些诗只由一解一段构成，也有的是由多个解，多个段构成的。下面举几个这种例子。

○ 采葵莫伤根，伤根葵不生。结交莫羞贫，羞贫友不成。

这首诗是后汉时代某人的诗，为五言四句诗，由一解，一段构成。

○ 步出城东门，遥望江南路。前日风雪中，古人从此去。(第一解)

我欲渡河水，河水深无梁。愿为双黄鹄，高飞还故乡。(第二解)

这首诗也是后汉时代的五言诗其作者不明。这是由二解，一段构成的诗

- 山寺鸣钟昼已昏，渔梁渡头争渡喧。
  人随沙岸向江村，余亦乘舟归鹿门。(第一解)
  鹿门月照开烟树，忽到庞公栖隐处。
  岩扉松径长寂寥，唯有幽人自来去。(第二解)

这首诗是唐代孟浩然所作的七言古体诗〈夜归鹿门歌〉。它是由二解组成的，只有一段。

- 送别临曲渚，征人慕前侣。
  离言虽欲繁，离思终无绪。(第一解)
  悯悯分手毕，萧萧行帆举。(第二解)：第一段
  举帆越中流，望别上高楼。
  予起南枝怨，子结北风愁。(第三解)
  逦逦山蔽日，汹汹浪隐舟。(第四解)：第二段
  隐舟邈已远，徘徊落日晚。
  归衢并驾奔，别馆空筵卷。(第五解)
  想子敛眉去，知予衔泪返。(第六解)：第三段
  衔泪心依依，薄暮行人稀。
  暧暧入塘港，蓬门已掩扉。(第七解)
  帘中看月影，竹里见萤飞。(第八解)：第四段
  萤飞飞不息，独愁空转侧。

北窗倒长簟，南邻夜闻织。(第九解)

弃置勿复陈，重陈长叹息。(第十解)：第五段

这首五言古体诗是南北时代梁朝何逊所作的〈送韦司马别〉。它可分为十解，五段。但是第1·3·5·7·9解是按原则都是四句，而2·4·6·8·10结却是各由两句组成的。还有各段都是二解构成的。

在此，对于解与段重新说一遍。诗选择意思相符的字按文法写成句子，对句子而言将组成句子的各个字称为“言”。

并将二句称为“联”，把成对的两句中的前一句称为“出句”，后一句称为“落句”。两个联成对以后称为“解”(又称章)，解原则上是四句构成的，而根据情况也把二句(一联)作为一解。还有，一段是由两个以上的解组成的段，一段或几个段组成一篇诗，诗的篇数通常称为“首”。

(2) 古体诗的平仄法与押韵法

1) 平仄法

一般来说，古体诗不要求每个字的平仄。但是，也不是完全不顾对平仄的要求的。当然要认清构成诗句的每个字的平仄，但大体上应该遵守“关捩”·“拯音”·“变换“三个法。

“关捩”指的是把五言诗的第3·4·5字，七言诗的第5·6·7字定为平声字或者都是仄声字的形式。关捩的形式为如下

- 五言诗的联当中以平声字来押韵的时候，

  ① 出句：第3·4·5字应该为仄声字。

  ② 落句：第3·4·5字应该连用平声字。

如图所示。('○ '表示平声字, '×'表示仄声字, '△'表示平声或仄声皆可, '◎'表示押韵字的位置)

△△×××(出句)
△△○○◎(落句)

○ 五言诗的联当中以上, 去, 入声来押韵的时候,

① 出句：第3·4·5 字应该连用平声字。
② 落句：第3·4·5字应该连用仄声字。

如图所示:

△△○○○ (出句)
△△××◎(落句)

○ 七言诗联当中以平声字来押韵的时候,

① 出句：第5·6·7字应该连用仄声字。
② 落句：第5·6·7字应该连用平声字。

如图所示:

△△△△×××(出句)
△△△△○○◎ 落句)

○ 七言诗的联当中以仄声字(平·上·去声字)来押韵的时候,

① 出句：第5·6·7字应该连用平声字。

② 落句：第5·6·7字应该连用仄声字。

如图所示:

△△△△○○○(出句)
△△△△××◎(落句)

"拯音"指的是定五言诗的第1·2字，七言诗的第1·2·3·4字的平仄的形式，其形式为如下：

- 五言诗的联当中以平声字来押韵，而且出句的第3·4·5字为仄声字，落句的第3·4·5字为平声字的时候,

  ① 出句：第1·2字为仄声字。
  ② 落句：第1·2字为仄声字。

如图所示:

○○×××(出句)
××○○◎(落句)

- 五言诗的联当中以仄声字来押韵的时候，则与前面正好相反。如图所示:

  ××○○○(出句)
  ○○××◎(落句)

- 七言诗的联当中以平声字来押韵，出句的第5·6·7字为仄声字，落句的第5·6·7字为平声的时候,

① 出句：第1·2·3·4字用平声字。

② 落句：第1·2·3·4字用仄声字。

如图所示:

○○○○×××(出句)

××××○○◎(落句)

- 七言诗的联当中以仄声字来押韵的时候，则与前面的情况正好相反。如图所示:

××××○○○(出句)

○○○○××◎(落句)

- 七言诗的联当中以平声字来押韵。而且出句的第5·6·7字为仄声字，落句的第5·6·7字为平声字时候，若出句的第二字用了仄声字，落句的第二字用了平声字，则其各句的第四字相反地要用平声字仄声字。如图所示:

○××○○×××(出句)

×○××○○◎(落句)

- 若与前面的情况相反的时候，则要跟下面的图式相同。

×○××○○○(出句)

○×○○××◎(落句)

“变换” 指的是不遵守上面所举例的关捩或拯音的形式, 而有的只用平声字, 或一个句里只用仄声字, 有的句子则用关捩的形式, 或用拯音的形式， 有的句则用后面所要讲的今体诗的平仄法， 使平仄大不一致。但是很少使用这种变换的方式。

2) 押韵法

今体诗的押韵方法是单一的， 二古体诗的押韵法却有好几种， 所以比较自由。

从大的方面来分的话, 古体诗的押韵法有 “一韵到底格” 和 “换韵格” 两种。但因换韵有各种格式， 所以五言古体诗和七言古体诗的押韵法各有好几种。一韵到底格是在一首诗中始终用同韵的字来押韵的格式， 换韵格指的是在一首诗中换着用不同韵的字来押韵的格式， 而五言诗的押韵法和七言诗的押韵法互有区别， 因此下面一一说明一下。

ⓐ 五言诗押韵法

有一韵到底格和换韵格， 一韵到底各则用平声韵的字平韵来押韵也可以， 用仄声韵的字仄韵来押韵也可以。换韵格则以平韵和仄韵互用为原则。还有换韵的格式中有隔着一定的句数换韵的格式和其句数不确定的格式。韵以隔句即每两句押韵为原则， 但随着不同情况也可以每个句子都押韵。还有出句(一般)以不押韵为原则， 换韵的时候则以出句也押韵为原则。换韵的句数按照一定的格式， 有每隔四句·六句·八句·十句·十二句进行换韵。若整理五言古体诗的押韵法， 则有如下八种格式。

○ 五言押韵法
- 一韵到底格
- 换韵格：逐解换韵格·逐段换韵格·换韵句数不定格·起二句换韵格·起四句换韵格·结二句换韵格·结四句换韵格

○ 一韵到底格

五言古体诗中最多的是一韵到底格。所以，这就成为五言古诗押韵法的第一格。这种格式的内容为

① 以平韵字押韵也可以，以仄韵字押韵也可以
② 每两句押韵，出句不押韵为原则。
③ 在一首诗的第一句上(一般)不押韵为原则，但押韵也无妨。可是别的出句则不押韵。

举一个按照这种格式押韵的诗唐·张九龄的〈感遇〉：

江南有丹橘，经冬犹绿林。
岂伊地气暖，自有岁寒心。(第一解)
可以荐嘉客，奈何阻重深。
运命惟所遇，循环不可寻。(第二解)
徒言树桃李，此木岂无阴。(第三解)

这首诗分成三解，根据广韵，韵字“林·心·深·寻·阴”，都是平声侵韵的字，为平声韵。

○ 逐解换韵格

四句为一解, 每解都换韵押韵法, 五言古诗中这种格式称为第二格。其格式的内容为

① 诗的第一句(出句)不押韵为原则, 但换韵的第一句(出句)则押韵为原则。
② 韵是以平声韵字和仄声字互用为原则。但根据不同情况, 有时也用平声或仄声来一贯起来。

以杜甫的 石壕史 为例, 则如下:

老翁逾墙走，老妇出门看。(第一解) −第一段
吏呼一何怒，妇啼一何苦。
听妇前致词，三男邺城戍。(第二解)
一男附书至，二男新战死。
存者且偷生，死者长已矣。(第三解)
室中更无人，惟有乳下孙。
有孙母未去，出入无完裙。(第四解)
老妪力虽衰，请从吏夜归。
急应河阳役，犹得备晨炊。(第五解)−第二段
夜久语声绝，如闻泣幽咽。
天明登前途，独与老翁别。(第六解)−第三段

这首诗以六解三段来组成。这首诗做为杜甫诗中代表作品之一，五次换了韵, 其韵字为如下。

[村·人·看] : 为第一解的韵字。根据广韵 “村” 为魂韵字, “人” 为真韵字, “看” 为寒韵字, 而都是平声韵的字。有的时期真韵和魂韵互相通用, 而

且也跟寒韵相通，因此虽然韵目不同，但可以一起使用。

[怒·苦·戍]：为第二韵的韵字。这些字根据广韵(以后所要说什么韵的字，都是以广韵为依据的) "怒·苦" 是上声姥韵的字，"戍" 是去声遇韵的字，而都是仄声韵的字。

[至·死·矣]：为第三韵的韵字。"至" 是上声的至韵字，"死" 是上声旨韵字，"矣奂" 是上声止韵字。上声属于仄韵，而 "至·旨·止" 三个韵是相通的。

[人·孙·裙]：为第四解的韵字。"人" 为真韵字，"孙" 为魂韵字，"裙" 为文韵的字，这些都是平声韵的字。有的时期，"真·魂·文丈" 这三个韵互相通用。

[衰·归·炊]：为第五解的韵字。"衰" 为脂韵的字，"归" 为微韵的字，"炊" 为支韵的字。"脂·微·支" 三个韵互相通用，而都是平声字。

[绝·咽·别]：为第六解的韵字。"绝·别" 为薛韵字，"咽" 为屑韵字。"薛·屑" 两韵相互通用。这些皆为入声韵，属于仄声韵。关于这首的押韵，有脱离原则的一点，那就是诗的第一句上也用 "村" 字来押了韵。一般五言诗的第一句以不押韵为原则，但往往也有这种例子。

○ 逐段换韵格

即为每段换韵的格式，是五言古诗押韵法的第三格。段有长短，有时以两解为一段，也有时也以两个以上的解为一段。还有，一解是以四句来组成为原则，但也有时以两句为一解。其内容为

① 每段要换韵，以平韵和仄韵互用为原则。

② 在换韵段的第一句上押韵为原则，但也有不押韵的例子。做为这种格式的例诗，举后汉末期所作的《古诗十九首》当中的一首〈行行重行行〉：

行行重行行，与君生别离。
相去万余里，各在天一涯。(第一解)
道路阻且长，会面安可知。
胡马倚北风，越鸟巢南枝。(第二解) －第一段
相去日已远，衣带日已缓。
浮云蔽白日，游子不顾返。(第三解)
思君令人老，岁月忽已晚。
弃捐勿复道，努力加餐饭。(第四解) －第二段

这首诗是十六句, 四解, 两段的诗。找出这首诗的韵字则如下。

[离·涯·知·枝]：为第一段的韵字。
[离·知·枝]: 为平声支韵的字。
[涯]: 为平声佳韵的字。

后世虽然支韵和佳韵是不相通的, 但汉代的时候却通用。“缓”为上声缓韵字, 而“远·返·晚·饭”为上声阮韵字。

○ 换韵句数不定格

指的是换韵的句数不确定, 第二句·四句·六句·八句·十句·十二句·十四句·十六句·十八句等没有任何拘束, 作者可任意换韵的。这是五言古诗押韵的第四格。做为这种格式的例诗, 举唐代贾岛的〈寓兴〉诗。

莫居暗室中, 开目闭目同。(第一解)
莫趋碧霄路, 容飞不容步。(第二解)

暗室未可居，碧霄未可趋。
劝君跨仙鹤，日下云为衢。(第三解)

这首诗分成三解， 而二句·三句·四句的韵是不同的韵来组成的。这首诗在最初的句子上也押了韵，其最初两句的韵字中“中·同”是平声东韵的字。又下两句的韵字“路·步”是去声暮韵的字。还有最后四句的韵字“趋·衢”是平声虞韵的字。这首诗在最初的句子上押了韵，而应该用像“趋·衢”韵字一样，在换韵句的第一句中的“居”字的位置上加韵，却没有加韵。

○ 起二句换韵格

指的是诗的第一，二句上是加同一个韵，然后换韵，而且用换过来的韵来一贯到底的格式， 故一首诗中有两种韵。这是五言古诗押韵法的第五格。做为例诗举三国时代魏国刘桢所作的〈赠从弟〉。

亭亭山上松，瑟瑟谷中风。(第一解)
风声一何盛，松枝一何劲。(第二解)
冰霜正惨凄，终岁常端正。
岂不罹凝寒，松柏有本性。(第三解)

这首诗分成三解， 第一， 二解各由两句组成。起初两句是用相通的平声东韵字“松”和钟韵的字“风”来押了韵，然后换个韵，用仄声韵的字来押韵。即“盛·劲·正·性”都是去声劲韵的字。

○ 起四句换韵格

指的是诗的起初四句则用同一个韵， 然后换韵， 而其韵一直用到最后的格式。做为例诗举后汉时代所作的《古诗十九首》中的一首〈生年不满百〉。

生年不满百，常怀千岁忧。
昼短苦夜长，何不秉烛游。(第一解)
为乐当及时，何能待来兹。
愚者爱惜费，但为后世嗤。(第二解)
仙人王子乔，难可与等期。(第三解)

分成三解的这首诗，最初四句即起四句是用了同样的韵，然后换了韵，而一直到最后其韵也没再变。起四句的韵字“尤·游”都是用了平声尤韵的字，而“时·兹·嗤·期”则都是平声之韵的字。这首诗在起四句上用平声的韵字来押韵，因此换韵后的句子上是应该用仄声韵的字来押韵为妥当，却跟起四句一样用了平声韵的字。

○ 结二句换韵格

指的是不论句数的多少，以最初所用的韵来押韵，而最后所结束的两句是用另外一个韵字来换着押韵的格式，是五言古诗押韵法的第七格。做为这种格式地例诗举魏文帝曹丕的〈杂诗〉二首中的一首。

西北有浮云，亭亭如车盖。
惜哉时不遇，适与飘风会。(第一解)
吹我东南行，行行至吴会。
吴会非我乡，安得久留滞。(第二解)
弃置勿复陈，客子常畏人。(第三解)

这首诗的前面的韵字 “盖·公·滞” 都是去声泰韵字, 而换韵的最后两句的 “陈·人” 都是平声真韵的字。

○ 结四句换韵格

指的是最初开始用同样的韵来押韵, 而最后一解的四句则用另外一个韵来押韵的格式。这是五言古诗押韵法的第八格。做为这种格式的例诗举南北朝时代梁国的何逊所作的〈与苏九德别〉。

宿昔梦颜色，咫尺思言偃。
何况杳来期，各在天一面。(第一解)
踟蹰暂举酒，倏忽不相见。
春草似青袍，秋月如团扇。(第二解)
三五出重云，当知我忆君。
萋萋若被径，怀抱不相闻。(第三解)

这首诗分成三解, 第一, 二句是用去声霰韵的字 “宴·见” 和去声线韵的字 “面·扇” 来押韵, 而霰韵和线韵是相通的, 故使用在一起。还有换韵的最后一解是用平声文韵的 “云·君·闻” 字来押了韵。

ⓑ 七言诗的押韵法

七言古诗的押韵法也大致分成一韵到底格和换韵格两种。而换韵格又分成逐解换韵格、逐段换韵格、二句换韵格、三句换韵格、换韵句数不定格、起二句换韵格、起四句换韵格、结二句换韵格、结四句换韵格、叠韵格等。因此七言古体诗的押韵法中有十一种格式。五言古体诗的押韵法中是以一韵到底格来做第一格的, 而七言古体诗押韵法中则顺着上面所举的各换韵格式的顺序，逐解换韵格为第一格，而一韵到底格为第十一格。上面所举的十一种格式中逐解换韵格，逐段换韵格，换韵句数不定格，起二句换韵格，起四句换韵格，结二句换韵格，结四句换韵格，一韵到底格等是在五言诗押韵法中也有过，已经举例说明了其格式，因此以后按顺序说明的时候，省略举例诗，而只说明要点。

○ 逐解换韵格(第一格)

① 换韵的方式与五言诗的逐解换韵格相同。
② 押韵的方式也跟五言诗的情况相同，但七言诗的情况在诗的第一句上也要押韵，这样的例子比较多。(别的格式的情况也是如此)
③ 一个解的句数是四句为原则，但也有二句一解，六句一解的例子。

○ 逐段换韵格(第二格)

① 换韵的方式跟五言诗的情况相同。
② 押韵的方式也跟五言诗的情况相同。

○ 二句换韵格(第三格)

这是每两句换韵的格式。若诗的第一句上不押韵则不同。但若第一句押韵则换韵的时候出句也要押韵，结果所有的句子上都要押韵。下面做为例诗举韩愈的〈汴州乱〉的第二首。

母从子走者为谁，大夫夫人留后儿。(第一解)
昨日乘车骑大马，坐者起趋乘者下。(第二解)
庙堂不肯用干戈，呜呼奈汝母子何。(第三解)

这首诗是每两句为一解，互用了平韵和仄韵。第一解的韵字 "谁" 是平声脂韵的字，"儿" 是平声支韵的字。有的时候，脂韵和支韵可以通用。第二解的韵字 "马·下" 都是上声马韵的字，第三解的韵字 "戈" 是平声戈韵的字，"何" 是平声歌韵的字，而有的时候，戈韵和歌互相通用。

○ 三句换韵格(第四格)

这是三句为一解，每解换韵的格式，若诗的第一句上押了韵，则一首的全部句子上都要押韵。做为例诗，举作者未详的〈促句诗〉。

芦花如雪洒扁舟，正是沧江兰杜秋。
忽然惊起散沙鸥。 (第一解)
平生生计如转蓬，一身长在百忧中。
鲈鱼正美负秋风。 (第二解)

这首诗的第一解的三个句子的韵字 "舟·秋" 是平声尤韵的字，"鸥" 是平声侯韵的字，而尤韵和侯韵已被通用。还有第二解的三个句子的韵字 "蓬·中·风" 都是平声东韵的字。在这首诗中换韵的时候，没有互用平韵和仄韵，而只用了平韵。

○ 换韵句数不定格(第五格)

① 换韵的方式是跟五言诗的换韵句数不定格的情况相同。
② 押韵的方式也跟五言诗的情况相同。

○ 起二句换韵格(第六格)

① 换韵的方式是跟五言诗的起二句换韵格的情况相同。

② 押韵的方式也跟五言诗的情况相同。

○ 起四句换韵格(第七格)

① 换韵的方式是跟五言诗的起四句换韵格的情况相同。
② 押韵的方式也跟五言诗的情况相同。

○ 结二句换韵格(第八格)

① 换韵的方式跟五言诗的结二换韵格的情况相同。
② 押韵的方式也跟五言诗的情况相同。

○ 结四句换韵格(第九格)

① 换韵的方式跟五言诗的结四句换韵格情况相同。
② 押韵法也跟五言诗的情况相同。

○ 叠韵格(第十格)

"叠韵"指的是每句都要押韵。叠韵有两种方式，一种是"一韵到底式"，另一种是"换韵式"。下面做为一韵到底式叠韵诗的例诗来举宋·陆游所作的〈江月歌〉。

放翁平生一钓船，秋水未落江渺然。(第一解)
露洗玉宇清无烟，月轮徐行万里天。(第二解) 一第一段
人间声利何足捐，浩歌看月冷不眠。(第三解)
孤鹤掠水来翩翩，似欲驾我从此仙。(第四解) 一第二段
我寓红尘今几年，俛首繮锁常自怜。(第五解)
乐哉挥手过月边，西风未凋玉井莲。(第六解) 一第三段

这首诗中，各句最后面的字都是韵字。即 "烟·天·眠·年·怜·边·莲" 等是平声先韵的字，而 "船·然·捐·翩·仙" 等是平声仙韵的字，而先·仙两韵相互通用。

4. 今体诗

(1) 今体诗的渊源和韵律

今体诗又称近体诗。这些名称是对古体诗的称呼，是为了表明区别于以前的诗体和其他新体的诗而命名的。今体诗的形式分会为绝句诗和律诗，但因律诗的形式可以增加篇幅，称这种诗为排律诗，因此今体诗的形式一共有三种。

今体诗是进入唐以后，才完全成形的。而它的渊源，在唐以前的时代里可以看到。即南北朝时代的后期流行绝句诗形的四句诗律诗形的八句诗等，如梁代范云所作的〈别诗〉：

"洛阳城东西，长作经时别。昔去雪如花，今来花以雪。"

或者是陈国的何逊所作的诗〈相送〉：

"客心已百念，孤游重千里。江暗雨欲来，浪白风出起。"

这些是跟绝句诗形一样，而陈国的徐陵所作的〈洛阳〉二首中的一首：

"洛阳驰道上，春日起尘埃。濯龙望如雾，河桥渡似雷。闻珂知马蹀，傍幰见甍开。相看不得语，密意眼中来。"

这首诗可以称为五言律诗形的先驱。还有，今体诗是要遵守严格的平仄法和押韵法，要跟遵守句法一样给予重视。

但是南北朝时代的齐代已经提倡过要严格遵守诗句韵律。即齐国的沈约(字休文，441-513)主张作诗上的"八病"之说。

他的八病说指的是 "平头"·"上尾"·"蜂腰"·"鹤膝"·"大韵"·"小韵"·"旁纽"·"正纽" 八个主张。沈约主张作诗上应该避免上面的八种弊端，简单的说明的话则如下。

① "平头"：指的是诗的一个联当中出句的第一字，第二字跟落句的第一字，第二字声调相同的情况。他指出不能犯这种忌讳。例如 "芳时淑气清，提壶台上倾。"，这一联当中，出句的第一字 "芳" 和落句的第一字 "提" 都是平声字，成为平头，出句的第二字 "时" 和落句的第二字 "壶" 都是平声字，成为平头。而沈沉约反对像这样使用相同声调的字。

② "上尾"：指的是一个联当中出句的最后一个字和落句的最后一个字为同一声调，他反对这样的格式。即 "青青河畔草，郁郁园中柳。"，这一联中，出句的最后一个字 "草" 和落句的最后一个字 "柳" 都是上声字，因此是上尾。他反对这样的作法。

③ "蜂腰"：指的是在一个诗句当中第二字和第五字为同一声调。即 "窃独自雕饰"。这里 "独" 和 "饰" 都是入声为蜂腰，他指出不能这样使用。

④ "鹤膝"：指的是一个解当中，第一句的第五字和第三句的第五字为同一声调。他指出不能作成鹤膝。即 "拨棹金陵渚，遵流背城阙。浪蹙飞船影，山挂垂轮月。"，这一解当中，第一句的最后一个字 "渚" 和第三句的最后一个字 "影" 都是上声字，为鹤膝，他指出不能这样作诗。

⑤ "大韵"：指的是使用跟一联中已用过的押韵字同一韵目的同韵字，而反对这样的作法。

⑥ “小韵”：指的是在一个联除了押韵字以外的字当中有同一韵的字，指出除了叠字以外不能这样使用。
⑦ “傍纽”：指的是一个句子里有声母相同的字，指出不能这样使用。
⑧ “正纽”：指的是一个联(十字)当中有声母相同又属于同韵的字，指出不能这样使用。

今体诗可以说是以南北朝时代提倡的韵律论和四句形或八句形为基础而成形的，今体诗对韵律的规定，比古体诗颇有不同，而且夏杂。就是要遵守一定的句法，诗意要符合起承转结的规律，又要遵守各种韵律法，其具体内容则为

① 不允许换韵。
② 要遵守每个字的平仄法。
③ 五言诗应该要二四不同(句的第二字和第四字的平仄不能相同)。
④ 七言诗应该要二六通(句的第二字和第六字的平仄要相同)。

这些是必须要严守的。

(2) 绝句诗

1) 五言绝句诗

五言绝句诗是由四句二十字来组成的,是今体诗中诗形最小的诗。绝句诗的四句每句都有名称,第一句为起句,第二句为承句,第三句为转句,第四句为结句。起句引出一首诗中要说的话题,承句承接起句加以说明和发挥,转句则转向与前两句无密切相关的方向,结句则既要和转句连接上,又要包括诗意来作结尾。就这样连接起来叫作“起承转结”。

为了便于理解起承转结的含义，下面举个例子。(诗本来是朝语)。

李氏宅有两个儿。
长子三十，次子二十五。
他家儿子苦活命。
李氏儿子智弄人。

在这里，“李氏宅有两个儿子”相当于起；紧接着说出的“长子三十，次子二十五”是在起句的基础上加以说明和发挥，相当于承；又“他家儿子苦活命”是和前面起承两句无密切的联系，成为转移内容的转，而“李氏儿子智弄人”以相反的内容和转句相连接的同时，也是完整地表现了起句所提出来的李氏宅儿子的结句。

绝句诗的各句要按着起承转结的顺序构成，绝句诗的构成随着平仄的不同，有“平起式”和“仄起式”两种形式。

五言绝句诗以仄起式为正格，平起式为偏格。所谓的仄起式或者平起式是根据起句的第二字为仄声字还是平声字来区别的，起句的第二字为仄声字的叫作仄起式，起句的第二字为平声字的叫作平起式。又五言绝句诗要避开“下三连”，遵守“二四不同”。避开下三连指的是不要作成诗句下面的三字都为平声字的“平三连”，或者三字都为仄声字的“仄三连”。还有五言绝句诗的句中的上二字和下三字要配合，要重视句中第二字和第四字的平仄。因此严守第二字和第四字的平仄要相反的要求。不论是仄起式还是平起式， 押韵都以承·结句的最后用同韵的字为原则。但也有例外，起句上押韵的情况。下面说明五言绝句诗的格式。(‘○’表示平声字的位置；‘×’表示仄声字的位置；‘△’表示平声或者仄声哪一个字都可以的位置；还有‘◎’表示押韵的位置。)

[仄起式](正格)

△×○○×(起)　△○△×◎(承)

△○○××(转)　△××○◎(结)

[平起式](偏格)

△○○××(起)　△××○◎(承)

△×○○×(转)　△○△×◎(结)

这些是以平声字来押韵的格式。若举出这两个格式作成的例诗则如下，前面是仄起式的例诗，后面是为平起式的例诗。

○ 唐代张九龄作〈照镜见白发〉(用平声先韵字来押韵)：仄起式

宿昔青云志，蹉跎白发年。
谁知明镜里，形影自相怜。

○ 唐代高适作〈田家春望〉(平声而且互相通用的虞·模韵字来押韵)：平起式

出门何所见，春色满平芜。(虞韵)
可叹无知己，高阳一酒徒。(模韵)

这里还有需要说明的一点。那就是不能使押韵句的第二字成为孤平或孤仄。孤平指的是第一字和第三字为仄声字，而只有第二字为平声字，孤仄指的是第一·三字为平声字，而只有第二字为仄声字。五言绝句诗是不允许使押韵句即承·结句的第二字作成孤平或孤仄。

五言绝句诗中不脱离平仄法，用平声字来押韵的为正式。但是也允许用仄声字来押韵。用仄声字来押韵或者不顾平仄法而作的诗叫作"拗体"，若用仄声字来押韵，则起句和转句的第五字要用平声字，这是为原则，但一般没有好好去遵守。做为其例先举唐代柳宗元所作的〈江雪〉。

千山鸟飞绝，万径人踪灭。
孤舟蓑笠翁，独钓寒江雪。

这首诗是用入声薛韵的字"绝·灭·雪"来押韵，但起·转句的第五都为仄声字。而且，唐代贾岛的诗〈寻隐者不遇〉也用仄声字押了韵。

松下问童子，言师采药去。
只在此山中，云深不知处。

这首诗的起句第五字为仄声字，而转句第五字为平声字。还有押韵字是去声御韵的字。下面举出遵守平仄法和押韵要求的正体和不顾其要求的拗体诗各一首。

○ 李白作〈秋浦歌〉(平声阳韵的字来押韵)

白发三千丈，缘愁似个长。
不知明镜里，何处得秋霜。 (正体)

○ 唐·孟治然作〈春晓〉(上声筱韵的字来押韵)

春眠不觉晓，处处闻啼鸟。
夜来风雨声，花落知多少。(起句上也押韵，拗体)

2) 七言绝句诗

七言绝句诗是以四字和三字配合成一句为原则， 但随着不同情况，也有三字和四字的配合或二字和五字的配合，而这些是变格。还有七言绝句诗也要遵守起承转结法。

七言绝句诗也根据平仄法可分为平起式和仄起式，但相对于五言绝句诗以仄起式为正格，平起式为偏格的规定，七言绝句诗却相反地以平起式为正格，仄起式为偏格。还有五言绝句诗是对各句的第二字的平仄要重视，而七言绝句诗是对第四字要重视。首先举出七言绝句诗的基本形式如下

○ 平起式(正格)

△○△××○◎(起)　△×△○△×◎(承)
△×△○○××(转)　△○△××○◎(结)

○ 仄起式(偏格)

△○△○△×◎(起)　△○△××○◎(承)
△○△×○○×(转)　△×△○△×◎(结)

七言绝句诗要按照上面的格式， 平仄法和押韵法中特别要注意以下几点。

① 不要使各句的第五·六·七字成为平三连或者是仄三连。

② 不要使各句的第四字成为孤平或孤仄。

③ 各句要二四不同。即第二字和第四字的平仄要相反。

④ 各句要遵守“二六通”。二六通即是第二字和第六字的平仄要相同。

⑤ 各句要遵守“二四六分明”。二四六分明指的是第二·四·六字确实要遵守已定的诗式。

⑥ 第一句即起句上也以押韵为原则。

⑦ 押韵要用平声字。

忽略上面所举的诗式或无视特别要注意的地方而所作的诗叫作拗体。下面所举例的是不脱离诗式规定的诗。

- 李白作〈早发白帝城〉(用互相通用的山韵字“间·山”和删韵字“还”来押韵): 平起式。

朝辞白帝彩云间，千里江陵一日还
两岩猿声啼不住，轻舟已过万重山

- 唐代李商隐作〈夜雨寄北〉(互相通用的支韵“池”·之韵“期·时”来押韵)：仄起式

君问归期未有期，巴山夜雨涨秋池
何当共剪西窗烛，却话巴山夜雨时。

这些是起句上押了韵的，但也有很多起句上不押韵的诗。下面是它的例诗。

○ 唐代刘禹锡作〈石头城〉(互相通用的平声灰韵的字"回"和咍韵的字"来"押了韵。)：平起式

山围故国周遭在，潮打空城寂寞回
淮水东边旧时月，夜深还过女墙来。

这首诗违背了平仄法的格式。即起句的第五字应该为仄声字，而却是平声字；第七字应该为平声字，而却是仄声字。还有转句的第五六字应该为平声字、仄声字，却反过来使用了。因此为拗体，起句上没押韵，用了仄声字。

○ 唐·李益作〈夜上受降城闻笛〉(阳韵字来押了韵)：仄起式

回乐峰前沙似雪，受降城外月如霜。
不知何处吹芦管，一夜征人尽望乡。

这首诗也是拗体。起句的最后一个字应该为平声字，而用了入声字，转句的第四字成了孤仄。起句没有押韵。这些是起句上没有押韵的例诗。下面举出起句是押了韵，但违背了平仄法的拗体诗。

○ 李白作〈山中与友人酌〉(通用的平声仄韵字"开·来"和灰韵字"杯"来押韵。)：平起式

两人对酌山花开，一杯一杯复一杯
我醉欲眠君且去，明朝有意抱琴来。

这首诗起句的第五字应该为仄声而用了平声字，承句的第二字要用仄声字，却用了平声字。而且起句犯了平三连，承句的第四字成了孤平，第二字和第六字的平仄不同而不能成为二六通。

○ 唐·岑参作〈碛中作〉(通用的平声先韵字“天·烟”和仙韵字“圆”来押韵)：仄起式。

走马西来欲倒天，辞家见月两回圆
今夜不知何处宿，平沙万里绝人烟。

这首诗转句中应该为平声的第二字成了仄声，应该为仄声的第四字成了平声，应该为平声的第六字成了仄声。而且，结句中应该为仄声的第二字成了平声，应该为平声的第四字成了仄声，应该为仄声的第六字成了平声。

七言绝句诗是用平声字押韵为原则，但也有用仄声字押韵的例子。可是那样的例子很少见。做为其例之一可以举出唐·高适的作品〈营州歌〉(营州歌是用上声马韵的字”野·下·马”来押了韵。)

营州少年爱原野，孤裘蒙茸猎成下
虏酒千钟不醉人，胡儿十岁能骑马

这首诗的平仄法与用平韵字押韵的格式不同。不能说是正式的绝句诗式，而另外有用仄声字押韵的诗式。因此做为参考列出五·七言绝句诗的仄韵诗式则如下。

o 五言绝句诗·仄起·仄韵式

△××○○(起)　△○○×⊗(承)

△○△×○(转)　△×△○⊗(结)

o 五言绝句诗·平起·仄韵式

△○△×○(起)　△×○○⊗(承)

△××○○(转)　△○○×⊗(结)

o 七言绝句诗·平起·仄韵式

△○△×○○○(起)　△×△○○×⊗(承)

△×△○××○ (转)　△○△×○○⊗(结)

o 七言绝句诗·仄起·仄韵式

△×△○○××(起)　△○△×○○⊗(承)

△○△××○○(转)　△×△○○×⊗(结)

在古乐府没有唱成歌，新乐府的“词”还未成立的唐代，人们把绝句诗配上民间乐曲或者作出新的曲子来配上，唱成歌。

因此唐代把绝句诗又称为 “新乐府”。而文人之间却往往作六言绝句诗。因此成了一种诗式。虽然后世人们没有正式承认为绝句诗的一种形式，但做为参考举出其诗式则如下。

〔六言绝句诗·平起式〕

△○ △×○ ×(起)　△×○ ○ ×◎(承)

△△×○ ××(转)　△○ ××○ ◎(结)

［六言绝句诗·仄起式］

△×△○××(起)　△○××○◎(承)

△○△×○×(转)　△×○○×◎(结)

六言绝句诗的平仄式和上面一样，这种形式重视二四不同和二五通(句的第二字和第五字的平仄要相同)。做为六言绝句诗有名的是唐·王维的〈田园乐〉七首和明·高启的〈江村乐〉四首，举出田园乐的两首则如下。

桃红复含宿雨，柳绿更带春烟

花落家童未扫，鸟鸣山客犹眠。

平起式的这首诗是用平声先韵的字来押了韵。

山下孤烟远村，天边独树高原

一瓢颜回陋巷，五柳先生对门。

这首诗为仄起式，用互相通用的平声魂韵的字"村·门"和元韵的字"原"来押韵，起句上也押了韵。

(3) 律诗

1) 五言律诗

律诗的篇幅比绝句诗形大一倍。以五言八句来组成的五言律诗是在南北朝时代流行的八句体诗上加上严格的平仄法和押韵法而成的，为了这种诗式的完成做出决定性贡献的人可以说是唐朝初期的诗人沈佺期(字云卿, 650-?) 和宋之问(字延清, ?-712)。

律诗的构成方法和绝句诗一样, 要遵守起承转结法。但因为是八个句子, 所以不以一句为单位, 而以两句一联为单位, 第一联(第1·2句)为起联, 第二联(第3·4句)为颔联, 第三联(第5·6句)为颈联, 第四联(第7·8句)为结联或尾联。如果律诗的各联和绝句诗各句的名称相对照, 则起联相当于起句, 颔联相当于承句, 颈联相当于转句, 结联(尾联)相当于结句。

律诗也有平起式和仄起式的区别, 五言律诗以仄起式为正格, 平起式为偏格。还有律诗的押韵是用平声韵字押韵为原则。

下面举出五言律诗的平仄法格式则如下。

○ 仄起式 (正格)

起联 △×○○×
△○△×◎
颔联 △○○××
△××○◎
颈联 △×○○×
△○△×◎
结联 △○○××
△××○◎

○ 平起式 (偏格)

起联 △○○××
△××○◎
颔联 △×△○×
△○△×◎
颈联 △○○××

△××○◎
结联 △×△○×
△○△×◎

若举出完全符合这种诗式的例则如下。

○ 杜甫作〈春望〉(平声侵韵字来押韵) : 仄起式

国破山河在，城春草木深。(起联)
感时花溅泪，恨别鸟惊心。(颔联)
烽火连三月，家书抵万金。(颈联)
白头搔更短，浑欲不胜簪。(结联)

○ 李白作〈送友人〉(通用过的平声清韵的字"城·征·情"和庚韵的字"鸣"字来押韵) : 平起式

青山横北郭，白水绕东城。(起联)
此地一为别，孤蓬万里征。(颔联)
浮云游子意，落日故人情。(颈联)
挥手自兹去，萧萧斑马鸣。(结联)

五言律诗中要遵守上面的诗式，才是正体，不然则为拗体。五言律诗的平仄法中受重视的是，要和绝句诗一样二四不同，要避开押韵句第二字的孤平或孤仄和下三连(句的第三·四·五字都为平声字或者是仄声字)。还有律诗要严守粘法。粘法指的是在同一联中各句的第二字的平仄要相反，和不同的联则要以相同的平仄相接。其规律则如下。

	〔句〕	〔仄起式〕	〔平起式〕
起联	1	×	○
	2	○	×
颔联	3	○	×
	4	×	○

律诗的平仄法实际上是起联的和颔联的两种形式的重复，即起联和颈联的形式相同，颔联的和结联的相同。因此粘法即如下。

	〔仄起式〕	〔平起式〕	
1	—— ×	—— ○	(起联)
2	—— ○	—— ×	(起联)
3	—— ○	—— ×	(颔联)
4	—— ×	—— ○	(颔联)
5	—— ×	—— ○	(颈联)
6	—— ○	—— ×	(颈联)
7	—— ○	—— ×	(结联)
8	—— ×	—— ○	(结联)

像这样的我们称它为粘，但如果

1	○	×	○	×	○	×
2	×	○	○	×	×	○
3	○	×	×	○	×	○
4	×	○	×	○	×	○

是这样的格式则不可，这样的就叫作不粘，变成脱离正体的拗体诗。

律诗必须要用平声字来押韵，不承认用仄声字来押韵的格式。还有五言律诗在各联的落句即第二·四·六·八句是要押韵的。往往也有第一句(起联的出句)上也押韵的情况，但那是押韵上的变格。

2) 七言律诗

七言八句的七言律诗是唐代创案的诗形。就如明代胡应麟在他的著作〈诗薮〉的"内篇"里这样指出"唐七言律，自杜审言沈佺期创工密"，七言律诗是唐代初叶成立的。七言律诗也把各联称作起联·颔联·颈联·结(尾)联，也有平起式和仄起式的两种平仄法。但是和五言律诗不同，正格是平起式，偏格是仄起式。举出其格式则如下。

○ 平起式（正格）

起联　△○△××○◎
　　　△×△○△×◎
颔联　△×△○○××
　　　△○△××○◎
颈联　△○△×△○×
　　　△×△○△×◎
结联　△×△○○××
　　　△○△××○◎

○ 仄起式（偏格）

起联　△×△○△×◎
　　　△○△××○◎

颔联　△○△×△○×

　　　△×△○××◎

颈联　△×△○○××

　　　△○△××○◎

结联　△○△×△○×

　　　△×△○△×◎

下面举出例诗。

- 唐·苏颋作〈侍宴安乐公主山庄应制〉(平声支韵字来押韵)：平起式。

骎骎羽骑历城池，帝女楼台向晚披。
雾洒旌旗云外出，风回岩岫雨中移。
当轩半落天河水，绕径全低月树枝。
箫鼓宸游陪宴日，和鸣双凤喜来仪。

- 杜甫作〈曲江对酒〉(平声微韵字来押韵)：仄起式

苑外江头坐不归，水精宫殿转霏微。
桃花细逐杨花落，黄鸟时兼白鸟飞。
纵饮久判人共弃，懒朝真与世相违。
吏情更觉沧洲远，老大徒伤未拂衣。

七言律诗也重视粘法。又要遵守二四不同和二六通，要避开孤平和孤仄，要求二四六分明，避开下三连，这些与作七言绝句诗的要领一样。五言诗中是一三不论， 对各句的第一·三字的平仄没有严格要求，因此多少有灵活性，七言诗中是一三五不论，对各句的第一·三·五字的平仄不严格遵守也可以，但最好还是需要遵守各形式的仄法。

还有，七言律诗的押韵法和五言律诗有不同点，那就是第一句上也要押韵。

(4) 排律诗

排律诗又叫长律或长律诗。做为延长律诗体的体裁，也有五言和七言的两种。但是七言排律诗作得不那么多，主要作的是五言排律诗。五言排律诗是在唐代盛行的，多半是在官阁里作的，因此当时又称作台阁体。又在唐代进士科里要作五言排律诗。因此想要用登科来立身出世的人们对此抱有很大的关心。

排律诗是律诗的延长体，所以平仄法和押韵法以律诗为准。排律诗篇幅的长短是由作者自己来决定，但其基本形是十二句。如果把律诗按照古体诗的分解法分解，则分为两解，而排律诗的基本形则为三解。若要作成十二句，则把做为律诗的发展的四句一解插进中间，使其平仄恰当，符合起承转结的规律，好好按排。若想要作的比基本形更长，则一般都按四句为一个单位增加，结尾可用两句来结束。关于派律诗的平仄法后面待以说明，先举出其例诗。

- 李白作〈送储邕之武昌〉(通用过的平声清韵字“情·城·倾·清·声”和庚韵的“行”字来押韵)：仄起式

黄鹤西楼月，长江万里情。
春风三十度，空忆武昌城。
送尔难为别，衔杯惜未倾。

湖连张乐地，山逐泛舟行。
诺为楚人重，诗传谢朓清。
沧浪吾有曲，寄入棹歌声。

○ 杜甫作〈清明作〉(平声东韵字来押韵)：平起式

此身飘泊苦西东，右臂偏枯半耳聋。
寂寂系舟双下泪，悠悠伏枕左书空。
十年蹴踘将雏远，万里秋千习俗同。
旅雁上云归紫塞，家人鑚火用青枫。
秦城楼阁烟花里，汉主山河锦锈中。
春水春来洞庭阔，白苹愁杀白头翁。

排律诗是和已经所指出的一样，以十二句为基本形，而把十二句像律诗一样分为两句为一联，其六个联的名称就叫作起(首)联(第1·2句)·颔联(第3·4句)·颈联(第5·6句)·腹联(第7·8句)·后联(9·10句)·结(尾)联(第11·12句)。而且，五言·七言的排律诗也各有正格和偏格，五言排律诗是以仄起式为正格，平起式为偏格，七言排律诗是以平起的为正格，仄起的为偏格。

若举出基本形的平仄法则如下。

○ 五言排律诗 仄起式(正格)

△×○○×，○○××◎ (起联)
△○○××，△××○◎ (颔联)
△×○○×，○○××◎ (颈联)
△○○××，△××○◎ (腹联)

△×○○×，○○××◎　(后联)

△○○××，△××○◎　(结联)

○ 五言排律诗 平起式(偏格)

△○○××，△××○◎　(起联)

△×○○×，○○××◎　(颔联)

△○○××，△××○◎　(颈联)

△×○○×，○○××◎　(腹联)

△○○××，△××○◎　(后联)

△×○○×，○○××◎　(结联)

○ 七言排律诗 平起式(正格)

△○△××○◎，△×△○△×◎　(起联)

△×△○○××，△○△××○◎　(颔联)

△○△×△○×，△×△○×○◎　(颈联)

△×△○○××，△○△××○◎　(腹联)

△○△△×○×，△×△○△×◎　(后联)

△×△○○××，△○△××○◎　(结联)

○ 七言排律诗 仄起式(偏格)

△×△○△×◎，△○△××○◎　(起联)

△○△×○○×，△×△○△×◎　(颔联)

△×△○△××，△○△××○◎　(颈联)

△○△×○○×，△×△○△×◎　(腹联)

△×△○△××，△○△×△○◎　(后联)

△○△×○○×，△×△○△×◎　(结联)

(5) 今体诗的作句法

今体诗根据五言和七言的不同情况，分段一句话的方法不同，而且推敲诗语的方法上也有不同。即五言诗原则是以上二字·下三字来分解句意，七言诗则以上四字·下三字来分解句意为原则。

若举出五言诗中分成2字·3字的例子则:

○ 李白作〈独坐敬亭山〉(平声山韵字来押韵)

众鸟高飞尽，孤云独去闲。
相看雨不厌，只有敬亭山。

○ 杜甫作〈登岳阳楼〉(互相通用过的平声侯韵字“楼”·尤韵字“浮·舟·流”等来押韵)

昔闻洞庭水，今上岳阳楼。
吴楚东南坼，乾坤日夜浮。
亲朋无一字，老病有孤舟。
戎马关山北，凭轩涕泗流。

这两首诗中“众鸟·孤云·相看·只有·昔闻·今上·吴楚·乾押·亲朋·老病·式马·凭轩” 等字与下面的三字表达的意义对上了，“高飞尽·独去闲·两不厌·敬亭山·润庭水·岳阳楼·东南折·日夜浮·无一字·有孤舟·关山北·涕泗流”等和上面两字表达的意义对上了。

再举出七言诗的情况则:

o 唐·郑谷作〈淮水别故人〉(用平声真字来押韵)

扬子江头杨柳春，扬花愁杀渡江人。
数声风笛离亭晚，君向潇湘我向秦。

o 杜甫在〈客至〉(互相通用的平声咍韵字“来·开”和灰韵字“醅·杯”等来押韵)

舍南舍北皆春水，但见群鸥日日来。
花径不曾缘客扫，蓬门今始为君开。
盘飧市远无兼味，樽酒家贫只旧醅。
肯与邻翁相对饮，隔篱呼取尽余杯。

“扬子江·杨花愁杀·数声风笛·君向潇湘·舍南舍北·但见群鸥·花径不曾·蓬门今始·盘飧市远·樽酒家贫·肯与邻翁·隔篱呼取”等上四字和“杨柳春·渡讧人·离亭晚·我问秦·皆春水·日日来·缘客扫·为君开·无兼味·只旧醅·相对饮·尽余杯”等字在表达的意义上是对上的的。

所谓的推敲诗语的写法所方法不同，是针对作成散句还是作成对句来说的。散句指的是句中或者出句和落句之间没有对偶的句子；对句指的是句中或者出句和落句之间有对偶的句子。对偶根据其做法有一字对·二字对·三字对·四字对·五字对·六字对·七字对的区别，又有正对·偏对的区别，也有前对格·后对格·全对格的区别。

从一字对到七字对指的是在诗句中或者出句和落句之间，在字数上纵着或横着成对。举出其例则如下。

风雨·霜雪·春夏·寒暑 = 一字对

白日：青天·岐山：渭水·青春：红颜 = 二字对

烟初散：露未乾·清和月：料峭天·赤松子：黄石公 = 三字对

微雨淡云：晓风残月·万顷波光：千山雨意·跃马横戈：闻鸡舞剑 = 四字对

日照花入锦：风吹柳似丝·水落鱼龙夜：山空鸟鼠秋·野店人沽酒：邮亭客唤茶 = 五字对

小院栽花剪雨：深山采乐锄云·窗外青山远绕：岸边白水长流·名士弹冠白屋：鄙夫曳履朱门 = 六字对

雨过平添三尺水：风寒为勒一分花·云边路绕巴山色：树里河流汉水声·晓月征夫催野渡：秋风謫宦梦乡关 = 七字对

正对还是偏对是根据对偶是否严各来区分的。对偶的作法中正对法为正则。正对指的是如果说的是天体则要以有关天体的话来做成对偶，对地理·人物·事物要以有关地理·人物·事物的话来做成对偶，对“渺渺·孜孜·区区”等由同样的字组成的“双字”语，要用双字语来做成对偶。还有偏对指的是不属于正对的对偶，有流水对·意对·假借对的区别。对此予以简单的说明则：

“此地一为别，孤蓬万里征”“尘世难逢开口笑，菊花须插满头归”

这些上下句中找不出任何对偶，如流水滔滔接连不断，但细细吟味则可以发现句和句之间是成对的，这样的叫作流水对。还有，意对指的是句中的诗语或出·落句中的诗语之间没有直接的对偶，但在其意思上则成对偶；假借对指的是借其它字的音来使之成对偶。即“子规：黄叶”·“十载：迁居”中借助“子”和“紫”的音相同，来做对“黄”字的对偶，取“迁”和“千”字为同音，来做对“十”字的对偶，就是其例。

上面已对对句做了说明，但不是哪一种形式的诗都是用对句的。在一首诗中没有对句的叫作“散体”，有对句的叫作“对体”，而五言绝句诗一般都作成散体。但也有过不少对体的。举出过两种例诗的话如下：唐·王维的诗〈鹿柴〉

空上不见人，但闻人语响。
返景入深林，夏照青苔上。

这首诗是四句之间完全没有对偶的散体，而李白所作的〈独坐敬亭山〉

众鸟高飞尽，孤云独去闲。
相看两不厌，只有敬亭山。”

这首诗前面两句成对偶。分析两句的对偶则如下。

众 鸟 高 飞 尽
↕ ↕ 　 ↕
孤 云 独 去 闲

这几个当中“众：孤”为正对，“鸟：云”·“飞：去”为偏对的意对，而两句则成偏对的流水对。对体区分为前两句之间有对偶的“前对格”和后两句之间有对偶的“后对格”和全部都成对句的“全对格”，这首诗则为前对格。若分析记载在《唐诗选》的七言绝句诗，则散体比对体的多。因此可以认为七言绝句诗也一般都作成散体。但也有不少作成对体的。下面举出其例。

○ 李白作〈春夜洛城闻笛〉

谁家玉笛暗飞声，散入春风满洛城。
此夜曲中闻折柳，何人不起故园情。

这首诗中完全没有对偶。

○ 唐·刘禹锡作〈石头城》〉

山围故国周遭在，潮打空城寂寞回。
淮水东边旧时月，夜深还过女墙来。

这首诗是前两句即起句和承句之间有对偶的前对格。

○ 唐·韩翃作〈宿石邑山中〉

浮云不共此山齐，山霭苍苍望转迷。
晓月暂飞高树里，秋河隔在数峰西。

这首是后两句即转句和绝句上有对偶的后对格。

○ 杜甫作〈绝句〉

两个黄鹂鸣翠柳，一行白鹭上青天。
窗含西岭千秋雪，门泊东吴万里船。

这首诗是起·承句间有对偶, 转句之间也有对偶, 故为全对格。

五言律诗是以前后散句, 中二联对句为一般的格式。即起联(前)·结联(后)为没有对偶的散体, 而颔·颈联(中)各作成对句。做为其例诗举杜甫的〈江汉〉:

江汉思归客, 乾坤一腐儒。(起联)
片云天共远, 永夜月同孤。(颔联)
落日心犹壮, 秋风病欲疏。(颈联)
古来存老马, 不必取长途。(结联)

这首诗的起联和结联为散体, 颔联和颈联为对体, 而这两联出·落句的每个字都成对偶。这种形式为五言律诗的一般格式, 但也有好多起·颔·颈联为对体, 只有结联是散体的诗, 或又作成只有起联为散体, 而其他三联为对体, 也作成从起联到结联都成对句全对格。下面举出其例诗。

○ 杜甫作〈秦州杂诗〉

城上胡笳奏, 山边汉节归。(起联)
防河赴沧海, 奉诏发金微。(颔联)
士苦形骸黑, 旌疏鸟兽稀。(颈联)
那闻往来戍, 恨解邺城围。(结联)

这首诗只有结句是散体。

○ 杜甫作〈徐步〉

整履步青芙，荒庭日欲晡。(起联)
芹泥随燕觜，花蕊上蜂须。(颔联)
把酒从衣湿，吟诗信杖扶。(颈联)
敢论才见忌，实有醉如愚。(结联)

这首诗只有起联是散体。

○ 杜甫作〈宿江边阁〉

暝色延山径，高斋次水门。(起联)
薄云岩际宿，孤月浪中翻。(颔联)
鹳鹤追飞静，豺狼得食喧。(颈联)
不眠忧战伐，无力正乾坤。(结联)

这首诗是各联都成对句的全对格。

七言律诗一般把起联和结联作成散句，或又作成对句也可以，但颔联和颈联是必须要作成对句的。下面从杜甫的诗当中举出通常作的例诗与把前后两联也都作成对句的例诗。

○〈题张氏隐居〉

春山无伴独相求，伐木丁丁山更幽。
涧道馀寒历冰雪，石门斜日到林丘。
不贪夜识金银气，远害朝看麋鹿游。
乘兴杳然迷出处，对君疑是泛虚舟。

这首诗是前后散体，中(颔·颈联)对体的通常的例诗。

○〈野望〉

西山白雪三城戍，南浦清江万里桥。
海内风尘诸弟隔，天涯涕泪一身遥。
惟将迟暮供多病，未有涓埃答圣朝。
跨马出郊时极目，不堪人事日萧条。

这首诗是起联也作成对句，只有结联是散句的例诗。

○〈闻官军收河南河北〉

剑外忽传收冀北，初闻涕泪满衣裳。
却看妻子愁何在，漫卷诗书喜欲狂。
白日放歌须纵酒，青春作伴好还乡。
即从巴峡穿巫峡，便下襄阳向洛阳。

这首诗是只有起联是散句的例诗。

○《登高》

风急天高猿啸哀，渚清沙白鸟飞回。
无边落木萧萧下，不尽长江衮衮来。
万里悲秋常作客，百年多病独登台。
艰难苦恨繁霜鬓，潦倒新停浊酒杯。

这首诗是起联·颔联·颈联·结联四个联都成为对句的全对的例诗。

排律的作句法大体上和律诗相同，通常把起联和结联作成散句，其余的各联都作成对句。但有的也和律诗一样，采取或结联，或起·结联都作成对句的全对句式。

第二节　赋文学

《汉书·艺文志》上言：

"传曰，不歌而诵谓之赋。"

西晋时的陆机在他的《文赋》上言：

"诗缘情而绮靡，赋体物而浏亮"

根据此记事，赋是不能唱出来的，诗是表达人的情志的，赋是描写事物的。但赋不能说明成如此简单的。

赋的韵文学的形态原来是《楚辞》的后身。如上所述，《诗经》是由古代北方中国民族而产生的，故《诗经》是先秦时代的中国北方文学的代表。与此相反，楚辞是在以南方扬子江流域为中心的诸侯国楚国作成的，故代表先秦时代中国南方的文学。所谓楚辞就是描写了楚国地域的人情·社会·风土·事物等的楚国的诗歌的意思，它的名字也由此得来。

周王朝东迁(公元前 770年)后，中国的文学落于寂寞。进入东周时代的周王室，已经丧失了统制诸侯国的能力，反面，各地方的强大的诸侯国相互争权夺利，当时各国都要把力量倾注于内治·外交·军事，因此不允许安逸下来，而当时所需要的是经世的学问和治世的策略。时代的这种条件就导致了诸子百家的兴起。但文学却处于沉滞状态。因此直至战国时代末期在北方的中国没有出现 像诗经里的诗一样的文学。而在南方楚国却形成了独特的诗歌文学。其独特的文学就是楚辞。战国时代楚国的楚辞没有全部传下来，但其一部分经过了刘向(公元前77-6)的初编，又通过后汉的王逸加上自己的赋作品再编成十七卷的《楚辞》传了下来。分析楚辞的第一人楚国屈原的作品，了解到楚辞的句法中有

① ○ ○ ○ 兮 ○ ○ ○
② ○ ○ ○ 兮 ○ ○
③ ○ ○ ○ 之 ○ ○ 兮
④ ○ ○ ○ 之 ○ ○
⑤ ○ ○ ○ ○
⑥ ○ ○ ○ ○, ○ ○ ○ 些

楚辞和诗经里的诗一样是无定形的，但①和②好像是它的原始形。本来楚辞是和诗经的诗一样，一起唱成歌的。但后来渐渐地没人唱，只是朗诵，进入汉代以后就和歌唱完全失去了姻缘，称作赋。因此就和南北朝时代梁代的刘勰在他的《文心雕龙》里所指出的一样："赋也者，受命于诗人，拓宇于楚辞也。"，是源于楚辞，其形式完全相同。赋又称为"辞"或"辞赋"，大体上其内容为抒情的，则称为辞，若为叙事的，则称为赋，把这两种合起来就叫作辞赋。为了表示楚辞和赋的形

式是相同的，作为参考举出屈原所作的〈九歌〉中的第一篇〈国殇〉和后汉末有名的女流文人蔡琰所作的〈悲愤赋〉。

○〈国殇〉(楚辞)：屈原

操吴戈兮被犀甲，车错毂兮短兵接。
旌蔽日兮敌若云，矢交坠兮士争先。
凌余阵兮躐余行，左骖殪兮右刃伤。
霾两轮兮絷四马，援玉枹兮击鸣鼓。
天时坠兮威灵怒，严杀尽兮弃原野。
出不入兮往不反，平原忽兮路超远。
带长剑兮挟秦弓，首身离兮心不惩。
诚既勇兮又以武，终刚强兮不可凌。
身既死兮神以灵，子魂魄兮为鬼雄。

○〈悲愤赋〉(赋)：蔡琰

嗟薄祜兮遭世患，宗族殄兮门户单。
身执略兮入西关，历险阻兮之羌蛮。
山谷眇兮路漫漫，眷东顾兮但悲叹。
冥当寝兮不能安，饥当食兮不能餐。
常流涕兮眦不干，薄志节兮念死难，
虽苟活兮无形颜。
惟彼方兮远阳精，阴气凝兮雪夏零。
沙漠壅兮尘冥冥，有草木兮春不荣。
人似兽兮食臭腥，言兜离兮状窈停。
岁聿暮兮时迈征，夜悠长兮禁门扃。
不能寝兮起屏营，登胡殿兮临广庭。

玄云合兮翳月星，北风厉兮肃泠泠。
胡笳动兮边马鸣，孤雁归兮声嘤嘤。
乐人兴兮弹琴筝，音相和兮悲且清。
心吐思兮胸愤盈，欲舒气兮恐彼惊，
含哀咽兮涕沾颈。
家既迎兮当归宁，临长路兮捐所生。
儿呼母兮啼失声，我掩耳兮不忍听。
追持我兮走茕茕，顿复起兮毁颜形。
还顾之兮破人情，心怛绝兮死复生。

这两个作品采取了换韵的押韵法，句法完全相同，找不出形式上的差别。楚辞或赋的结构法中有两种方法，一种是直叙体，另一种是设问体。直叙体指的是把作者的想法或事物用韵文直叙的体裁，上面所举的作品就属于这一种。而设问体指的是用韵文或散文采取问答式的体裁，像屈原的〈鱼父辞〉就属于这一种。

赋也和诗一样经过了形式的变迁，在体格上经过了几 次变动。因此有了“古赋”·“排赋”·“律赋”·“文赋”等的区别。古赋指的是汉代的赋。古赋的特征是不着力于用对句或美言丽句，而着力于完整地表达作品中想要说的内容上。西晋·东晋的两晋和包括南北朝时代南朝的宋·齐·梁·陈的六朝时代的赋，叫作排赋。又称作骈赋的排赋，多用很多对句，着力于选择美妙的赋语，疏忽了内容，着重于外饰。由于在唐代科举的进士科里设课作赋，因此赋也跟诗一样重视平仄法和对偶法。这样的叫作律赋。文赋指的是宋代的赋。即宋代的作赋家像作散文一样作赋，叙述自己的想法，展开思想，不受字句法式的拘束，因此犹如散文一样。东坡苏轼的〈前·后赤壁赋〉正是其典型之例。

第三节　小说文学

以采取记录民间的传说·神话或世间的杂事为起源的中国的小说文学分成两种。一种是"文言文小说"，另一种是"言文小说"，而用文言文记述的文言文小说先出世。

《庄子·外物篇》已有"饰小说，以于县令。"故在中国"小说"这句话，周代已经在使用了。但《庄子》里的小说不是指文学形态，而是指不合于道，没有什么价值的话。小说被当作文学种类的名称而使用的是从前汉初期开始的。在中国，小说文学是从前汉初期开始成立的，而唐·李善的《文选李善注》(60卷)第31卷杂体诗注里引用的汉·桓谭所作的《新论》中有：

> "若其小说家合丛残小语，近取譬喻，以作短书，治身理家，有可观之辞。"

由此可以想到，汉代的小说只不过是收集记录了广泛流行于民间的故事而已。因此《汉书·艺文志》上渺视小说，说到：

> "小说家者流，盖出于稗官，街谈巷语，道听途说者之所造也。"

成立于前汉时代的小说文学经历了后汉·三国·六朝·隋等几个时代，但没有取得大的发展，内容上没有创意性，外形上也没有变化，仍就是一个记录所见所闻的小文而已。

小说文学进入唐代以后才踏上了发展的轨道。唐代的小说有以下几个特点。

① 由从前的极其断片化，发生脱变，发展成比较长的短篇小说的形式。
② 跳出以前只是用随笔的形式记录民间故事的圈子，开始创新，开始虚物。
③ 收集的素材比较广泛而且现实。
④ 作品中反映了许多社会的真面貌。

举出在唐代小说文学能突然发展的理由则如下。

① 官僚阶级及登科者之间的许多有趣的逸话成了小说的素材。
② 在出世的路上落伍的文士们依托小说的创作来自娱，这种风气开始兴起。
③ 文人对社会的批判力开始昂扬。
④ 在表现实际社会面貌或人情上，小说比别的形态的文学更方便。

小说文学在内容上，形式上面貌一新，唐代小说的形式就成了后来文言小说的形式的传统形式。史家用写人物传记的方法记述一人一事为主的唐代小说，又称“传奇”，这一别称成了后代文言小说的别名。这一别称的来源是不确切的，认为可能是和唐末的裴鉶把妖妄的寓言编集成册，叫作“传奇”有关。

唐代的文言文小说有以史传体写出楷模人物的经历的“别传类”，有强调武勇或侠义为内容的“义侠类”，还有取材于男女恋爱事件的“艳情类”，载有神怪和怪异的内容的“神怪类”等，而这种区分法，在后代小说的区分中也仍然被使用，唐代以后往往也出现把事物处理成拟人化的小说。唐代小说的篇幅，若和隋以前的作品相比则很长，而和后来发展的口语文小说即白话文小说相比则为很短的形式，这一短篇的特点，一直到后代仍然是文言文小说形式上的一种特色。若再举出一个文言文小说的形式的特色的话，那就是记述的过程中，在描写事情和情景时，用诗来描写，或词·曲的新乐府文学开始起来以后，加了词·曲来描写。

我国的汉文小说或诗·赋形态与中国相比，起步甚晚，其形式和构成法几乎都模仿了中国的文言文小说。

第四节　评论文学

在中国周代已有了评论文学的记载。即《书经》的〈舜典〉里说的“诗言志”，或《论语·为政篇》里说的“子曰，诗三百，一言以蔽之，曰思无邪。”又〈八佾篇〉里说的“子曰，关雎，乐而不淫，哀而不伤。”等等就是品论和论述诗的原理的例子。又《春秋左氏传·隐公三年》条中这样指出：

> “卫庄公娶于齐东宫得臣之妹，曰庄美。美而无子，卫人所为赋硕人也。”

由此说明了《诗经·卫风里·硕人篇》的诗作来历。这些很短的评论文学的话语在汉代的学者和文人们的著书和文章中出现了很多。但到后汉末，没有一个学者或文人写出专门评论文学的著书或论文。因此一直到后汉末期没有成立评论文学。

中国的评论文学实际上是以魏文帝曹丕的《典论·论文篇》做为鼻祖的，评论文学由这两篇文章的出现而成立了。继后汉末期的文坛总师，掌握天下的魏武帝曹操之后，魏国帝王，且做为诗文大家，领导了文学界的曹丕所作的论文篇，做为最初出现的一大评论文学的论文，说明了文学的原理, 评论了文人的能力, 论述了各种文学的特性, 提示了评论文学的进路和方法, 这是具有伟大的价值的论文。因此举出论文篇中的几段。

> "文以气为主, 气之清浊有体, 不可力强而致。譬诸音乐, 曲度虽均, 节奏同检；至于引气不齐, 巧抽有素, 虽在父兄, 不能以遗子弟。盖文章, 经国之大业, 不朽之盛事。年寿有时而尽, 乐荣止乎其身, 二者必至之常期, 未若文章之无穷。"

这是说明作出文学的原理和文学的效能和生命的内容。

> "王粲长于辞赋, 徐干时有齐气, 然粲之匹也。如粲之初征登楼槐赋征思于之玄猿漏卮圆扇橘赋, 虽张蔡不过也。然于他文, 未能称是。"

这里评论了当时的文人的能力, 说出了作品

> "夫文本同而末异, 盖奏议宜雅, 书论宜理, 铭诔尚实, 诗赋欲丽。此四科不同, 故能之者偏也；唯通才能备其体。"

这里指出了随着文章的种类和形态的不同, 其特性也不同。

以曹丕的论文篇为起点的中国的评论文学经过不断地发展, 到清代末期出现了许多论述文学的原理, 评论各形态的文学和文人能力的著书和论文。

把中国历代著述的评论文学作品根据其内容进行分类的话, 则分成以下六种。

① 论文学理论的
② 论文章体裁的
③ 品评作品的
④ 记述有关作品的故事的
⑤ 系统流的论述文学和文人的
⑥ 杂论的

举出中国著述的许多评论文学作品中属于这六类的典型之例则如下。

- 论理论的：唐代佛僧皎然所作的《诗式》
- 论文章体裁的：东普摰虞所作的《文章流别论》
- 品评作品的：梁·钟嵘所作的《诗品》
- 记作品的故事的：唐·孟棨所作的《本事诗》
- 系统的论述的：染·刘勰所作的《文心雕龙》
- 杂论的：宋·欧阳修所作的《六一诗话》

朝鲜时代末期，我国文学的评论文学只在汉文学中，用我国文字作成的纯粹的国文学中不存在评论文学。我国汉文学的评论文学是到高丽时代中期才开始形成的，那也只是模仿曹丕所论文篇和宋代欧阳修的《六一诗话》等而作成的李仁老的《破闲集》为起点。破闲集问世以后，高丽时代出现了崔滋的《补闲集》和李齐贤的《栎翁稗说》，朝鲜时代以徐居正的《东人诗话》为首出现了许多评论作品。但那些都没有脱离破闲集得题材，内容即使偶尔言及到赋或文章，也只是评论了诗或诗人，没有评论其它的文学。

第五节　对于随笔文学与“选文学”

随笔不是为了什么明确的目的而写作的，而是作者任意写的文章。展开学问上的理论或明确对哪一件事的主张或意见，或者是为了把某事告诉他人而记录事实的文章，或传达消息的文章，或像表·祭文·碑文·行状·左右铭一样有固定的用途，报道某事的记事等是不能认为真正的随笔的。但作者在生活中所感受到的、周围环境中感受到的、一个人或事物的来历或对他们的想法、旅行的过程、某种思索等，作者把这些用散文的任意一种形式写出来的就是随笔。

想从事于诗·赋·小说等的文学，则需要积累许多修炼，想作评论的文章，则要体会各种文学，要明白文学理论，但随笔则不需要特别的修炼，也不需要精通文学理论。因此随笔不是只有称作诗人或小说家或文学评论家等的文人才能作的，而是各界各层的人们谁都可以作出来的。而且随笔没有任何形式上的要求。在文章的长短，写作的顺序，写一句和一篇上，没有任何固定的方法和格式。因此在写作上极其自由。

至今的文学形态分类中，通常没有把随笔承认为一种形态。随笔至今只当作杂文。但过去的文章当中有不少不属于别的分类，而具有文学香趣的随笔，在反映人情和世态的这一点上，有好多比文学作品更优秀的作品却更多，现在也如此。如果只是因为杂文而忽视这一点，则会埋葬了很多过去的优秀文学作品。因此我在这里把随笔文学的形态分立出来了

在中国，属于随笔文学的文章出现于周代。诸子百家书中或春秋左氏传等书中有不少类似于随笔体裁的文段。如果把《孟子·离娄章》里的这一段：

"齐人有一妻一妾而处室者，其良人出，则必餍酒肉而后反。其妻问所与饮食者，则尽富贵也。

其妻告其妾曰：良人出，则必餍酒肉而后反；问其与饮食者，尽富贵也，而未尝有显者来，吾将施良人之所之也。

蚤起，施从良人之所之，遍国中无与立谈者。卒之东郭墦间之祭者，乞其余；不足，又顾而之他，此其为餍足之道也。

其妻归，告其妾，曰：良人者，所仰望而终身也，今若此。与其妾讪其良人，而相泣于中庭。而良人未之知也，施施从外来，骄其妻妾。

由君子观之，则人之所以求富贵利达者，其妻妾不羞也，而不相泣者，几希矣。"

把这个拉出来起一个独立地适当的题目的话，则可以说是表现了人的伪善的很好的一篇随笔。但先秦时代的没有什么为一件事而写成的独立的随笔，到了汉代常常有这样的随笔，到了六朝时代以后，就越来越多了。

我国的汉文随笔是从新罗时代开始作出来的，到高丽时代以后则产生了许多作品，特别是在朝鲜时代，出现了很多优秀的作品，至今相传。

"选文学"不是文学的种类，而指的是整理已有文学的工作。选文学就是在已有的文学作品当中根据自己的意图，选择适当的作品，编集成册的工作。

中国选文学的渊源可追溯到古代把诗收集起来，编成《诗经》之事，其后可举出汉代刘向编作《楚辞》之事。但编诗经和楚辞的事是以收集分散在四方、容易丢失的记载或口传的内容传与后世为其主要目的的，而不是编者从记载的书册中选出符合自己要求的作品，另编一册而做的工作。中国选文学的始初实际上是南北朝时代梁武帝长子的昭明太子萧统(字德施，501-531)编的《文选》(30卷)。昭明太子以楚辞为首，至当时的许多人所作的诗·赋·乐府·评论的作品中或各类文章中选出一些作品，进行分类，选篇。做为参考分析文选30卷的内容并表示出来则如下；

ㅇ 赋：五六。 ㅇ 诗：四四三。 ㅇ 骚：一七。 ㅇ 七：二四。 ㅇ 诏：二。 ㅇ 册：一。 ㅇ 令：一。 ㅇ 教：二。 ㅇ 策：一三。 ㅇ 表：一九。 ㅇ 上书：七。 ㅇ 启：三。 ㅇ 弹事：三。 ㅇ 牋：九。 ㅇ 奏记：一。 ㅇ 书：二一。 ㅇ 移：二。 ㅇ 檄：四。 ㅇ 难：一。 ㅇ 对问：一。 ㅇ 设论：三。 ㅇ 辞：二。 ㅇ 序：九。 ㅇ 颂：五。 ㅇ 赞：二。 ㅇ 符命：三。 ㅇ 史论：九。 ㅇ 史述赞：四。 ㅇ 论：一四。 ㅇ 连珠：五十。 ㅇ 箴：一。 ㅇ 铭：五。 ㅇ 诔：八。 ㅇ 哀：三。 ㅇ 碑文：五。 ㅇ 墓志：一。 ㅇ 行状：一。 ㅇ 吊文：二。 ㅇ 祭文：三

上面三十九类的文章当中诗在数量上居首位，而4百43首中也包括了古乐府的诗。把包括乐府诗的443首诗，根据其形进行分类则如下；

ㅇ 五言：三九六。ㅇ 七言：八。ㅇ 四言：三八。ㅇ 杂言：一。

又把进入《文选》的作者，按时代进行分类则如下。(无名氏为例外)。

ㅇ 周代人：四。 ㅇ 秦代人：一。 ㅇ 前汉人：一七。 ㅇ 后汉人：一六。 ㅇ 蜀国人：一。 ㅇ 魏国人：一六。 ㅇ 吴国人：一。 ㅇ 晋(西·东晋)代人：四六。 ㅇ 南北朝时代南朝宋代人：一三。 ㅇ 齐代人：六。 ㅇ 梁代人：九。

中国出现了文选之后，各代产生了许多选文工作。我国汉文学史上，选文学是从高丽时代开始出现的，在朝鲜时代出现了各种选文学的成果。

Ⅱ. 汉文学史 篇

第一章 绪论

第一节 对中国文学的我国的观念

我们民族艺术的起源可追溯到遥远的原始时代。中国的《三国志·东夷传》里所记载着的夫余的"迎鼓"·濊的"舞天"或马韩·允辰的种讫期或农功毕期时的饮酒歌舞大会，都说明在中国大陆文化东渐以前或其影响未及之时，已经存在了音乐·舞蹈·文学三位一体的固有的原始艺术。但，随着原始社会的崩溃，国家社会发展，原始艺术瓦解了，又随着邻邦中国的势力侵入，汉字及中国文学流入我国，因此用汉字记述了萌芽的民族意识和感情，以中国文学形式进行了创作活动。这样的现象在高句丽·百济新罗三国鼎立的最初期就已经出现了。

传来的汉字和中国文学被消化利用的时候，儒学又开始传播，随着儒家思想的逐渐地上升为民族思想之后，增加了我们民族对中国的仰慕。再有，三国对立，各自依靠并屈服于强大的中国，因此，我们民族社会里充满了事大思想，而在中国，三国越屈服越有领有的观念，最终毫无忌惮地做出册封三国的行为，而我们却欣然接受。所以，随着时间的流逝，关系日益深厚，在文学方面也产生了把中国当成宗主国的观念。

原来最弱的后进国新罗，开始强盛起来，借唐朝的军队打倒了百济(660)，接着消灭了高句丽(668)，统一了三国。在此之前，我国社会里传入了道教、佛教，在思想界里儒家思想·道教思想·佛教思想这三种思想保特对立，而在政治方面或文化方面上有影响的还是以儒家思想为主。新罗在其统一之前，儒家思想和其他两教的思想已经混杂在一起，形成了独特的花郎思想，又用汉字创造出，叫作“吏读文字”的固有的表记道具，以此进行了文学创作，也进行了记事。但，尊崇中国的事大思想却很突出。因此，从把我国当作中国的一个地方国，把本国的东西称为“方物”，把我们的语言称作“方言”，把我们的诗歌称作“乡歌”，如此自行卑称。

王建消灭新罗，建立了高丽之后，也和新罗时代一样，事大中国。进入了高丽时代之后，模仿唐朝或宋朝的政治、文化制度来施行，比以前更加崇拜中国的文物，以至于把中国文学当作自己的文学。即高丽的四代君王光宗9年(958)，实行了根据中国制度的料举制度，由此模仿中国文学形式的汉文学，在没有纯民族文学的并存之中，独步而行，得势于当时。因此，前代所成就的吏读文学的生命就此断绝了。尤其是，高丽中、末期传入的程朱哲学即性理学，强力排斥民族间的其他思想，促使使一国的政治、文化完全基于儒家思想的方向。

进入朝鲜时代之后，以儒家思想为治国的根本思想，用官权压倒了直至高丽时代兴盛的佛教势力，容不下其他思想。故使儒家特别是性理学极其兴盛。因此，我国比以前的哪一个朝代都使自己的地位更贱，全国充满了事大中国的尊华思想，以至于不能分辨主客的境地，把事大中国，尊崇中国文物当作我们国家和民族，要铬记在心的春秋大义。在这样的观念下，民族自主性的发挥或固有文化的创作一切都被断绝了，以至于我国文学的在创制、使用的过程中受到了以儒家思想当作金科玉条的统治阶层的轻视。在整个朝鲜时代，用我们的文字创作的文学受到了轻蔑，反而整个中国文学受到了崇尚，而文人才子都主要致力于中国文学形式的汉文学的创作。

第二节　中国文学的东渐状况

从古代开始，中国文学就进入了这一片土地。在这里，我们建立三国之前，一直到中国的汉武帝在元封3年(公元前108)，在我国北方设置乐浪·玄兔·临屯·真蕃四郡前后，主要传入汉字及先秦文学(秦以前的文学)，我们的民族也才开始接触文字，开始能接触中国文学。之后，一直到新罗统一全国，个别地传来了两汉即前汉(西汉)·后汉(东汉)及三国·西普·东普南北朝时代(西普·东普及南北朝时代南朝的宋·齐·梁·陈四朝合起来称为"六朝"或"六朝时代"的各种文学，而主要是通过《文选》传播，影响了我们的文学界。还有，在统一新罗时代和高丽初期，受到了传来的唐诗文学的影响。但，从高丽中叶开始，流入了宋代诗文学和评论文学，而且成了典范，使文学之风焕然一新。而从朝鲜时代初期开始，在中国小说的影响下，我们的小说文学开始正式兴起并发展。但正如赫连挺在高丽文宗29年(1075)所写的高丽初期的佛僧均如(俗姓边，923-973)的传记〈大华严首座园通两重大师均如传〉(常被简略成〈释均如传〉或〈均如传〉)卷一里说:

> "我邦之才子名公，解吟唐什，彼土之鸿儒硕德，莫解乡谣。矧夏唐文如帝网交罗，我邦易读，乡札似梵书连布，彼土难谙，使染宋珠玑数托东流之水，秦韩锦绣，希随西传之星。"

自古我国就只是一方面地接受了中国文学。因此，我国的人民对待中国文学好象是对待自己的文学一样。但正如收集朝鲜时代宋期分李德懋(1741-1793)的文章《青庄馆全书》(卷71)里记载:

> "大抵, 东国文教, 较中国, 每退计数百年后, 始少进, 东国始初之所耆, 即中国衰晚之始厌也。"

尽管我们憧憬中国的, 也努力吸收过来, 但接受中国的新生事物到变为已有却没有那么迅速。因此, 传来一种新生事物, 那也是在中国产生已久, 已经是落后的、失势的文化。因此, 无论是什么样的形态或形式的文学, 在其产生和发展的时期, 期彼此间都有了很大的差距。

作为我国汉文学基础的中国的各种文学, 其传播的落后不只是在一两个方面上, 而是整体都是如此。即前汉末和汉初之间成立的五言定型诗在我国流行, 是在数百年之后, 而唐初成立的新体诗(今体诗)传入我国, 受到文人喜受的是新罗末期(相当于唐朝末期)。新生的宋诗文学在高丽中期才开始传入人的是高丽中期开始, 而当时在中国, 宋诗文学正在失势。还有, 赋文学是到了高丽初期才开始出现的, 已落后了许多, 对评论文学也到了高丽中期才开始重视, 也是很晚的, 而小说文学尤其落后。

中国文学的传播迟滞的原因是什么呢? 我举出如下三个理由。

> 第一、交通不便, 而且我们没有开化的人文意识。
> 第二、中国文学难度高, 不容易消化。
> 第三、我们民族是保守的。

在古代社会里, 主要是以战争为媒介打开了民族相互间的交通, 以战争俘虏或避开战乱和社会革命的亡命集团的移动促成了文化交流。但是，中国文化的发生及渐进时期，没有存在过我们民族和中国民族间的接触和相争，交通没有打开，即使想要进行和平来往，也是由于两国领土之间有许多山川相阻，不允许自由往来，所以不容易接受和消化中国的先进文学。再有，不仅表音表意，笔画数还多，而且还要学习许多在使用方面有难点的汉字，是很不容易的事。还有，学习中国的诗文学，要重视和遵守严格的格式，并且要做出很多努力，因此其消化也自然需要很长的时间。所以，为了完全熟悉某一种，就来不及接受其他新的成果。

我国的国土突出于极其东边的局部，三面与大海相接，早期没有隔着大海，与岛民族进行来往，只有北边与大陆相连，但由于山川重阻，交通不便，早期也没有和北方或西方的大陆民族进行过交步。因此，没有受到其他民族的大影响，自然地形成了希望把自己民族所固有的原来的风俗和环境保持下来的观念。而且，和中国有了接触之后，传入了具有保守性和排他性的儒家思想，渗透到民族的思想里去，逐渐变成了民族思想，而使民族的思考变得迂腐。尤其是，随着性理学的播及，民族的思想方面布满了立足于儒家思想一本主义的保守观念。因此，彻底排除非儒的和反儒的思想，也完全抛弃了要打破旧面貌的具有革新性的文物。说明这类事实的历史记录有许多，但下面品举出几个例子来做参考。

朝鲜的《世宗实录》(卷二)即位年10月条的司宪府的上疏文里有这样一段记载:

“佛氏之道，当以清静寡欲为本，今无识僧徒，不顾其本，曰，创寺造佛法筵好事，将天堂地狱祝福之说，眩惑愚民，夺民口中之食，脱民身上之衣，以涂土木，以共衣食，蛊政害民，莫甚於此。……伏望，京外持愿文，出入闾里者，痛行禁理，如有还命者，依律论罪，其诳诱所取之取物，悉令收没，以赈饥馑之民。”

这可以理解为斥虚图实的社会政策，但实际上也暴露了想要打击示儒家推为异端而积极排除的佛教的意图。又《世宗实录》19年6月条的司宪府的上疏文里有如下一段:

“词章虽不可以偏废。然必先究孔孟之言，有余力然后，可以及之。……况以词章取士，乃高丽之弊法，岂可踏袭於今日乎。

在此主张，诗(词章)是要在先认真学习和实行孔孟之言之后而学的，不然则不行，凭诗文的优劣来分能力的高下，采用人才的科举制度是不正确的。如果按照此上诉文的主张，对科举制度进行过改革，则会使汉字·汉文势力被消弱，汉文学处于沈滞不前的状况，而其后创制的我国文字，作为普通国民的文字，其势力却会更加强大，国文学也会有很大的发展。这样一想，批判和反对过去的科举法是正确的主张。但是，第一个主张没有正确理解文学，而且表现出要使文学和儒家连接起来的意图。还有，《成宗实录》10年4月条的曹伟的“启文”里有如下记载:

“大抵德行本也，文艺末也，德行难见，而才艺著，故有才艺者，人皆谓之贤，然无德行，则虽有才艺，无足观也。……以君王之事言之，宋徽宗才艺实多，德行绝无。故终以亡国。至於前朝恭愍王，书画等历无不精妙。然无德。故亡。君王专尚德行，文艺乃其余事也。”

又同实录同条的成聘的“启文”里有如下记载:

“才德兼全圣人也, 德胜才君子也, 才胜德小人也。无德行, 而多才艺, 则骄心必至, 匹夫而如是, 则足以亡其身, 大夫如是, 则足以丧其家, 国君而如是, 则足以亡其国也。”

这些话明确地表现出儒家把文艺完全归纳于道德的枝叶的观念。儒家如此轻视和警戒文学，因此士人们所喜爱的诗文学也受到了拘束。所以，从我国汉文学的立场上来说，应该始终和中国文学保持紧密的联系，却始终没有及时地吸收过来。

在文学当中，与其他的相比，小说文学最受排斥。因此在我国很晚才形成了小说文学，而且作品也不丰富。即，如果不把高丽时代出现的假传体作品当作小说，则可以认为小说文学是经几代之后的李氏王朝的朝鲜时代才成立的，这一事实若与前汉初期就已成立并走上发展的道路的中国小说文学相比，则落后了很长时间。在新罗时代，吸收中国的新体诗文学的时候，也应该一并吸收当时在中国发展的小说文学，形成我国的小说文学，而事实上却并不如此。我想，在新罗时代，中国文学的传播中起媒介作用的渡留中人士主要为官僚或渴望能当上官僚的人或研究佛教为目的的僧徒，由于他们除了自己所需要的以外都漠不关心，再或者由于他们在中国所接触的都是尊崇道德的人，而他们视小说文学为非道德的，便去轻视小说文学，所以对小说方面没有留意, 认为能当作文学的只有诗, 赋等。原来, 小说文学在中国也受到了蔑视和排斥。即《汉书·艺文志》里这样指出:

“小说家者流, 盖出於稗官, 街谈巷语, 道德涂说者之所造也。”

认为小说是道听途说之人模仿中央政府向各地派遣的调察官史的所

作所行，察看民风的稗官，记录各种事情的告文书而作的，因此予以鄙视。那里还有这样的记载。

> "小说家者流，……孔子曰，虽小道，必有可观者焉，致远恐泥。是以，君子弗为也。然亦弗灭也。"

这句话是说，孔子说虽然这是小道，其中也有可取部分，但是若是深究小道，怕深陷其中，因此道德君子不要做出颠狂的小说，给小说设定了严格的警戒。这种对小说观念原封不动的进入了我国， 而这样的观念却比在中国更强了。我国的士大夫们排斥小说的历史记录有许多， 但只介绍其中的几种。如朝鲜时代肃宗·英祖时人李瀷，在他的《星湖僿说》(卷7)里这样指出:

> "水浒传，……. 余谓，作是书者，其必有隐贼之心乎。"

把《水浒传》的作者推为恶人。再有，纯祖时人赵在三，在他的《松南杂识》里这样指出:

> "金瓶梅红楼梦……. . 等小说，不可使新学少年律己君子读也。"

还有近来实学的大家丁若镛这样指出:

> "稗官杂书，是人灾之大者也，淫词丑话，骀荡人之心灵，邪情魅迹，迷惑人之智识， 荒诞怪诡之谈， 以聘人之骄气， 靡曼破碎之章， 以消人之壮气。……臣谓，始自今，国中所行悉聚，而焚之，燕贸来者，断以重律，则

庶乎邪说少熄，而文体一振矣。”

这里主张小说会使人变坏，在社会上流行的小说都要烧掉，去中国北京购买的人要严惩不待。由此可想而知，我们的小说文学在保守的思想下受到了多么大地欺视。

第二章 三国·新罗时代的汉文学

第一节 时代概观

考证研究我们的原始四个道德文学状况是一件很难的事情。根据史学家们的研究报告，从新石器时代开始，我们的社会已经形成了，但不能予以有条有里的说明，多少能说出历史根据的是从卫满朝鲜时代开始，而那也是根据中国史书中的记录的。司马迁的《史记·列传》的朝鲜条里有这样记载：

> "燕王卢绾，反入匈奴，满亡命，聚党千馀人，魋结蛮夷服，而东走，出塞渡浿水。……稍役属真番朝鲜蛮夷及故燕齐亡命者王之，都王俭。"

姑且不管卫满是不是中国人，根据这一记述，得知是卫满带其党羽进入了我们的领土，我们才开始有了和中国势力的接触。还有，根据记载，公元前108年，汉武帝以卫氏朝鲜不服为借口，派出大军灾掉了它，设置了乐浪·临屯·真番·玄菟四郡，因此可以认为我们民族社会的一部分就归属了中国的统治之中，也正因为如此中国的许多文物流入了我们的领土。

南方的西边有百济，东边有新罗，北方有与强大的异民族社会邻接的高句丽，民族社会形成了三分立的局面之后，三国都各自和中国建立了密切的联系，互相来往。因此，中国的文物大量地流入了我国。但三国受到在文化上极其优越并且强大的中国的势力压制，国王们甘受中国君王的册封，而在内政·外交·军事上却坚持各自独立的立场，高句丽则有驱逐中国的势力，夺还我们的故土，显示我们民族的威力的历史。

三国并存，各自摄取了进步的中国文化，而其中弱小的新罗逐渐强大起来，夺取了高句丽，攻略了百济，最终统一了全国。公元935年，新罗被高丽太祖王建夺取政权，统治了260余年，在此期间形成了我们民族史上最初的光耀的民族文化，开始成为东洋先进国家的一员。因此，三国·统一新罗时代可以说是我们的社会进步为国家社会，是创作了流传后世的传统民族文化的时代。

三国对立之前，我们的民族社会里已经流行了汉字。社会的一部分人能熟读汉文，能用汉字记述，具有理解中国文学，借其形式进行创作的实力。说这一时期的文学只留于诗文学也不会是过言之谈，从三国初期到中期主要为《诗经》诗文学的形式。到了中国的南北朝时代，交通往来频繁之后进来了五言定形诗，成了汉诗文学的主要形式，从三国时代中期开始一直到统一新罗时代中期，文言诗継续支配了文学界。还有，统一新罗时代传来了唐朝的今体诗文学，展开了新的诗文学。估计今体诗是统一之后不久进入我国的。但，其中期以后渡留唐人士的来往频繁之后，才开始大量地进入和传播，而到其末期受到了文人们的喜爱之后，才压倒了原来的文言诗文学。

第二节　汉字的传来和普及状

汉字不是只在中国领域内使用过的，而是很早就传到了我国·越南·日本等国家，在创制自国文学之前，一直当做一切记录的唯一的记述道具来使用。很难断定汉字最初进入我国的时点。但是，仔细推想我们民族和中国民族的直流关系，则在中国诸雄争霸的周朝春秋时代开始，中国民族的移动比较频繁，当时在北方的我国地域和邻接的中国地域之间彼此有了交通，进来了汉字，逐渐地传播到了南方，认为这样的推断不会有什么矛盾。但，汉字大量地进入我国，普及渗透到大众社会里的是卫满朝鲜之后，而更加广泛地传播进来的是汉武帝设置四郡之后。还有，其后有了属于文化人阶层的中国的政治人·官人及商人们的不断地往来，四郡地带就像中国地方一样，文化提高了很多，我们民族在中国势力下，也自然而然地受到了其文化上的惠泽，可以认为用汉字过着有文字的生活。

由于古代的历史资料的亡失，不能详细地看到三国之前的汉字的普及状况究竟如何。但根据国内发掘的石物上刻着的文学或刻着文学的武器或生活器具来推测的话，在三国之前我们民族使用汉字的范围是相当广泛的。还有，根据《三国史记》卷第20·高句丽本记第8婴阳王11年(600)条里的这样一段记载来进行推论:

> "国初始用文字时，有人记事一百卷，名日留记，至是删修。"

则在高句丽，从建国初期开始就可以用汉字随意地记述活动。《三国史记》中记载里有高句丽的建国要比新罗晚，为公元前37年。这简直是荒诞之说。但在此不能讨论这一是非。反正，认为在高句丽开始使用汉字的时期比它要早1·2世纪，也不会有太大的错误。当时，高句丽在地理上和中国最相近，因此虽然还没有进步到部族社会联合成一个国家社会，但已经开始会使用汉字了。而百济和新罗位于南方，使用汉字的时代与高句丽相比，当然要晚，但三国之间很早就有交流，汉字不断地向南传播。还有，百济在公元前已和乐浪修好了关系(公元前15年秋)，而在儒理尼师今14年(37)，高句丽吞并了乐浪，乐浪的部族集团投奔新罗，因此可以认为1世纪前半期里汉字在南方的新罗里也得到了广泛的传播。

根据以上的考究，汉字最晚也在中国周朝的战国时代进入了我国，逐渐被民族文字化，到了三国各自和中国建交之后，汉字更具有威力。我想，之所以汉字在我们的民族社会中的势力更加强大，得到普及，应该从学校教育的创始论起。我们民族中，最先开始学校教育的是高句丽。即根据《三国史记·高句丽本纪》小兽林王2年(372年)条的一段话:

“立太学，教育子弟。”

则在高句丽，4世纪后半期里已经实行了学校教育，广泛地教育了国内子弟。还有中国的《周书·高句丽传》卷49里有如下记载:

“书籍有五经三史三国志晋阳秋。”

指出当时在高句丽广泛流行《诗经》·《书经》·《易经》·《春秋》·《礼记》的“五经”和《史记》、《汉书》、《东观汉记》的“三史”·陈寿编撰的《三国志》及《晋阳秋》等。这说明在当时高句丽的汉学十分发达。

汉字进入我们的社会之后，越来越普及。在百济古尔王52年(285)，派遣王仁博士把《论语》和《千字文》传到日本, 让他们国家接受汉字及汉学。在近肖古王30年(375), 高兴著述了《百济书记》; 在新罗真兴王6年(545), 居漆夫等编撰了 《国史》。这些都表明在公元5世纪时, 在三国的任何一个国家, 汉字都像国文字一样具有强大的势力。

第三节　诗经诗的影响

如前所述, 汉字进入我国的是三国时代之前的事。《三国史记·新罗本纪》始祖38年(公元前20年)春2月条里有如下记载:

> "前此, 中国之人, 苦秦乱, 东来者众多, 处马韩与辰韩杂居。"

更加加强了这一认识, 但对于三国时代之前是否存在过汉文学或其存在状况为如何等问题, 却无法察看。而可以推测, 随着中国民族的移民, 进来了汉字, 与此同时也流入了中国的书册。那么, 可以认为当时最初进来的书册应该为《诗经》·《书经》·《易经》·《礼记》·《春秋》等。随着中国文化势力的不断地引入, 也陆续带进了以 《论语》·《孟子》·《孝经》为首的诸子百家之书, 而那些是通过中国人入境, 首先在我们的统治阶屋里学习和普及起来的。

还认为, 设置四郡之后, 以乐浪为首的在中国势力下的地方里, 不但能对其进行消化, 而且用它作为模范进行著述的活动比任何地方都盛行, 而当时在三国的任何一个国家, 汉字的使用应该都已经得到了相当的发展, 尤其是高句丽, 直接和中国相接, 又处于和四郡联系密切的位置, 因此在接受理解和消化汉字及中国的书籍上, 领先于其他两个国家，同时在作文的能力上也是先进的。其次，百济在地理上有利，所以比新罗领先接受了中国文化。

我们很难确切指出汉文学的渊源，但可以肯定汉文学是以诗文学为开端的，可以看成是以模仿《诗经》的诗为开始的。说到我们的汉文学，一般会举古朝鲜的霍里丽玉所作的《箜篌引》：

> "公无渡河，公竟渡河，堕河而死，公将柰何。"

为我们汉诗文学的开端。这是因为中国的宋太宗太平兴国2年(977)，李昉等受命同8年才编纂完成的《太平御览》(全部1000卷)或其他书里有"古朝鲜人子高之妻丽玉所作"的记载的。但，对此不能完全相信。前代的人也提出过疑问。即朝鲜时代的李德懋在他的〈耳目口心书〉里怀疑霍里子高之妻丽玉是不是从中国过来的人，又指出他的《箜篌引》是汉武帝时所作的。在此提出我的见解，则从题目上看还是属于古乐府的，而不是诗。因此这是中国汉代时期的作品，不是在那之前所作成的。还有，作者的国籍不确切，因此很难说是我国的作品。

现在，可称为我们汉诗文学的遗留作品中最古老的，有高句丽的琉璃王所作的〈黄鸟歌〉。根据《三国史记·高句丽本纪》琉璃王3年条里有如下记载:

> "王妃松氏薨。王更娶二女，以継室，一日禾姬，鹘川人之女也，一日雉姬，汉人之女也，二女争宠，不相和，王於凉谷造东西二官，名置之，后，王田於箕山，七日不返。二女争斗，禾姬骂雉姬日，汝汉家卑妾，何无礼之甚乎。雉姬惭恨亡归。王闻之，策马追之，雉姬怒不还。王尝息树下，见黄鸟飞集，乃感而歌曰："

《黄鸟歌》 是抒发国王失去了王妃之后的失恋之情的作品，属于抒情作品。其诗词则如下:

“翩翩黄鸟，雌雄相依。念我之独，谁其与归。”

这是由四言四句来组成的，可以说是模仿了诗经诗的原始形态。

如果断定为《诗经》是中国秦始皇时代之前进入我国的，那么可以说那是原来的《诗经》，而汉代之后传入了四家的《诗经》(鲁诗·齐诗·韩诗·毛诗)， 但通过文献不能察出它们的情况究竟如何。而根据《三国史记·百济本纪》 圣王19年(541，中国梁武帝大同7年)条里有如下记载:

“王遣使入梁朝贡，兼表请毛诗博士……”

从这里可以看出，中国后汉时代之后，在四家诗中更加重视毛诗，我国也跟着推崇毛诗， 在齐诗·鲁诗·韩诗亡失之后， 只根据毛诗学习了《诗经》

《诗经》的诗中有许多体裁和〈黄鸟歌〉一样，内容也同样是描写爱情的作品，其中周南的关雎篇诗·陈风的东门之杨篇诗·郑风的风雨篇诗·周南的汝坟篇诗等是很好的对照。用隔句来押韵的〈黄鸟歌〉，与《诗经·周南》关雎篇的〈关关雎鸠〉或兔罝篇的〈肃肃兔罝〉或芣苢篇的〈采采芣苢〉等句字一样，作句上使用了同一字的重叠。《诗经·小雅》黄鸟篇的诗：

“黄鸟黄鸟，无集于桑，无啄我梁。此邦之人，不可与明，言旋言归，复我

诸 兄。”

是描写了女子的失恋之情的作品，它不但在内容上和〈黄鸟歌〉相似，而且题目也一样。还有，与〈小雅·南有嘉鱼〉篇的诗：

“翩翩者鵻，烝然来思。君子有酒，嘉宾式燕又思。”

在第一句的措辞上是一样的。由此得知三国初期，在出现五言定形诗之前的一段时期，是可称为模仿了诗经诗的形式的诗文学时期。

第四节 五言诗的出现和《文选》的影响

如前所述，在受到《诗经》诗文学的影响的时期里，作诗上没有一定的形式。随着时代的推移，诗文学里开始出现五言定形。但，根据所传下来的五言诗来推想，则可以认为7世纪的前半期里在我国正流行着五言诗。流传至今的五言诗中，最古老的是高句丽的乙支文德所作的〈与隋将于仲文诗〉。他的诗如下：

“神策究天文，妙算穷地理。战胜功既高，知足愿云止。”

这首诗是在高句丽婴阳王23年(612)，中国的隋炀帝派遣大军攻打高句丽的时候，我国将帅乙支文德取得萨水战的大胜之前，出于谋略作给敌将于仲文的。也许有人会说这首诗是五言绝句诗，但这首诗只是在形式上和五言四句的绝句诗相同，而其实是五言古体诗。这首诗用上声“纸”韵的“理”字和，与纸韵相互通用的上声“止”韵的“止”字来押韵，脱离了用平声韵的字来押韵的今体诗的原则，又分折这首诗的每一字的平仄，则如下：

“平仄仄平平，仄仄平仄仄。仄平平仄仄，仄仄平平仄。”

与五言绝句诗的平仄法有许多差异。绝句诗和律诗的今体诗，是唐朝建国之后完成的，而在南北朝时代的梁·陈代及隋代里出现了许多五言句或五言八句的古体诗作品。虽然还不知道五言定形开始登场的时点是什么时候，但根据这首诗进行推测，则比它早1世纪的时候在我国流行过五言诗，而五言诗进入与中国交通密切的高句丽的是三、四世纪的事。若举出五言古体诗的例子，则有新罗的真德王在其4年(650)写给唐高宗的〈太平颂〉：

“大唐开洪业，巍巍皇猷昌。止戈戎衣定，修文継百王。统天崇雨施，理物体含章，深仁谐日月，抚运迈时康。幡旗何赫赫，钲鼓何鍠鍠。外夷违命者，剪覆被天殃。淳风凝幽显，遐迩竞呈祥。四时和玉烛，七曜巡万方。维岳降宰辅，惟帝用忠良。五三成一德，昭我唐家皇。”

这是称颂唐朝的创业，赞扬唐朝皇帝的威势的诗，也是五言古体诗。根据这首诗，可以认为7世纪在我国南北各地都盛行过作五言诗。

在我国，五言定形诗文学的确立上《文选》的影响是很大的。编成30卷的《文选》进入我国的年代还不确切。但，新罗统一全国的公元668年已经进来了，而且变成了南北各地士人们的爱好。《三国史记·列传》强首条里这样指出：

“父欲观其志问曰，尔学佛乎，学儒乎。对曰，愚闻之，佛世外教也。愚人间人安用学佛。为愿学儒者之道。父曰，从尔所好，遂就师，读孝经曲礼尔雅文选。”

这一记事说明在当时青少年的学问修养上，《文选》被当作重要的教材。还有，中国的《旧唐书·列传·东夷传》高句丽条里这样指出：

“俗爱书籍，至於衡门厮养之家，各於街衢造大屋，谓之扃堂。子弟未婚之前，昼夜於此读书习射。其书有五经及史记·汉书·范晔后汉书·三国志·孙盛晋阳秋·玉篇·字统·字林，又有文选，尤爱重之。”

这一记事说明高句丽的教育兼备了文·史·哲，没有偏向其中的一个方面，同时也说明在高句丽，文学方面的教育上《文选》是必修的教本。还有，在新罗最初实行叫做“读书三品制”的选举制(人才登用试验制)之后，学习《文选》始终是考试的重要科目。即《三国史记·新罗本纪》元圣王4年(788)条里有如下记载：

“春始定读书三品，以出身。读春秋左氏传若礼记若文选，而能通其义，兼明论语孝经者，为上；读曲礼论语孝经者，为中；读曲礼孝经者，为下。若传通五经三史诸子百家书者，超擢用之。”

根据上面的记事进行考察，则可以断言《文选》在三国的整个范围里都被当作是我们汉文学上的教本和模范。《文选》里有以周末的《楚辞》为首的，一直到5世纪后半期的7，8百年间的各种文学。因此，只此一本就可以了解周朝战国时代·前后两汉·三国·四东的两晋·南北朝时代的宋·齐·梁等的各时代的文学。而在我国有志于文学的人们主要学习《文选》里的各种文学中的诗文学，尤其熟悉了五言诗，也受到了它们的影响。《文选》大概是在7世纪初叶进入了我国，受到了我国的学者、文人或学生们的喜爱，而且统一新罗中期形成了今体诗，一直到高丽初期，仍然对文人们的有影响力。

第五节　今体诗文学的兴起

中国明朝高柄(字彦恢，太宗时人)所作的《唐诗品汇》(90卷，拾遗10卷)里评新罗真德王的诗〈太平颂〉为：

> "高古雄浑，与初唐诸作颉颃。"

直到这首诗的创作时期，我国的文学界里只作五言古体诗。

与先前的古体诗判然有别的今体诗文学，不仅有一定的规格，而且要遵守措字上押韵上的各种规则。今体诗文学在我国开始出现的是和中国唐朝的文物文流兴盛之后。根据《三国史记·新罗本纪》善德王9年(640)条里有如下记载：

> "夏五月，王遣子弟於唐，请入国学。是时，太宗大徵天下名儒，为学官，数幸国子监，使之讲论。学生能明一大经已上，皆得补官。增筑学舍千二百间，增学生满三千二百六十员。於是，四方学者，云集京师。於是，高句丽百济……亦遣子弟入学。"

同年，新罗在公元618年建国之后致力于内治，为了文化发展，积极的向唐朝的国学派送了许多留学生，而在此时，高句丽和百济也把很多学生送到大唐留学，三国一同努力吸收中国文化，而其中新罗更接近了唐朝，努力于文化交流。

真平王43年(621)，最初和唐朝建交的新罗，継续派遣了国使和名望的人物，一方面谋求加深相互的信任，一方面努力吸收高度发达的中国文化。尤其是，依靠唐朝的军事援助统一了全国的文武王8年(668, 唐高宗总章元年)之后，交通上不再受制约，可通过水陆随时进行了政治上、文化上的交涉，因此文化也被日益提高。根据中国对待新罗的史实可以推想，当时新罗对中国的交流是多么地精诚的。即《三国史记·新罗本记》孝成王2年(738, 唐玄宗开元26年)条里有这样的记载：

> "春二月，唐玄宗闻圣德王薨，悼惜久之，遣左赞善大夫邢琫，以鸿胪少卿吊往祭。……琫将发，帝制诗序，太子已下百寮咸赋诗以送。帝谓琫曰，新罗号为君子之国，颇知书记，有类中国。以卿惇儒故持节往，宜演经义，使知大国儒教之盛。"

还有，唐玄宗天宝15年(756, 新罗景德王15年)，玄宗皇帝在安禄山之乱抛弁皇都，避难到蜀地之时，景德王派使臣到蜀的成都，表示了慰劳。玄宗十分感激，亲自作十韵五言诗，以作答礼，在那首诗里显示出中国皇帝对新罗是极其友好的。可以想象在不断吸收大唐文化而致力于自家文化创作的新罗，最晚也在圣德王(702～737)时代接受了今体诗文学，在我国也展开了新诗的创作活动。根据《三国史记·新罗本记》元圣王5年(789)9月条里有如下记载：

> "以子玉为杨根县小守，执事史毛肖驳言，子玉不以文籍出身，不可委分

尤之职。侍中议云，虽不以文籍出身，曾入大唐为学生，不亦可用耶。王从之。"

可以看出当时的新罗极其尊重中国文化，也仍然严格地实行了读书三品制度，同时从事文学的人们仍然重视《文选》，而在文学界里，五言古体诗还没有失势。新体诗文学即今体诗文学真正开始兴起，是由于在归国的遣唐留学生和陆读出现的宾贡生(中国科举及第生)展开了实质性的创作活动，认为这样的看法比较妥当。中唐时(766–840)的中国诗人吉仲妥·钱起·李益·耿炜等的诗中有〈送客归新罗〉的诗，由此可以看出在当时完成学业的许多遣唐留学生都回国了。还有，宪德王13年(821，唐穆宗长庆元年)，金云卿作为我们民族第一个在中国科举考试里登第之后，陆续出现了宾贡生，因此在9世纪前半期或后半期里兴起了新体诗创作活动。但是，在文学界里新的诗文学开始掌握势力是从新罗末期以文豪崔致远为首的崔承祐·朴仁范等出现之后。

第六节　随笔体裁的文学

在我国很早就用汉字进行了创作活动，因此认为在三国时代或统一新罗时代可能出现过不少所随笔作品。但在当时的文献里没有记载，因此很难举出其实例。但是可以举出几个。第一个是新罗的薛聪所作的〈花王戒〉。它的全文如下:

"臣闻。昔，花王之始来也，植之以香园，护之以翠幕。当三春而发艳，凌百花而独出。於是，自迩及遐，艳艳之灵，夭夭之英，无不奔走上谒，唯恐不及。忽有一佳人，朱颜玉齿，鲜装靓服，伶俜而来，绰约而前曰，妾履雪白之沙汀，对镜清之海面，沐春雨而去垢，快清风而自适，其名曰蔷薇。闻王之令德，期荐枕於香帐，王其容我乎。又有一丈夫，布衣韦带，戴白持杖，龙钟而步，伛偻而来曰，仪在京城之外，居大道之旁，下临苍茫野景，上倚嵯峨之山色，其名曰白头翁，窃谓，左右供给，虽足膏粱以充腹，茶酒以清神，巾衍储藏，须有良药以补气，恶石以蠲毒。故曰，虽有丝麻，无弃菅蒯。凡百君子。无不代匮。不识王亦有意乎。或曰，二者之来，何取何舍。花王曰，丈夫之言，亦有道理。而佳人难得，将如之何。丈夫进而言曰，吾谓王聪明识理义。故来焉耳。今则非也。凡为君者，鲜不亲近邪佞，疏远正直。是以，孟轲不遇以终其身，冯唐郎潜而皓首。自古如此，吾其奈何。花王曰，吾过矣，吾过矣。"

这是把他当时对神文王的谏言用文字写下来的。即仲夏的有一天，雨过天晴，与神文王(681～692)坐在一起的时候，神文王请他讲一个可以解闷的故事，他就讲了上面的故事。神文王被故事中的深意感服了，就命令把它记下来，作为王者的警戒。把花王(蔷薇)·白头翁拟人化，作为中国上古时代的诗，引用了《诗经》里没有记载的逸诗，它表达了作为执政者应该远离邪佞，亲近正直的涵义，是一篇优秀的随笔作品。李德懋的《青庄馆全书》卷第54里有：

"鸡林杂传，新罗金大问著，不传。"

《三国史记·列传》第六里有：

"金大问本新罗贵门子弟，圣德王三年，为汉山州都监。作传记若干卷，其高僧传花郎世记乐本汉山记犹存。"

由此可以知道金大问著述过《鸡林杂传》·《高僧传》·《花郎世纪》·《乐本》·《汉山记》等。还有崔致远写过《新罗殊异传》的记载。但是，这些都没有传下来，无法了解其内容。顾名思义，《乐本》应该是关于音乐的著述，《汉山记》应该是关于汉山州的记述，而其他的好像是新罗时代一些人物的传记。如果《汉山记》确实是有关汉山州的记述，那么就作为汉山州的风土记，应该加入随笔文学来做处理。

第七节　文人和文风

三国时代，在高句丽和百济应该出现过不少诗人，但由于没有历史记载，无法了解其情况，作为高句丽人只能举乙支文德一个人。新罗的文人们的事迹，大多数记载在《三国史记》，在三国末期和统一初期，以文学著名的人有强首·薛聪·帝文·守真·良图·风训·骨番·金后稷等。《三国史记·列传》强首条的记载如下：

> "新罗古记曰，文章则强首帝文守真良图风训骨番，帝文已下，事逸，不得立传。"

没有关于帝文·守真·良图·风训·骨番等的记录，因此无法知道关于他们的情况，但认为都是和强首同一时代的人。

金后稷是智证王(500～517)的曾孙，真平王时(579～632)，兵不令也当过。他的文章也没有传下来的，而在《三国史记》的他的列传里记载着关于他忠谏真平王喜欢狩猎的内容，由此可以看出他的多闻博识，也精通于《老子》。他所直谏的内容如下：

"古之王者, 必一日万机, 深思还虑, 左右正士, 容受直谏, 孜孜矻矻, 不敢逸豫然后, 德政醇美, 国家何保。今殿下日与狂夫猎士放鹰犬, 逐雉免, 奔驰山野, 不能自止。老子曰, 驰骋田猎, 令人心狂。书曰, 内作色荒, 外作禽荒, 有一于此, 未或不亡。由是观之, 内则荡心, 外则亡国, 不可不省也。殿下其念之。"

强首是昔谛的儿子。他的母亲梦见头上有角的人之后怀了孕, 生下的就是他。他天生就后头骨突出, 因此起名为牛头。后来因太宗的赐名改成强首。他的文章也没有传下来, 根据《三国史记》里的他的列传, 可以推测他的为人和文学力量：

"强首尝与釜谷冶家之女野合, 情好颇笃. 及年二十岁, 父母媒邑中之女有容行者, 将妻之, 强首辞不可以再娶. 父怒曰:'尔有时名, 国人无不知, 而以微者为偶, 不亦可耻乎. '强首再拜曰:'贫且贱非所羞也, 学道而不行之, 诚所羞也. 尝闻古人之言曰: 糟糠之妻, 不下堂; 贫贱之交不可忘. 则贱妾所不忍弃者也.'
及太宗大王即位(654), 唐使者至, 传诏书. 其中有难读处, 王召问之. 在王前一见说释无疑滞. 王惊喜, 恨相见之晚, 问其姓名. 对曰: '臣本任那加良人, 名牛头. ' 王曰: '见卿头骨, 可称强首先生. '使制回谢唐皇帝诏书表. 文工而意尽, 王益奇之, 不称名, 言任生而已. 强首未尝谋生, 家贫怡如也. 王命有司, 岁赐新城租一百石.
文武王(661~681)曰: '强首文章自任, 能以书翰致意於中国及丽济二邦, 故能结好成功. 我先王请兵於唐, 以平丽济者, 虽曰武功, 亦由文章之助焉. 则强首之功, 岂可忽也?' 授位沙湌, 增俸岁租二百石."

薛聪是元晓大师的儿子, 字为聪智。根据《三国史记》的他的列传, 他天生就非常聪明, 长大后文采出众。他用我们的语言译解了中国的九经(九经有两种说法。唐代的学官指的是 《诗经》·《书经》·《易经》·《周礼》·《议礼》·《礼记》·《春秋左氏传》·《春秋公羊传》·《春秋谷梁传》, 而唐代陆德明的 《经典释文》 里指的是 《诗经》·《书经》·《易经》·《周礼》·《议礼》《礼记》·《春秋》·《论语》·《孝经》), 训导了后生,, 堪称学者之宗。他的文章中流传下来的只有把他所讲的故事记录下来的〈花王戒〉而已。

我国今体诗文学形成时期的文人有金云卿·金可纪·崔利贞·金淑贞·朴秉业·金允夫·金立之·朴亮之·金夷吾·金文蔚·李同·崔致远·崔匡裕·崔承佑·朴仁范·崔彦撝·崔光允·金渥等。其中崔致远·崔匡裕·崔承佑·朴仁范等人是后世有名的。崔致远作为新罗一代的代表文人, 受到了后世的崇拜。

崔致远的字为孤云或海云, 是沙梁部的人。他出生于宪安王6年(857), 12岁时留学到大唐, 18岁的唐僖宗乾符元年(874, 新罗景文王14年), 在中国的科举考试里登第之后, 进身于中国的官界, 当过宣州漂水县尉·侍御史内供奉等。僖宗广明2年(881), 在镇压黄巢之乱的诸道行营兵马都统官高骈的幕下做了书记官, 同年写了有名的〈檄黄巢书〉, 扬名于中国四海。他在28岁(885)回国之后, 当了诗读的林学士·兵部侍郎。他希望从中国学到的知识能在祖国得以发挥, 但由于当时的新罗国运已去, 朝里有妒忌他的人, 因此没能实现愿望。所以调到外职, 当过大山郡太宗守·富城郡太守, 后来在海印寺过了隐居生活, 然后在那里去世了。

崔致远所著述的作品有许多。中国的 《新唐书·艺文志》 里记载着有他的《四六集》1卷、《桂苑笔耕》20卷, 而根据《三国史记》的他的列传, 则除了上面的两本之外还有《文集》30卷。但是在《桂苑笔耕》的自序里说, 有《桂苑笔耕》20卷、《中山覆匮集》5卷、《私试今体赋五首》1卷、《五七言今体诗百首》1卷、《杂诗赋30首》1卷。但是，几乎都丢失，幸存至今的只有《桂苑笔耕》20卷而已。

崔致远生长于儒家·佛教·道家的三大思想各自流行的时代，到儒·佛·道都盛行的晚唐时期的(827–907)中国去留学，浸染于其社会思想，而没有偏向其中的一个思想，兼有着儒·佛两家的思想。他在双溪寺里的真鉴大师碑铭里写道:

> "沈约有云，孔发其端，释穷其致。真可谓识大者，始与言至道矣。"

还有李德懋在他的《青庄馆全书》卷68里引用了他的文章:

> "道不远人，人无异国。是以，东人之子，为释为儒必也。"

由此可以看出崔致远的兼有儒·佛两家的思想。下面举出他的两首诗，以供吟味。

> 相逢暂乐楚山春，又欲分离泪满巾。
> 莫怪临风偏怅望。异乡难遇故乡人。

这首七言绝句诗〈山阳与乡友话别〉，抒发了在异国他乡和故国亲友刚刚相遇就要离别的孤寂的旅愁。

> "秋风惟苦吟，学世少知音。窗外三更雨，灯前万里心。"

这是五言绝句诗〈秋夜雨中〉。在这首诗中悲叹虽然抱着国之大志，但在小人得势的岁月里不能得以实现的命运的造化，认为是他的晚年之作。

徐居正在他的《东人诗话》里说道：

> “崔致远……，朴仁范……，朴寅亮……，我东人之以诗鸣中国者，自三子始。”

当时和崔致远齐名的文人是朴仁范(朴寅亮是高丽时代的人)。朴仁范也是入唐登科的兵贡生，回国后当过林学士·礼部诗郎。关于他的年代不明， 但传说在新罗孝恭王2年(898)他为佛僧道铣的寂殁作了碑文，因此他和崔致远是同时代的人。在他的诗中幸存至今的有《东文选》里的七言律诗10首，其中有名的是七言律诗有〈泾州龙朔寺阁兼东云晒上人〉。

翚飞仙阁在青冥，月殿笙歌历历听。
灯撼萤光明鸟道，梯回虹影到严扃。
人随流水何时尽，竹带寒山万古青。
试问是非空色理，百年愁醉坐来醒。

崔匡裕也和崔致远·朴仁范等一样是同时代的兵贡生。崔承佑和上面的三个人也是同时代的，留学到大唐，在国学学习过，后来登科之后才回国。崔匡裕和崔承佑的诗在《东文选》里各记载着10首。虽然没有流传至今，但有崔承佑写的《餬本集》的记载。三国·统一新罗时代的汉诗风究竟如何？有必要首先说明一下中国的历代诗风的特殊性，这是因为我们的汉诗文学经常受到了中国诗风的影响。

在中国，直到唐代也有过诗风的变动，分别形成了“古风”·“六朝风”·“唐诗风”等。“古风”指的是汉·魏(中国的三国时代里曹氏的魏国为正统国家，因此把三国时代一般都叫作魏国时代)时代的诗风。汉魏时代的诗人们朴素地表达了人的本来的性情，以忠实地描写对象的诗经诗的精神为根本，不要求诗句的美丽，只用素朴健实的诗语表达温敦的情绪为技巧。

把西晋·东晋和南北朝时代的南朝宋·齐·陈等四朝都包括为六朝，而此期间就是六朝时代。这一时代里，西晋时的文人陆机·潘岳·左思等致力于文章的华丽和修饰，掀起了诗句中追求对偶的风气，因此南朝的许多文人都重视了诗语的韵律。

所以，诗文学的内容被忽视了，只追求外在的形式。这样的诗风后世叫作“六朝风”或“六朝诗风”。

“唐诗风”指的是唐代的诗风。作为唐诗风的特色可以举出两个：

① 为了在作诗上符合和平一定的格式，要求严守各种规则。
② 要求表现诗人的个性。

但是，在唐代，诗文学风没有一贯始终。明代的高柄在明太祖洪武26年(1393)著述了《唐诗品汇》，在那里把唐诗文学分成了初唐·盛唐·中唐·晚唐的四期，他所区分的内容大概如下：

- 初唐：唐初(618) — 睿宗先天元年(712)
- 盛唐：玄宗开元元年(713) — 代宗水泰元年(765)
- 中唐：代宗大历元年(766) — 敬宗宝历2年(826)
- 晚唐：文宗太和元年(827) — 唐亡昭宣帝天宝4年(907)

这四个时期的诗风又各有不同，举出各时期诗风的特色则如下：

- 初唐诗风：継承了六朝诗风。
- 盛唐诗风：夏古为古诗风。
- 中唐诗风：継承了盛唐诗风，追随了古诗风，但不是泼刺的，而是悲哀的和沉郁的诗。
- 晚唐诗风：返回到六朝诗风。

到三国时代和统一新罗时代的中期，流传下来的作品极少，很难说明其诗风，但可以肯定，在五言定形诗成立之前是継承了诗经诗文学的精神。五言诗的成立初期里应该追随过汉·魏时代的古风，但到了三国时代的末期就已经开始受到了六朝诗风的影响。

前面所举的目的乙支文德的诗，只是把自己的意向传给故将为目的而写成的，没有留心于诗句的修饰，因此丝毫也看不出雕琢诗语的痕迹。但是在真德王的〈太平领〉里却用了难读的句子和对偶，又可以看出重视诗语的韵律的用意。

由此可以认为，我国的诗文学从七世纪开始逐渐演变成了六朝诗风。像盛·中唐时期中国的诗风夏古为古风那样，在统一新罗的中期里有没有出现过古风，是无法知道的，但今体诗文学成立之后完全追随了晚唐诗风。当时的代表诗人崔致远为首的许多诗人的诗为如此，因此可以推想出上面所述的情况。

即朝鲜时代的成现的著作《慵斋丛话》里这样指出：

> “我国文章，始发挥於崔致远，虽能诗句，意不精，虽工四六，而语不整。”

又有高丽的李奎报评崔致远，说道：

“其诗不甚高，岂入中国，在於晚唐故欤”《白云小说》

就如他所说，崔致远工于四六文，重视诗句的雕琢，当时其他诗人的情况也如此。

第三章　高丽时代的汉文学

第一节　时代概观

高丽王朝从太祖王建建国(918)以来，到恭让王4年(1392)亡国为止，经历了34代，统治了475年。按照社会的发展，可以把高丽时代分为以下四个阶段。

- 太祖～10代靖宗(918～1046)：打好国基，确立国权。
- 11代文宗～16代?宗((1047～1122)：和平年代，国力昌盛。
- 17代仁宗～24代元宗(1123～1274)：权臣和武臣跋扈而起，因政治波动和内乱重叠，国政更加混乱，社会开始动摇，王权衰弱，国运衰微。
- 25代忠烈王～恭让王(1275～1392)：国力衰落，加上新兴国家元的入侵，使政治上·军事上都受到了威胁，国家威信一落千丈，国家丧失了自主权。

高丽时代，建国初，表面上是以儒学治国，在文化方面也起了很大的作用，但其实佛教支配着国民社会思想。但是忠烈王时(1275～1308)，通过白颐正，传入了中国的程朱学(性理学)，程朱学的流行使儒学开始兴起，到了终末期，儒·佛之间的矛盾以非常尖锐了。

关于文学总体来看开国初継承了新罗末的文风，取晚唐诗风的今体诗文学得到了发展，四六文比较流行，而另一方面，以《文选》为教本的古体诗文学的势利一点也没有变。但是，到了4代光宗9年(958)，采用了中国唐制的科举法，这个制度施行之后，文人及士林或者学徒们几乎都只尊重今体诗，削弱了文选的影响力。并且，因过度的尊崇汉文学，新罗时代形成的吏读文学也灭亡了。

高丽时代，纯碎的民族文学虽然灭亡了，但是汉文学却走进了黄金时代。前时代的汉文学几乎只有诗文学，但是高丽时代的文学分野很广，开始有了赋文学、成立了评论文学、出现了可称为小说文学的滥觞假传体文学作品、还出现了随笔作品。但是在诸文学中诗文仍是主流。

如上所述，建国初的诗取了晚唐诗风，这个诗风维持了很长一段时间。但是，后来宋诗文学风的传入影响了诗界，晚唐诗风被驱逐，宋诗文学风得势，到了终末期，诗界被宋诗文学风所风靡，诗人们尤其视东坡苏轼为钦羡对象。

接下来要叙述一下高丽文人对文学的观念及高丽时代汉文学的思想背景是什么。

中国刘邦建立汉朝之后，只尊崇儒家，治国上的所有制度都是根据儒家的主张而定的，儒家的势利急速变高。因此，儒家想让所有的事情都从自己的主义出发。所以，文学开始受到儒家的拘束。汉朝的儒家解释中国文学渊源的“诗”是来代辩儒家的道理的，是儒家的经典，并加了“经”字称它为《诗经》。文学以传播儒道为使命，随着儒家的宗旨，作为教化的道具而被利用，不能自立，其存在只是一个道德的枝叶。因此，文学失去了自主性。这一点我国也一样，即随着儒家势利的强大，文学受到了其势利压迫，这一点与中国一样，有的时候受到的抑制比中国还大。三国时代及同一新罗时代，儒家·佛教·道家三者并进，新罗时代，因佛教势力比儒家旺盛，所以儒家对文学的影响没有那么明显，但是到了高丽时代，科举里面加进明经科，充实学校教育，主要致力于儒学的传播和奖励，因此儒家的势利越来越增大，从表面上占居了思想界的主流位置。于是，儒家开始拘束文学，渐渐地表面化。崔滋写的《补闲集》序文中提到的"文者，蹈道之门"也表明了这一部分。还有，崔瀹(崔滋的曾祖父)给睿宗的上书说道：

"昔，唐文宗欲置诗学士，宰相奏曰，诗人多轻簿，味於识理，若承显顾问，恐挠圣聪。文宗乃止。君王当好经术，日与儒雅讨经史，谘诹政理化民成俗之无暇，安有事童子之雕虫，数与轻荡词臣吟风啸月，以丧天衷之淳正耶。"(《补闲集》上卷)

可以看出儒家从正面上排斥了文学。但是，在高丽时代起初儒家没有掌握文学，到了后代儒家才强力的压制着文学。

那么，高丽文人对文学的观念是什么样的呢？大诗人林椿在给他亲友赵亦乐的文章说道：

"自古困场者，汨没者多矣。"

又说道:

"时所谓场屋之文……，类俳优之说。"

指出世界上很多用功读书的人只是为了科举考试，批判了科举的弊端。诗人李允甫说道:

"洗尽场屋习气，然後文章可教也。今之後辈……例不事读书。务速进取，

……幸得第，犹未能勉益学业。”(《补闲集》中卷)

成宗担心文士们参加科举并得以及第，走进官阶之后，不专研文学，就下达命令让官员们义务性的写文章，从这一史实详考，可得知高丽时代的人士做文学的第一个目的就是参加科举走上官路。但是整个高丽时代做文学的人中，并不是只有为个人的荣华富贵、功利之心的。虽说有很多人有功利之心，这是事实，但是另一方面还有纯文学的潮流，那是一种真正热爱文学的人们的审美观念。

他们拒绝文学是道德宣扬的道具、否定文学是立身出世的利用物，主张文学与人生一样是独立的、是一种解剖人生和社会，究明真实与美好的学问，文学体现着作者最原始的精神，真正的文人之间坚持着这种审美观念。崔瀹用前面举例说到的那种话向睿宗上书，主张君王远离作诗之人，抑制诗文的喜好，亲近专研正确学问的人，致力于经书和史书。因此，善于作诗的微臣听到这件事之后，趁此机会进言：

“所言儒雅别是何人。瀹短於风月，不乐唱和。故有此言。”《(补闲集》卷上)

这是一种对那些否定文学独立性的儒学者的正面反击。还有李仁老在他的《破闲集》卷下中说道：

“天下之事，不以贵贱贫富为之高下者，惟文章耳。盖文章之作，如日月之丽天也，云烟聚散於大虚也。有目者无不得睹，不可以掩蔽……文章自有一定之价，富不为之灭。”

说明文学里面没有贫富贵贱之区别，谁都可以享有，它高贵的价值连

富贵都难以担当。又说道:

“盖文章得於天性。”

指出文学只是人间本然的精神产物，不是因某个教理、某个主义产生的，也不是一个某个外界势力所能扭曲的，并主张文学的本然性和独自性。另外，还有对林椿·李允甫等诗人痛驳世人为了科举及第、追求功利而去做文学，这些都说明了高丽时代的文人固守着对文学的审美观念。

接下来说明一下高丽时代文学的思想背景。

高丽时代思想世界虽说是由儒家思想所支配，但是这只不过是表面现象。高丽时代的儒家们的儒学大体上较肤浅，只限于理解经书的意义、期待精通史书，再此基础上只有作诗能力，不免显得有点粗糙。所以，即使熟成的儒学家出来努力鼓吹儒教思想，也没有办法拔掉新罗时代风靡整个社会的佛教势力。而且，即使是学儒教的人士，也有不少人与佛教有关，所以导致思想上的矛盾。这种思想界的状况直接反映到了文学上。所以，高丽的汉文学以儒·佛两大思想为背景产生的。

《补闲集》卷上有如下记载:

“太祖当干戈草创之际，留意阴阳浮屠，参谋崔凝谏云，传曰，当乱修文，以得人心。王者虽当军旅之时，必修文德，未闻依浮屠阴阳，以得天下者。太祖曰，斯言朕岂不知之。然我国山水灵奇，介在荒僻，土性好佛神。欲资福利。方今，兵革未息，安危未决，旦夕恓惶，不知所措，唯思佛神阴助，山水灵应，傥有效於姑息耳。岂以此为理国得民之大经也。”

高丽从草创期开始从表面上崇尚儒道，而内在依靠佛·神道，这种思想上的两面性一直持续着，到末期的李齐贤的时期也没有变化。即益齐李齐贤的《栎翁稗说》前集中说道：

"德陵尝问於臣齐贤曰……，我国古称文物侔於中华，今其学者皆从释子，以习章句。是宜雕虫篆刻之徒寔繁，而经明行修之士绝少也。此其故何耶。臣对曰，昔，我太祖，经论草昧日不暇给，而首兴学校，作成人材。……光庙之後，益修文教，内崇国学，外列乡校里庠党序，弦歌相闻，师儒弟子涵养陶薰，……所谓文物侔於中华，盖非过论也。不幸，毅王季年，武人变起，所忽薰莸同臭，玉石俱焚，其脱身虎口者，遁逃穷山，脱冠带，而蒙伽梨，以终馀年. ……其後，国家稍复用文之理，士子虽有愿学之志，顾无所从而学焉，未免裹足远寻蒙伽梨而遁穷山者以讲习之。……故臣谓，学者从释子习章句，其源盖始于此。"

根据这段话，我们可以知道当时士大夫中有很多人是跟佛界的有识之人学的学问，而且当时的文学与佛教思想结下深厚的姻缘。还有，高丽睿宗时代出现了无导智国师戒膺·大鉴国师坦然·龟山昙禅等为首的很多诗僧，可想而知文学受到了佛教思想的影响。
《东人诗话》卷上说道：

"古人诗多用佛家语，以骋奇气。"

在高丽有许多诗人的作品能证明这一点。并且在排佛兴儒运动时期，站在儒家的领袖位置的牧隐李穑的诗文中也有一些关于佛家的话，所以可以看出高丽时代的士大夫们虽然以儒学为根本，但是也有着佛教思想。

第二节　诗文学

1. 诗文学的兴盛及其原因

如上所述，高丽时代有诗·赋·评论·假传体文学·随笔等多种文学。其中诗文学最盛行。高丽时代诗文学能够盛行，主要是因为中国式科举的实施·历代君王的奖励·学校教育的振作等。

过去的君王专制政治世代中, 所有的文化主要是上流阶层所享有的, 他们为自己的生活和处事的方便而利用文化。我们的汉文学从始出以来, 到朝鲜时代末为止, 都是在上流阶层的人士之间产生的, 做汉文学的人视文学为消遣的玩物，荣华富贵的本金。文学被个人出世所用是从三国时期开始的，再进一步明确的话就是从高丽时代施行唐制的科举法之后开始的。即第4代光宗9年(958), 容纳了中国后周(五代时的国朝名，951～959)的跟着册封归化的双冀的献策，实施了唐朝的科举制度, 设立了 "进士科"·"明经科"·"医卜科", 其中最有名, 并且出世最快的是进士科。进士科也叫 "制述科", 考诗·赋·颂·策等纯文学的科目来取士。新科举法只要及第就能走上官吏之路，所以想要荣华富贵的士人及士人的子弟们，为准备科举考试而专心学习，大部分人以进士科及第为目的去努力。所以诗文学自然开始盛行。

在君王的统治下，文化跟着执政者对文化的态度时而兴盛、时而衰落。对此没有办法一一举例说明。中国秦国始皇帝为了反对和刁难知识人，焚书坑儒、践踏天下之文化的举动也好，朝鲜时代燕山君用暴恶的手段对待国文字也好，这些是我们的文字因受到执政者的加害而衰弱的最好例子。还有，中国的刘邦建立汉朝之后，因为抑制其它学派, 尊奉儒家, 使春秋战国时期并进的百家学术沉滞, 只有儒学才急速的发展；另外汉朝和唐朝许多皇帝喜欢文学，所以当世的文学得以盛行，这些都是因执政者的庇护文化得以昂扬的好例子。我国历史中这样的例子也很多，特别是高丽时代的许多君王因为喜欢诗文学、鼓励诗文学，对诗文学的隆盛起了很大作用。《东人诗话》卷下中说道:

> "光宗始设科，用词赋，睿宗喜文雅，日会文士唱和，继而仁明亦尚儒雅，忠烈与词臣唱酬，有龙楼集。由是，俗尚词赋，务为抽对。"

这句话说明科举考试中设立诗·赋，有助于诗文学的旺盛，而且睿宗·仁宗·明宗·忠烈王登喜欢诗，造成了推进诗文学的世俗风。

没有办法把高丽时代的历代君王喜欢诗文学的纪录一一举出，从《高丽史》中找出几个的话如下。

- 文宗21年9月乙酉条：幸松岳亭，置酒，命词臣赋咏。
- 肃宗8年9月乙未条：召内侍及侍从文臣於重光殿，命题诗，赐酒。
- 毅宗24年5月辛亥条：朔宴文臣于和平斋，唱和，至夜，命内侍黄文庄执笔，以书群臣称赞圣德，谓之太平好文之主。

这些记录告诉我们历代皇帝喜欢诗文学，并且鼓励诗文学。另外，同史成宗14年春2月己卯条中有如下记载:

> "予恐业文之士，才得科名，各牵公务，以废素业。其年五十以下，未经知制诰者，翰林院出题，令每月进诗三篇赋一篇，在外文官，自为诗三十篇赋一篇，岁抄，附计吏以进，翰林院品题，以闻。"

从文中我们可以看出成宗强制要求文臣们义务性的做诗赋。

民族文化的昂扬毫无疑问是依靠教育的兴盛。我国学校教育的渊源可以追溯到三国时代。当时三国都设立了学校，培养人才，结业的人士会专门负责民族文化的创造，到了高丽时代之后学校教育变的充实了。

高丽太祖建国之后，就在西京创设大学，注重培养人才，并且成宗也以都城为首，在各地扩充了教育机关，这使得学校教育在大众社会上普及。而且，以后世被人称为"海东孔子"的穆宗时期的崔冲为首，重视教育的人士们开始设立私塾，学校教育变得更加充实。崔冲的文宪公徒·郑倍杰的弘文公徒·卢旦的匡宪公徒·金尚宾的南山徒·金无滞的西园徒·殷鼎的文忠公徒·金义珍的良慎公徒·黄莹的贞敬公徒·柳监的忠平公徒·文正的贞献公徒·徐硕的徐侍郎徒·开设者未详的龟山徒等"十二公徒"，这12私塾为社会做出了很大贡献。另外，睿宗4年(1099)在都城设置了丽泽斋(《易经》专攻)·待聘斋(《书经》专攻)·经德斋(《诗经》专攻)·求仁斋(《周礼》专攻)·服膺斋(《戴礼》专攻)·养正斋(《春秋》专攻)·讲艺斋(讲武专门)等"七斋"专门学堂。

高丽时期，对教育的扩充，直接·间接的成为了学术和汉文学，特别是诗文学隆盛的力量。

2. 诗风的变迁

(1) 今体诗文学的发展和晚唐诗风的继承

高丽时代的诗文学的风潮大致分两种，一种是晚唐诗风，另一种是宋诗文学风。

高丽建国之后，崔彦撝(初名慎之，庆州人，新罗景文王8年〈868〉生，入唐登第，历任新罗的执事省侍郎瑞书院学士·高丽的翰林院令等，高丽惠宗元年〈944〉卒)·崔知梦(初名聪进, 南海灵岩人, 新罗孝恭王11年〈907〉生, 高丽的左执政, 高丽成宗6年〈987〉卒)等新罗时代的文人进入高丽王朝当官, 并做一些文学活动。所以诗风保持者新罗时代的诗风, 在诗界中新体诗即今体诗文学得到发展。《文选》 里记载的古诗的影响没有完全消失。但是后来到了光宗时期, 开始实施唐制的科举之后, 今体诗文学的势力勃然兴起, 以过去文选为榜样的诗风也消失了。新罗末期文人们跟随的晚唐诗风也掩蔽于诗界。崔滋的《补闲集序》中说道光宗以后文运开始兴盛, 到了文宗时期文物灿烂辉煌, 并举出高丽初到高宗初的文人们的名字, 说他们的文风是 "汉文唐诗於斯为盛"。这一句话概括了高丽初到高宗初为止的文学状况。他没有具体指出诗文学是跟随唐哪个时期的诗风, 但在《东人诗话》卷下中提到:

> "高丽光显以後, 文士辈出, 词赋四六穠纤富丽, 非後人所及。"

也就是说光宗·显宗(第8代, 1010～1031)以后的文人们的诗或赋都要做到很美。即说明他们的诗取的诗晚唐诗风。另外,《补闲集》的序中说道：

> "今之後进, 尚声律章句, 琢字必欲新。故其语生, 炼对必以类. 故其意拙, 雄杰老成之风, 由是丧矣。"

由此可见, 我们到崔滋(明宗18年〈1188〉～元宗元年〈1260〉)时期诗文学主要也是跟随晚唐诗风, 只专注外在, 忽略诗意的诗风还没有消失。崔滋评仁宗时期到毅宗时期代表诗文坛的郑知常的诗为 "语韵清华, 句格豪逸。" (《补闲集》 卷上) 徐居正评郑知常的诗为 "郑诗语韵清华, 句格豪逸, 深得晚唐法。" (《东人诗话》)

在那个时期, 文人们的诗都很华丽, 从这一点可以看出, 高丽初期到高宗(1214～1259)初晚唐诗风支配着文坛。

(2) 宋诗风的东渐和同和

高丽和宋朝开始交流之后, 宋文化渐渐地进入我国, 我国的文化的性质和形态发生了很多变化。其中, 宋朝文学对我国汉文学的影响最大。最先受到其影响的是诗文学。即宋诗学的传入, 使我们的汉诗文学风发生一大变革, 开始排挤一直以来尊重的唐诗文学诗风, 而去遵从宋诗风了。宋诗学的特点有:

① 尊重古风的诗精神。
② 反对唐代的过于拘泥于诗的格式的做法, 容许融通。
③ 诗的内容是理智的。
④ 为了让大众所理解, 诗语平易。
⑤ 素材广泛。

以表现完整的诗想和平易的话来作诗为特色的宋诗文学进入我国之后, 就成为了我国汉诗文学风化, 尤其是东坡苏轼的诗文学深得高丽文人的爱戴, 以此为模范。所以李奎报的〈答全履之论文书〉中说道 :

> "方今为诗者, 尤嗜读东坡之文。故每岁榜出之後, 人人以为今年又出三十东坡出矣。"

这句话说明当时作诗的人都尊重苏轼的诗, 因此每次发表进士科及第者30名(大概取33人)时，世人就会认为今年我国又出来了30名苏东坡。像这样尊重苏东坡的诗的风气没有止于李奎报的时代，持续到高丽王朝灭亡，高丽末的大诗人牧隐李穑也跟随东坡的诗文学。在《东人诗话》卷上说道：

> "東坡平生功名出处，自比白香山，牧隐亦尝以东坡自比。"

这句话表示苏东坡自己与白居易相比，而牧隐自己与东坡相比。那么，宋诗学是从什么时候开始影响我国汉诗文学的呢？李仁老在他的著作《破闲集》卷下中说道：

> "李商隐用事险僻，号西昆体，此皆文章一病。近者，苏黄崛起，虽追其法，而造语益工，了无斧凿之痕，可谓青於蓝矣……。吾友耆之亦得其妙。"

根据这段话可以知道林椿(字耆之，西河人)·李仁老(初名得玉，字眉叟，号双明斋，毅宗6年〈1152〉～高宗7年〈1220〉)等在明宗(1171～1157)·神宗(1198～1204)·熙宗(1205～1211)·康宗(1212～1213)时的文学活动徐徐地受到了宋诗文学的影响，高宗时期(1214～1259)晚唐诗风和宋诗风有了矛盾，但是晚唐诗风失势，宋诗风占上风，诗风开始追随宋诗风了。

3. 诗家

本人根据高丽时代的汉诗文学诗风的不同分前·后两期。前期是从国初(918)到高宗末(1259)；后期是从元宗初年(1260)到国亡(1392)为止。前期主要跟随晚唐诗风，后来开始接纳宋诗风，然后渐渐地跟随宋诗风转换诗风，到了后期就跟随了宋诗风。

崔滋的《补闲集》序中说道：

> "我本朝以人文化成，贤隽间出，赞扬风化。光宗显德五年，始辟春(门+幸)，举贤良文学之士，玄鹤来仪。时则王融赵翼徐熙金策才之雄也。越景显数代间，李梦游柳邦宪以文显，郑倍杰高凝以词赋进。"

即光宗9年(958，中国五代後周世宗显德5年)，开始实施科举制度，选出了很多善良、又善于做文学的人才，出现了很多俊秀逸才，当时有王融·赵翼·徐熙·金策等才艺出众的人，景宗(976～981)·成宗(982～997)·穆宗(998～1009)·显宗(1010～1031)数十年间，李梦游·柳邦宪善于做散文，郑倍杰·高凝善于作诗和赋。

另外，他还举出之后的到高宗时期为止的名望高的文人。(□□人的□□是本贯)

- 崔惟善：崔冲的儿子。海州人，显宗时登科，官门下侍中，文宗29年(1075) 卒，谥号文和。
- 李靖恭：树州(富平)人，官门下侍中，肃宗4年(1099) 卒，谥号文忠。
- 崔奭：初名锡，昌原人，官宣宗3年(1086)门下侍郎平章事，谥号誉肃。
- 文正：南平人，文宗初期登科，官门下侍中，宣宗10年(1093) 卒，谥号贞献。
- 李灵干：潭阳人，文宗时人，官参知政事。
- 郑惟产：官门下侍郎平章事，宣宗8年(1091) 卒，谥号贞顺。
- 金行琼：文宗时登科，官宣宗时中书平章事。
- 卢旦：文宗时登科，官参知政事，宣宗8年(1091) 卒。

- 朴寅亮：竹山或平山人，字代天，号小华，文宗时登科，官参知政事，肃宗元年(1096) 卒，谥号文烈。
- 崔思齐：崔惟善的儿子。文宗8年(1054)登科，官门下侍郎·中书门下平章事。宣宗8年(1091) 卒，谥号良平。
- 崔思谅：海州人，字益甫，官参知政事，宣宗9年(1092) 卒，谥号康敬。
- 李城：文宗4年(1050)生，仁州人. 官中书门下平章事，睿宗5年(1110)卒，谥号文良，佛教笃信者。
- 金良鉴：光阳人，官宣宗4年(1087)尚书户部判事，后任命太尉之职。谥号文安。
- 魏继廷：文宗时登科，官门下侍中，睿宗2年(1107)卒，谥号忠烈。
- 林元通：肃宗2年(1097)登科。
- 黄莹：肃宗时人，官中书门下侍郎平章事，谥号贞敬。
- 郑文：字懿德，草溪人，郑倍杰的儿子。官礼部尚书，肃宗10年 (1105)卒。谥号贞简。
- 金缘：别名仁存，字处厚，官门下侍中，仁宗5年(1127)卒，谥号文成。
- 金商祐：睿宗时人，官尚书。
- 金富轼：庆州人，字立之，号雷川，官太子太师，文宗29年(1075)生，毅宗5年(1151)卒，谥号文烈。
- 权适：字得正，安东人，宣宗11年(1094)生，睿宗时去宋朝在太学学习，过去在宋朝及第，律宗12年(1117)回国，官检校太子太保，仁宗24年(1146)卒。
- 高唐愈：唐愈是初名，后来的名字是兆基，号鸡林，济州人，官中书侍郎平章事，毅宗11年(1157)卒。
- 金富佾：金富轼的兄长，字天与. 文宗25年(1071)生，官太尉。仁宗10年(1132)卒，谥号文简。
- 金富辙：别名富仪，金富轼的弟弟，字子由，文宗33年 (1079)生，仁宗14年(1136)卒，官枢密院知事，谥号文懿。

- 洪灌：字无党，南阳人，官尚书左仆射，仁宗4年(1126)卒，谥号忠平。
- 印份：未详，推测是睿宗时的人。
- 崔允仪：初名天祐，崔冲的五代孙，肃宗7年(1102)生，毅宗16年(1162)卒，官门下侍郎平章事，谥号英烈。
- 刘义：毅宗~明宗时人，明宗3年(1173)之乱中被杀，官翰林学士。
- 郑知常：西京人，初名之元，号南湖，睿宗9年(1114)登科，官起居郎，仁宗13年(1135)，因与妙清乱有关，被金富轼斩杀。
- 蔡宝文：未详，推测为睿宗~毅宗时的人。
- 朴浩：未详。
- 李桩龄：仁宗~毅宗时，官侍郎。
- 林宗庇：未详。
- 芮乐全：未详。
- 崔诚：未详。
- 金精：睿宗10年(1115) 登科，官秘书少监，后来当上更高的官。
- 吴世才：字德全，高敞人，明宗时登科。
- 吴世文：吴世才的兄长，官东阁侍学。
- 李仁老：初名得玉。字眉叟，号双明齐，毅宗6年(1152)生，高宗7年(1220)卒，官右谏议大夫。
- 俞升旦：初名元淳。仁同人，毅宗22年(1168)生，高宗19年(1232)卒，官参知政事，谥号文安。
- 金仁镜：初名良镜，庆州人，明宗时登科，官中书侍郎平章事，高宗22年(1235)卒，谥号贞肃。
- 李奎报：字春卿，初名仁氐，号白云居士，毅宗22年(1168)生，高宗28年(1241)卒，官太子太保，谥号文顺。
- 李公老：字去华。丹山人，明宗时登科，官大司成，高宗11年(1224)卒。
- 金克己：庆州人，号老峰，明宗时在翰林院做官。

- 金君绥：金富轼的孙子，号雪堂，明宗时以壮元登科，官右谏议大夫。
- 李允甫：与李仁老、李奎报是同一时代的人。
- 陈澕：与李奎报是同一时代人，号梅湖，骊阳人，神宗3年(1200)登科，官公州知事。
- 咸淳：恒阳人，与李仁老·吴世才等同一时代的人。
- 林椿：字耆之，西河人，与李仁老同一时代的人。
- 刘冲祺：一名冲基。明宗20他 (1190)登科，官大司成。
- 李百顺：官大司成，高宗24年(1237)卒。
- 孙得之：与李奎报同一时代的人。在翰林院做官。
- 安淳之：与李奎报同一时代的人。

除此之外，他还从《补闲集》的本文中举出有名的文人。

- 金觐：金富轼的父亲，官左谏议大夫。
- 文克谦：字德柄，南平人，睿宗17年(1122生)，明宗19年(1189)卒，官中书侍郎平章事，谥号忠肃。
- 赵通：字亦乐，玉果人，明宗时登科，官翰林学士。
- 皇甫抗：与李仁老同一时代的人。
- 琴仪：初名克仪，字节之，奉化人，毅宗7年(1153)生，官门下侍郎平章事，高宗17年(1230)卒，谥号英烈。
- 李湛之：与李仁老同一时代的人。
- 河千旦：利安人，高宗46年(1259)卒，佛教笃信者。
- 李需：字乐云，初明宗胄，官礼部侍郎，与李奎报同一时代的人。

除了他们以外这个时期有名的诗人有李咸(与李奎报同一时代的人)，任景肃(长兴人，与李奎报同一时代的人，官中书门下平章事)等，《补闲集》的著者崔滋也是前期的诗人。

从上文举出的前期诗人中，指出几个代表性的人物的话，有郑倍杰·朴寅亮·金绿·金富轼·郑知常·李仁老·林椿·吴世才·俞升旦·金仁镜·李奎报·金克己·陈澕等。下面对他们略述一下。

■ 郑倍杰：因弘文公徒的私学的创设者而有名，他在他所在的年代的文坛中，属于中心人物。但是他的诗·文没有传下来。没有办法查看他的文学真相。

■ 朴寅亮：因善于作诗和文，闻名于辽和宋。文宗29年(1075)，北方的辽国占领了鸭绿江以南的地区，设立了保州城，定了新的国境线，为此他写了一篇「勿收保州表」的陈情书，向辽朝的君王上书，辽国的君王被他所写的文章感动，撤回了侵略的行为。另外，文宗34年，作为礼部侍郎的他，同金觐一起跟着户部尚书柳洪作为宋朝的使节团的一员，每去一个地方都作出好诗文，让中国人士叹服。他的作品传至至今的作品比较少，但是宋人把他和金觐的诗文合在一起写出《小华集》这一本书刊行了。还有一本《古今彔》10卷，虽然没有传下来，但是是他的著作。他在中国各地游览时，作出诗中最有名的是在经过泗州的龟山寺时候作出的〈使末过泗州龟山寺〉。诗文如下：

峰岩怪石叠成山，上有莲坊水四环。
塔影倒江翻浪底，磬声摇月落云间。
门前客棹洪涛疾，竹下僧碁白日闲。
一奉皇华堪惜别，更留诗句约重攀。

这诗可以说是他的代表作。这首诗被广泛的口诵，在中国诗坛中受到绝赞。

■ 金绿：与辽国的使臣孟初一起雪中去郊外时，孟初听到马踩出的雪的声音，吟道：

> “马蹄踏雪乾雷动。”他听完之后，立即作出应句，吟道：“旗尾翻风烈火飞。”

这让孟大吃一惊。他在宣宗(1084～1094)·献宗(1095)·肃宗(1096～1105)年间做官，长时间抓着文柄，并写出了《论语新义》·《海东秘录》·《时政策要注》等著书和很多诗。但是都失传了，只有两首〈出镇龙湾次示门生〉·〈大同江〉七言律诗记载在《东文选》之中。能从他的诗〈大同江〉中推测他的诗文学风貌是清华的。

> 云卷长空水映天，大同楼上敞华筵。
> 清和日色筛帘幕，旖旎香烟泛管弦。
> 一带长江澄似镜，两行垂柳远如烟。
> 行看乙密台前景，自验十年表未然。

■ 金富轼：金觐的第三子。他在肃宗时登科，补任安西大都护府司录参军事之后，历任左司谏·中书舍人·礼部侍郎·户部尚书·翰林学士·平章事等。仁宗13年(1135)正月，叫妙清的僧人与赵匡·柳昷等团伙共谋，以西京为据点，预谋反乱，就成为讨贼元帅指挥三军平定叛乱。之后他拜访检校太保守太尉门下侍中尚书吏部判事监修国史上柱国太子太保，同16年成为了检校太师集贤殿大学士太子太师，并封为乐浪郡开国侯。编著《三国史记》就已经很有名了，再加上又编写了高丽《仁宗实录》，因此作为史家，地位相当之高，作为诗人领导着当时的诗坛。徐居正在《东人诗话》中评他的诗为“词意严正典实，直有德者之言也。”成俔在他的《慵斋丛话》中评为“金富轼能赡，而不华。”崔滋在他的《补闲集》卷中评为“文烈公寄意浮屠，言理最深。”他的诗没有把重点放在追求诗句外在的美丽，而是致力于内容的充实。

另外，他的弟弟金富辙的名字于宋朝文豪东坡苏轼的弟苏辙一样，他读完东坡家门的诗文之后被其感动，因钦慕之余而起的名字，而且不知是因为跟随东坡的诗文，他的诗的内容健实，诗语平易，《东文选》中有多首他的诗，其中“曙色明楼角，春风着柳梢。鸡人初报晓，已向寝门朝。”这首〈东宫春帖子〉五言绝句诗体现出了他的诗风。他虽有文集20卷，但是没有被传下来。

■ 郑知常：睿宗7年3月，在科举考试中，以首席登科，做官做到中书舍人，当时善于作诗，与金富轼争夺第一位。但是不幸的是，他被怀疑与妙清之乱有关联，被金富轼杀害。据说，金富轼嫉妒他的闻名，故意栽赃至他于死地。总之，他被杀了，他的文采没有发挥完。下面这首诗是让他闻名于世的〈送人〉。

> 雨歇长堤草色多，送君南浦动悲歌。
> 大同江水何时尽。别泪年年添绿波。

崔滋在《补闲集》中评他的诗为“以诗鸣於仁庙时。……语韵清华，句格豪逸，读之，使烦襟昏眠洒然醒悟。但雄深巨作乏耳。”徐居正在《东人诗话》中评为“郑诗语韵清华，句格豪逸，深得晚唐法。”他与金富轼不一样，是取晚唐诗风的诗人。

■ 李仁老：他自幼聪明，早失父母，无依无靠，被一个僧人统寥一抚养长大。毅宗24年(1170)9月，将军郑仲夫没有忍住，文臣虐待武臣、朝廷差别对待文武的激愤，动用武力引起军事政变，无区别的虐杀文官，李仁老为此失心，削发入山，避世隐居。之后，叛乱平定之后还俗，在明宗10年(1180)状元及第，走进官场，当上了右谏议大夫。

当时，世道比较乱，再加上施行了武断政治，官界的秩序不正。所以为了一身的安定，逃离世间的风气在士人之间横溢，或是隐居山林，或是进入佛门。他也是，虽然身在官界，但是意在安逸和风流之中，不汲汲于功名， 而是与以一世骚客的林椿为首的吴世才·赵通·皇甫抗·咸淳李湛之等人以诗酒结交相悦，并称他们的会为“竹林高会”，并因羡慕中国三国时代魏末齐帝的正始年间(240～248)及西晋武帝的泰始年间(265～274)初代表文学界的阮籍·山涛·向秀·刘伶·嵇康·王戎·阮咸等“竹林七贤”，自称为“海左七贤”。

“海左七贤”中与林椿一起同为中心人物的李仁老，在做文章的时候跟随唐朝的韩愈的古文，而作诗的时候跟随宋诗风，特别是崇尚东坡苏轼的诗文学。他在他的著作《破闲集》中提到学了韩退之(退之是韩愈的字)的文章，从这里可以看出他不喜欢当时横行于世的四六文，而是崇尚古文。另外，《补闲集》卷中说道：

> “李学士眉叟曰，杜门读黄苏两集然後，语遒然，韵锵然，得作诗三昧。”

说明他认真学习黄庭坚和苏轼两个人的文集之后，诗语变得铿锵有力，诗韵明显，能进入作诗的三昧境。根据这个纪录，可以知道他尊重宋诗学，崇尚苏东坡的诗文学，是使高丽诗文坛的诗风跟随宋诗风的先驱。另外，从林椿在〈送李眉叟序〉中说道的“眉里与善，而喜释氏。”，或他的生涯与佛教姻缘颇深来看，他是被佛教思想浸泡的人。

他的著作有《银台集》·《後集》·《双明斋集》·《破闲集》等；但是几乎都失传，只有破闲集被传下来，诗只有一部分纪录在东文选中。他的诗文学因清新的语词吟咏，得到后人的推赏，其中诗〈潇湘八景〉受到了绝赞。下面举出的是潇湘八景诗中的一首〈烟寺晚钟〉。

千回石径白云封，岩树苍苍晚色浓。
知有莲坊藏翠壁，好风吹落一声钟。

■ 林椿：他是一个非常不遇的诗人。才气卓越，善于诗文而名扬天下。他差点在郑仲夫之乱中丢了性命。好不容易保全住了生命，却在科举考试中三次落榜。他的才能终究没有得到承认，只好四处流浪，享年30。《补闲集》中记载着他给李仁老的书信，信上写道："仆与吾子虽未读东坡，往往句法已略相似矣。"
李仁老在《破闲集》中评他的诗时说道林春体会到了苏东坡的真要，他以苏东坡的诗文为模范。文集中记载着他的诗。

田家甚熟麦将稠，绿树时闻黄栗留。
似识洛阳花下客，殷勤百啭未能休。

这首〈暮春闻莺〉描写的是在田园里闲游，歌唱暮春的风景的，让人联想到他不得志，到处流浪的人生。他平生的诗文，在他死后，李仁老刊行于《西河先生集》六卷(二册)中传下来了。

■ 吴世才：他也和林椿不分上下，是一个不遇的人。年少时，因读完六经(诗经·书经·易经·礼记·乐经·春秋)而扬名。明宗时，虽然登科，但因天性不隽检，人们难以容纳他。所以没有被登用。因此，吴世功·吴世文俩兄弟虽然都出世了，但是自己却落伍了。有的时候，自荐要职，亲友李仁老也多次推荐，都是都没能走上官路。他放弃了官路，离开了都城，在庆州彷徨，最后因穷困客死他乡。

老与病相随，穷年一布衣。
玄花多掩映，紫石少光辉。
怯照灯前字，羞承雪後晖。
待看金榜罢，闲目坐忘机。

这首〈病目〉是他在老年时回顾自己一身不遇的生涯而慨叹的。崔滋在《补闲集》中评他的诗为"吴先生世才……，富赡浑厚。"

■ 俞升旦：他比诗更善于做散文。康总(1212～1213)为太子时，他选拔为太子的属僚，之后升任为侍学，高宗时历任了守宫署丞·礼部侍郎·右谏议大夫等，最后升到了参知政事。他主张古文和古风诗，说道：

"凡为国朝制作引用古事，於文则六经三史，诗则文选李杜韩柳，此外诸家文集，不宜据引为用。"(《补闲集》)

因此，崔滋在《补闲集》中评他的诗为"俞文安公升旦，语劲意淳，用事精简。"他的诗只有几首记入在《东文选》中。下面举出的诗是他在晚年作的〈宿保宁县〉：

昼发海丰郡, 侵宵到保宁。
竹鸣风警寝, 云泣雨留行。
暮霭头还重, 朝暾骨乍轻。
始知身老病, 唯解卜阴晴。

■ 金仁镜：高宗时期, 与赵冲一起讨伐契丹, 立了很多功。他的诗因清新受到世人的推仰。下面的这首〈书黼座後障上〉是对君王的侧近们的肆意妄为的非行而吟咏的:

园花红镜绣, 宫柳碧丝纶。
喉舌千般巧, 春莺却胜人。

崔滋在《补闲集》中评他的诗为“金贞肃公仁镜, 凡使字必欲清新。故每出一篇, 动警时俗。”他致力于诗句的雕琢, 可以说是取了晚唐诗风。

■ 李奎报：在九岁的时候就能写文章, 被称为奇童。明宗20年登科, 当时受到宰相赵永仁的厚爱。但是, 因为被嫉妒他才能的人所害, 没能立即走上官路, 神宗2年(1199)补任与全州司录。后来, 东京起兵叛乱, 作为兵马录事兼修制, 加入讨伐军从军。平定叛乱之后, 历任了司宰丞·右正言·知制诰·左谏议大夫·翰林学士等, 一时却又因某事被流配, 但没过多久就召唤回去当了秘书省判事。当时, 元朝侵犯我国国境, 他给元帝写了一封主张维持两国和平的陈情书, 元朝皇帝看到信之后深受感动, 立即撤兵了。之后, 深得君王的信任, 做了户部尚书·集贤殿太学士·政堂文学·参知政事等, 做到了守太保门下侍郎平章事这个位置。

在人才辈出、华丽的高宗时的文坛中, 他以文学的实力占据第一人的位置，和我国汉文学史上的崔致远·高丽的李齐贤·朝鲜时代的申纬等一样是最上级诗人，他的诗十分清新俊逸，当时的人们经常拿他与唐朝的李白相比。但是，他的诗风更接近宋诗风。他论诗说道：

> "予昔读梅圣俞诗，私心窃薄之，未识古人所以号诗翁者。及今阅之，外若荼弱，中含骨硬，真诗中之精隽也。知梅诗然後，可谓知诗者也。"

从这里可以看出他虽然刚开始不喜欢宋诗文学开拓者之一的梅尧臣(字圣俞，1002-1060)的诗，但是后来认为只有知道梅的诗的人才可称为真正懂诗的人，非常赞扬梅的诗文学。

在这里作为参考，说明一下在中国推到以期的诗风，成立宋诗风的经过。

唐朝灭亡之后(907)，进入了称为五代时代的後梁(907～922)·後唐(923～935)·後晋(936～947)·後汉(947～950)·後周((951～959)的暗黑时代。就算是有晚唐诗文学的余势力，但也没有可举的。但是，随着宋朝(960)的成立，诗文学的气运开始渐渐的打开。不过，当时的诗文坛以晚唐的李商隐为诗宗，喜欢对偶法，致力于美语丽句，被视典故为作诗之妙的杨亿·刘筠·钱惟演等为中心的"西昆派"所控制。收集了以杨亿为首的亲近的诗友们相互唱酬的诗250首，来编写的上·下两卷的诗集，名叫《西昆派唱集》，西昆派这个名字跟这个有关，即这本书中体现的诗的作家们或者他们这个亚流称作"西昆派"，取他们的诗风的人叫"西昆体诗"。

宋初西昆体诗成为了诗界的主流，但没有保全住其生命，立即出现了反对派，灭亡了。即西昆派得势之际，虽然跟随着晚唐诗风，但是有反对西昆体的诗人徐铉·王禹偁·冠准·魏野·潘阆·林逋·韩琦·范仲淹等人，他们提倡诗风的改革，其中王禹偁和林逋比较积极，特别是王禹偁学习了李白·杜甫的，追崇白居易的诗，作一些朴素安易的诗，成为了宋诗文学的先驱。以王·林两位诗人为中心，反对西昆体诗之后，又出现了梅尧臣·苏舜钦·欧阳修·邵雍.王安石·石延年等人，尊崇杜甫或韩愈的诗文学，致力于诗文学的改革，西昆体完全失势，造成了新的宋诗文学风。加上以苏轼为中心的文人们的登场，宋诗文学风大成。

崔滋在《补闲集》中评李奎报得诗为"观文顺公诗，……其豪迈之气，富赡之体，直与东坡吻合。"若接受崔滋的评论的话，可以知道李奎报取宋诗风尤其是苏东坡诗风，他的诗〈江上月夜望客舟〉："官人闲念笛横吹，蒲席凌风去似飞。天上月轮天下共，自疑私载一船归。"，让人联想到苏东坡在〈前赤壁赋〉里的一段："且夫天地之间，物各有主，苟非吾之所有，虽一毫而莫取，惟江上之清风与山间之明月，耳得之而为声，目遇之而成色。取之无禁，用之不竭。"以大叙事诗〈东明王篇〉为首的他的诗文，都收录在《东国李相国全集》(53卷14册)中。

■ 金克己：他只要张口就是文，很早就登科了，但是因不喜欢官场，所以与隐逸之士一起游览山林，深醉于风流之中。他的文名日益见高，明宗把他叫到翰林院，但是不久就去世了。他的诗文大多数都是清新且用了温厚的语辞，但是都失传了，传至至今的只有《东文选》里面的若干首诗:

> 搰搰田家苦，秋来得暂闲。
> 雁霜枫叶坞，蛩雨菊花湾。
> 牧笛穿烟去，樵歌带月还。
> 莫辞收拾早，梨栗满空山。

这是〈田家四时〉四首中得吟咏秋景的诗。

■ 陈澕：高宗时诗文坛中有很多人有名的诗人，但是能与领袖的李奎报并肩的诗陈澕。他在神宗时登科，历任翰林院的官·右司谏·知制诰等，在当公州知事时去世了。他的诗因清华而有名，崔滋在《补闲集》中评他的诗为"陈补阙澕，清雄华靡，变态百出。"

右补阙改名为右司谏，他历任右司谏，跟随晚唐诗风。从下面这首诗〈五夜〉去窥探一下他的诗风:

> 五夜不知风雨恶，醉和残梦度晨鸡。
> 家僮忽报南溪涨，半泛山花到石阶。

他的诗文大部分都遗失了，只有一部分记录在《梅湖遗稿》(一册)中传下来了。

从高宗末或元宗(1260～1274)时期到高丽末期为止，出现了很多诗人。但是与前期相比，比较逊色，到了高宗时期没能在出现华丽的文运。到了忠烈王(1275～1308)时期，随着宋朝的性理学的逐渐传入，抑制学者或者士人们的外道进出，不仅阻止了专研文学，因出现了安裕·白颐正一样的大儒，致力于儒学的振作，起了识者们忽视文学的风气，也许这是文学界衰退的原因。下面列举一下后期的诗人。

- 李藏用：字显甫，初名仁祺，仁州人，神宗4年(1201)生，高宗时登科，官门下侍中，元宗13年，(1272)卒，谥号文真。
- 金坵：字次山，初名百镒，富宁人，熙宗7年(1211)生，高宗时登科，官版图司判事, 忠烈王4年(1278)卒, 谥号文贞.

- 宋彦琦：镇川人, 高宗时登科, 官将作监判事。
- 金之岱：初名仲龙, 清道人, 明宗20年(1190)生, 高宗5年,登科, 官中书侍郎平章事, 元宗7年(1266)卒, 谥号英宪。
- 尹宣佐：字淳叟, 坡平人, 元宗6年(1265)生, 忠烈王141年壮元及第, 官艺文馆大提学, 忠惠王後4年(1343)卒。
- 李瑱：字温古, 初名方衍, 号东庵, 庆州人, 高宗31年(1244)生, 官检校巅议政丞, 忠肃王8年(1321)卒, 谥号文定。
- 韩宗愈：字师古, 号夏斋, 清州人, 忠烈王13年(1287)生, 同30年登科, 官左政丞, 恭愍王3年(1354)卒, 谥号文节。
- 闵渍：字龙涎, 号默轩, 元宗7年壮元及第, 官议政丞, 忠肃王13年(1326)卒, 谥号文
- 郑可臣：字献之, 初名兴, 罗州人, 高宗时登科, 官右仆射·监修国史, 忠烈王24年(1298)卒, 谥号文靖。
- 李混：字去华, 号蒙庵, 高宗39年(1252)生, 元宗9年登科, 官佥议政丞, 忠宣王4年(1312)卒, 谥号文庄.
- 金台铉：字不器, 光山人, 元宗2年(1261)生, 忠烈王2年登科, 官中赞, 忠肃王17年(1330)卒, 谥号文正。
- 李齐贤：字仲思, 号益斋·实斋·栎翁, 庆州人, 李瑱的儿子, 忠烈王13年(1287)生, 忠烈王时登科, 官门下侍中, 恭愍王16年(1367)卒, 谥号文忠。
- 崔瀣：字彦明父, 号猊山·拙翁, 庆州人, 忠烈王13年(1287)生, 崔致远的後孙, 官大司成, 忠惠王後元年(1340)卒。
- 郑誧：字中孚, 号雪谷, 官忠惠王时左司议大夫。
- 安轴：字当之, 号谨斋, 与宁·顺兴人, 忠烈王13年(1287)生, 官春秋馆监事, 忠穆王4年(1348)卒, 谥号文贞。
- 李谷：字仲父, 号稼亭, 韩山人, 忠肃王7年(1320)登科, 官都佥议赞成

事，忠定王3年(1351)卒，谥号文孝。

- 李达衷：字止中，号秋亭，庆州人，忠肃王时登科，官鸡林府尹，禑王11年(1385)卒，谥号文靖。
- 柳巷集：未详。推测与李达衷是同一时代的诗人。
- 白文宝：字和夫，号澹庵，稷山人，忠肃王时登科，官政堂文学，恭愍王23年(1374)卒，谥号忠简。
- 尹潭：字仲德，号栗亭，锦州·茂松人，忠烈王15年(1289)生，忠肃王4年(1317)登科，官佥议赞成事，恭愍王19年(1370)卒，谥号文贞。
- 朴尚衷：字诚夫，潘南人，忠肃王後元年(1332)生，恭愍王时登科，官典校寺判事，禑王元年(1375)卒，谥号文正。
- 李穑：字颖叔，号牧隐，李毅的儿子，忠肃王15年(1328)生，在元朝参加科举及第，官门下侍中，朝鲜太祖5年(1396)卒，谥号文靖。
- 郑梦周：字达可，号圃隐，延日人，忠肃王後6年(1337)生，恭愍王9年登科，官门下侍中，恭让王4年(1392)卒，谥号文忠。
- 文益渐：初名益瞻，字日新，号三忧堂，南平人，恭愍王9年登科，官左司议大夫，谥号忠宣。
- 李崇仁：字·子安，号陶隐，星州人，忠定王元年(1349)生，恭愍王时登科，官春秋馆同知事，朝鲜太砠元年(1392)卒。
- 李存吾：字顺卿，号石滩，忠惠王後2年(1341)生，恭愍王20年(1371)卒，官正言。
- 卓光茂：字谦夫，号景濂享。光州人，忠惠王元年登科，官礼仪判书，谥号文正。
- 郑公权：初名枢，号圆斋。清州人，郑誧的儿子，恭愍王时登科，官政堂文学，禑王8年(1382)卒，谥号文简。
- 李集：初名元龄，字浩然，号遁村，广州人，忠肃王元年(1314)生，忠穆王时登科，官典校寺判事，禑王13年(1387)卒。
- 田禄生：字孟耕，号壄隐，潭阳人，忠肃王5年(1318)生，官门下评理。

○ 吉再：字再父，号冶隐，海平人，恭愍王2年(1353)生，禑王12年(1386)登科，官门下注书，朝鲜世宗元年(1419)卒，谥号忠节。

在这些人里面李藏用·金之岱·李齐贤·崔瀣·李穑·郑梦周·李崇仁等人的诗名较高，其中李齐贤是代表高丽一代的大诗人。下面对这些人略述一下。

■ 李藏用：他从年少时就善于作诗。元宗5年(1264)，元朝邀请高丽王时，随着王入元，和中国人用诗文交流，受到了尊重，被称为"海东贤人"。他不仅擅长作诗，也精通于儒家的经书和史书·佛家书，而且对阴阳学及医药学造诣颇深。徐居正在《东人诗话》中评他的诗为"用事精切，……气象广豁。"
他的作品几乎都丧失了，只有若干个记载在《东文选》中，下面举的〈慈悲岭〉就是其中一个：

慈悲岭路十八折，一剑横当万戈绝。
如今四海自升平，空有杜鹃啼落月。

■ 金之岱：高宗4年(1217)，契丹侵略高丽时，动员了国内的很多壮丁。当时他带提父亲从军了。当时的军卒都在盾牌上画了奇兽的画，只有他写了一首诗：

国患臣之患，亲忧子所忧。
代亲如报国，忠孝可双修。

元帅赵冲点军时发现了他，觉得很奇特，对他很是欣赏。在第二年他在赵冲主管得科试中以第一的成绩及第，在全州司录补任。后来他历任宝文阁交勘·全罗道按察使·政堂文学·史部尚书等职位，做到了中书侍郎平章事的位置。他的作品被传下来的很少。他的诗记录在《东文选》和《东人诗话》中,《东文选》中有七言绝句诗二首·七言律诗3首,《东人诗话》中有〈义城馆楼诗〉，共6首。下面举的〈歇院涂中〉是其中的一个。

花落鸟啼春睡重，烟深野阔马行迟。
碧山万里旧游远，长笛一声何处吹。

■ 李齐贤：忠烈王27年(1301)，只有15岁的他在进士科中及第壮元。17岁时，以延宁宫录事走上了官路，71岁时以门下侍中退官，侍奉了忠烈·忠宣·忠肃·忠惠·忠穆·忠定·恭愍七君王，对他们忠心耿耿。他一门心思为国，坐到了最高位置，但是丝毫没有过上安逸的生活。他为了元朝监视下的高丽的安定，为了与元朝的国交调节，经常去中国，用尽了自己的智慧，不幸的是受到了元朝的横暴，忠宣王被安置在吐蕃时，踏上了数万里异国之路，不顾千辛万苦跟着去了。又在恭愍王11年，红巾贼侵犯松京，王南奔时，不顾76岁的老躯，无所畏惧，为除去辛吨的凶恶用尽了全力。

中国清代的文人谭莹在清文宗咸丰3年(1853，朝鲜哲宗4年)，伍崇曜编写的《粤雅堂丛集·益斋集》跋文里说道：

"其用韵不尽守唐宋人，部分亦与阴时夫周德清之书不符。岂是时吴棫郑庠之说，已流布外国。抑其国别著有韵书，积习难返耶。未可知也。"

即他在作诗上的措字或押韵上不受中国作诗法的拘束，有一套自家的格式。而且，他不追随先世大家风范的做法，没有雕琢自己的意境，直接表现出来，树立了老健的自家风格。朝鲜末期的文人沧江金泽荣在紫霞申纬的诗集序文中说道“我东之诗以益斋为宗。”，正确的描述了他的诗文学。他的著作《益斋集》10卷被传下来了。里面有约270首诗，其中40余首是古体诗，其他的都是今体诗。比起律诗，他更擅长作绝句诗，比起五言诗，更擅长七言诗。下面所举的〈山中雪夜〉，是他在山中的寺刹度过寒冷的夜晚之后，吟咏早上雪景的诗，是他的佳作之一。

> 纸被生寒佛灯暗，沙弥一夜不鸣钟。
> 应嗔宿客开门早，要看庵前雪压松。

益斋李齐贤不仅以诗有名，也是一个散文高手，并且是我国汉文学思想唯一的“词”文学作家。概论篇中也说道我国汉文学中没有词文学。词是以中国乐曲为基础而作的，外国人没有办法作词，做出来的词要歌唱，我国与中国的音乐没什么姻缘，故此也不需要。

词又称它为“填词”或“词馀”。是唐朝中唐时期以后开始形成的新“乐府”文学。“乐府”指的是音乐歌词文学，从前汉初期才开始有的。《汉书》卷22〈礼乐志〉中说道：

> “(武帝)乃立乐府，采诗夜诵，有赵代秦越之讴。以李延年为协律都尉。多举司马相如等数十人，造为诗赋，略论律吕，以今八音之调，作十九章歌。”

根据这段话，可以知道为了音乐的兴盛，汉武帝新设乐府这个官署，登用乐人和文人，去募集各地的歌谣，又做出与符合当时歌曲的歌词。不过，乐府官署作诗歌的风气在一般社会上也开始流行，变成了诗歌文学的形态名。

乐府文学始于汉代，进入两汉时代及魏代时开始旺盛，但是到了六朝时，渐渐的衰弱，到了唐代就几乎都灭亡了。所以，乐人还有文人们为再建乐府文学而努力，把绝句诗按照乐曲去歌唱。但是千篇一律，没有意思。然后就取民间乐曲，按照乐曲作歌词，这就是新乐府"词"。

词分"单调"·"双调"，还会根据一篇的字数分"小令"·"中调"·"慢调"(又称"大调"。"单调"指的是按照某一曲调做的，"双调"指的是单调重叠的格式。"小令"指的是16字以上58字以内的；"中调"指的是59字以上89字以内的;"慢调"指的是90字以上的。词是根据乐曲，区分平仄措词而成的，所以作者不能任意去做，一个词式根据乐曲而规定的。作为参考下面列举一下〈渔歌子〉的词式和〈忆王孙〉的词式（○：平声字的位置。×：仄声字的位置。△：平·仄声哪个都可以。◎：押韵的位置。）

〈渔歌子〉的词式(平声字押韵)

○×○○××◎。△○○××○◎。○××，×○◎。○○△××○◎。

〈忆王孙〉的词式(平声字押韵)

△○××○◎。△×○○△×◎。△×○○△×◎。×○◎。△×○○△×◎。

"词"是按照一定的格式作成的，题名也不是作者随意添加的，而是用原来的乐曲名。即甲取〈忆王孙〉的词式作的话，其词题还是〈忆王孙〉；乙取〈忆王孙〉的词式作的话，它的题名还是〈忆王孙〉，只是分谁作的。

我们国家没有词作家，只不过益斋李齐贤善于作词。他善于作词是因为他经常去中国，在那里和有名的学者和文人交流，体会词文学的真髓了。词原来是音乐歌词文学，和诗不一样，艳丽含情是它的主流。但是，宋代的苏轼及跟随他的词人们，打破了以前的词文学的风格，按照作诗的方法来作词，疏忽了艳丽和韵律，以文意畅达为主。所以词文坛分固守原来的词文学风的婉约派和苏东坡流的豪放派。

李齐贤的词作品名记录在他的文集51阕(词的单位不是首，而是阕)。他的词有豪放派的词风，下面列举他的作品〈菩萨蛮〉：

> 西风吹雨鸣江树，一边残照青山暮。
> 系缆近渔家，船头人语哗。
> 白鱼兼白酒，径到无何有。
> 自喜卧沧洲，那知是宦游。

■ 崔瀣：崔致远的後孙。9岁就能作诗，是一个奇才。登科后做了艺文馆注簿，忠肃王8年入元，在中国科试中以状元及第，在中国官界呆过一段时间之后回国了。他的官做到了成均馆大司成，老年辞去官位，在山林中自娱自乐的给自己的生涯画上了句号。李齐贤在他的著作《栎翁稗说》前集中说道：

> "崔拙翁瀣使酒佯狂，尝过广明寺，僧徒见其来，皆遁。"

《东人诗话》里有这样的记载。有一次，他去海云台，看到松树上写着那个地方的万户张瑄的诗，说道这么好的松树配上这么不好的诗怎能抵挡住灾厄，然后用粪和脚把诗蹭掉了。张瑄听到此事之后，大怒命令兵卒去抓他，他好不容逃出来，差点遭殃。从这里可以看出他的性格非常放荡。但是在〈悬斋雪夜〉诗，吐露了对人生无常的慷慨之心。

三年窜逐病相仍，一室生涯转似僧。
雪满四山人不到，海涛声里坐挑灯。

■ 李穑：稼亭李谷的儿子。14岁就在进士科中及第，并到元朝去以国子监生员在学，恭愍王3年在元朝的科举考试中以第二名的成绩登科。所以在元朝当上了翰林文学承仕郎同知制诰兼国史院编修官。后来，回国之后历任兵部郎中·右谏议大夫·成均馆大司成等，做到了门下侍中这个位置。

编写《高丽史》的人没理解高丽时代的文化潮流及社会环境，又执着于对不想考上李成桂建立的新国家的憎恶心，他的列传里写着“学问不纯，崇信佛法，为世所讥。”朝鲜时代的一些人士鄙视他只不过是一个佞佛的文士。但是在性理学还没有成熟的时代，作为大学成均馆之长(大学成均馆的负责人)，他把深奥的学理传授给了后人，为后日性理学的发展奠定了基础，其学问的功劳很大，在当时他的儒学断然占据最高位置。并且他的文学在当时文坛中是最出色的。他真是可与李斋贤·李奎报一起称为高丽的三大文豪。

徐居正在《东人诗话》里说道：

“稼亭牧隐父子，相继中皇元制科，文章动天下，今二集盛行於世。牧隐之於稼亭，犹子美之於审言，子瞻子由之於老泉。”

这句话对他的评价很恰当。在学问和文学都高的家门中出生的牧隐，在益斋李斋贤之后的寂静的高丽末文坛中，以唐代杜甫、宋代苏轼那样的存在君临当世。

“牧隐初入元朝，文士稍轻之，嘲曰，持杯入海知多海。牧隐应声曰，坐井观天曰小天。嘲者更不续。”(取自《东人诗话》)

他的诗带有这种逸话，诗辞美丽，诗意雄壮，诗篇中每一句都充满着浩浩滔滔的风气。他的诗文记载在《牧隐集》55卷中传下来了。下面举其中一首诗〈题牧庵卷〉：

乱山深处路横斜，日暮牛羊自识家。
此是老翁真境界，淡烟芳草接天涯。

■ 郑梦周：他被后代的儒家们推崇为东方性理学大宗。以诗文学自成一家。他的诗优雅浑厚，成为了后人的模范。他的诗文由他的儿子宗城编写的《圃隐集》7卷传下来了。从下面举的诗〈怀金海旧游〉可以告诉我们他的诗风：

鷰子楼前鷰子回，郎君一去不重来。
当时手种梅花树，为问东风几度开。

■ 李崇仁：陶隐李崇仁是李穑的门人。牧隐表扬他“陶隐诗语洒落，无一点尘。”，圃隐郑梦周表扬他“独擅文章，继牧翁。”以诗和文有名，中国的明太祖看到他作的表文说道“表辞诚功中原”，因此他的文名在中国也很高。

杏花如雪柳如丝，春满江城日正迟。
低帽短靴人不识，归来马上有新诗。

这是〈西江即事〉二首中的第二首，可以看出他高古的诗风。

第三节　赋文学的形成

我国到新罗时代为止，赋作还没有在文士之间流行。但是，到了高丽光宗时期，因在科举考试中加了作赋这一课，随着诗文学勃然兴盛，赋文学的活动也开始活跃。但是，没有专门作赋的文士，赋只不过是诗人们在作诗之余去作而已。高丽时代做出好的赋作品的有金富轼·李仁老·李奎报·崔滋·姜彰瑞·郑义·李坚·闵渍·尹宣佐·李达衷·李穑·郑梦周·李崇仁等。下面举出高丽文人们的作品。

- 金富轼：仲尼凤赋·哑鹅赋。
- 李仁老：和归去来辞·红桃井赋·玉堂柄赋。
- 李奎报：畏赋·梦悲赋·放蝉赋·祖江赋·春望赋·陶瓷赋。
- 崔滋：三都赋·相如避廉颇以先国家之急赋。
- 姜彰瑞(年代和来历不详)：成王气禀胎教德与年丰赋。
- 郑义(年代和来历不详)：道阅一和槐橘合为兄弟赋。
- 李坚(年代和来历不详)：春雷作龙蛇不安於蛰户赋。
- 闵渍：李绩应时扫云布唐阳春赋。
- 尹宣佐：隋高祖非宴食不过一肉赋·高祖开设学校广阐道义惟新宝历赋·太宗观览尚书庶几店虞赋。
- 李达衷：础赋·思亭赋。

- 李穡 ：山中辞·永慨辞·流水辞·东方辞·自讼辞·雪梅轩赋·观鱼台赋。
- 郑梦周 ：思美人辞。
- 李崇仁 ：哀秋夕辞。
- 无名氏作 ：王者之兴必卜筮决天下赋·义於人者和於神赋·志士口与必誓守死无二赋·嗜欲皆同惟贤者节之赋·贾宜请猎猛敌不搏畜兔赋。汉成帝勿易折槛以旌忠臣赋。

"赋"是周朝的战国时代，在南方诸侯国楚国里兴起旺盛过的楚辞的后身。赋文学的渊源－楚辞如同诗经诗一样，原来可以歌唱，但是后来于音乐断了关系。周末的楚辞中屈原作的诸作品是抒情的，屈原的弟子宋玉作的作品是叙事的，后人常把屈原作品流称为"辞"，宋玉作品流为"赋"，觉得没有毕业区别的就叫做"辞赋"。

作为参考下面列举一下李仁老的〈红桃井赋〉和李穡的〈流水辞〉。

- 〈红桃井赋〉

柏堂東麓有泉澄渌。
冷然流出於石缝，若漱白云之幽谷。
旱而不渴，响如琴筑。
萦回六七许步，然后入於沟渎。
遂使傍泉而居者，皆快意於挹掬。
陇西子茹蔬得饱，以手扪腹。
岸掩苒之乌纱，杖铿鈜之龙竹。
踞一石，露双脚。
挼碎冰霜，吞吐珠玉。
岂有火日之可逃，亦复尘缨之已濯。

徐啸归来，溪风蔌蔌。
展八尺之风漪，枕数寸之瘿木。
梦白鸥而同戏，任黄梁之未熟。
飘飘乎如驾八龙而到瑶池，闻金母之一曲。
浩浩乎若泛枯槎而渡天河，惊蜀都之卖卜。
则何必锦障纡四十里，胡椒蓄八百斛。
打就金莲盃，然後濯吾足。

○〈流水辞〉

水之趋兮惟下，日百折兮不舍。
不入于海兮何科之停，盈必进兮谁税其驾。
彼行潦之靡不源兮，尚逞威於大雨之炎夏也。
势暂似兮旋踵，犹足夸於鄙者也。
吾宁不食於井之渫兮，大虚日星之倒写也。
矧杂秽之不并兮，夫何涤而何泻也。
毋航断港兮，恐其窒也。
毋踵弱水兮，恐其溺也。
遒从而乱之曰，
性一兮，淑慝之胡形。
才一兮，取舍之是婴。
涧泉之幽幽，江海之冥冥。
我歌其中兮，鬓毛之星星。
千载有人兮，有耳其聆。

被传下来的高丽时代的赋作品中崔滋的〈三都赋〉最长，其他的不怎么长，都是短篇。另外，高丽时代的文人们还不擅长作赋，模仿汉·魏·晋代的作品或宋代的文赋的风气浓厚。

第四节　散文学和选文学

1. 散文学的概要

到统一新罗时代末期为止，虽然有随笔的文章，但是都是微不足道的。所以即使说三国·统一新罗时代的汉文学只有诗文学也不为过。但是到了高丽时代情况就不一样了。赋文学的形成，使韵文学的范围更广，在散文学的分野里也形成了新的形态，并且也出现了很多随笔文学作品，汉文学真正的分为韵文学和散文学两个方面。

高丽时代的散文学首先要说的是评论文学。这个时代的评论文学形成的比较晚，由几个文人写出的作品成为了后日的评论文学的模范。另外，高丽时代经常使用拟人的手法，并注入作者的意图，以诗传体写出的文章，这可以说是小说文学的滥觞。

2. 评论文学的成立

中国的评论文学渊源于魏文帝曹丕所作的《典论》中的〈论文篇〉。之后，又展开文学理论，又讨论文题，又评价诗的品，阐明作品的故事，又不断地出现了较系统的论文和著书。而且，还出现了除了对诗以外的别的形态的文学的评论。不过，宋代的诗评的作品比任何一个朝代都多。下面列举一下宋代出现的诗评书：

> 《六一诗话》（1卷，欧阳修作）·《续诗话》（司马光作）·《中山诗话》（1卷，刘攽作）·《後山诗话》（1卷，陈师道作）·《临汉隐居诗话》（1卷，魏泰作）·《优古堂诗话》（1卷，吴并作）·《彦周诗话》（1卷，许顗作）·《紫微诗话》（1卷，吕本中作）·《珊瑚钩诗话》（3卷，张表臣作）·《石林诗话》（1卷，叶梦得

作)·《藏海诗话》(1卷, 作者未详)·《岁寒堂诗话》(2卷, 张戒作)·《韵语阳秋》(20卷, 葛立方作)·《碧溪诗话》(10卷, 黄彻作)·《唐诗纪事》(81卷, 计有功作)·《竹坡诗话》(3卷, 周紫芝作)·《二老堂诗话》(1卷, 周必大作)·《诚斋诗话》(1卷, 杨万里作)·《沧浪诗话》(1卷, 严羽作)·《娱书堂诗话》(1卷, 赵与虤作)·《後村诗话》(前集2卷·後集2卷·续集4卷·新集6卷, 刘克庄作)·《草堂诗话》(2卷, 蔡梦弼作)·《对床夜话》(5卷, 范希文作)·《诗林广记》(前集10卷·後集10卷, 蔡正孙作)·《白石道人诗说》(1卷, 姜夔作)·《梅硐诗话》(3卷, 韦居安作)

这样的有很多。宋代的评论文学随着宋诗学的东渐影响着我国的文学界。通过高宗时代的文人, 出现了与中国的话题类相似的题材的著述, 然后我们的评论文学成立了。

高宗时代的文人, 有很多人对文学持有片面的意见。其中李仁老和李奎报对诗文的陈述比较具体。李奎报没有写过光是文学评论的书。但是, 后期人们从他的文集中把他评论文学的一段一段文字筛选出来集成一本叫 《白云小说》 的书。这个记载在朝鲜时代洪万宗编著的《诗话业林》 中。李奎报虽然没有出评论文学专书, 但是李仁老出了诗文评书《破闲集》。《破闲集》有上·中·下三卷, 是我国最初的评论文学书, 我国的评论文学由此成立。他在那本书里高唱文学的伟大, 说道文学是作家的精神产物, 不受其他外界的支配或者拘束, 是独立的, 提高了文学的权威。然后, 他还判论了新罗时代到当世为止的许多诗人们的诗·文风, 还列举了作品, 做了品评。

李仁老之后对评论文学做出贡献的是崔滋。崔滋是有名的诗人, 他模仿《破闲集》, 写了评论文学书, 叫《补闲集》, 里面夸耀了自身的文学批评实力。《补闲集》又名《续破闲集》, 与《破闲集》一样有上·

中·下3卷。根据他的序文中的记载“时甲寅四月□日，守太尉崔滋序。”来看，这本书是在高宗41年(1254)完成的。

崔滋在康宗时登科，他的文才受到了李奎报的认同，官路平坦，后来受到权臣崔怡(初名)的信任，历任好的官职，最后走到了最高的位置。

之后，寄予评论文学的是益斋李齐贤。他作为高丽时代文学第一大家，写了有名的《栎翁稗说》。《栎翁稗说》有前·后两篇，论了经·史·人物，品评；额诗·文·书·画等。里面对诗·文的品评相对较少，但是他锐利的评论态度成为了后人的模范。根据他在前篇序文中的记述来看，《栎翁稗说》完成于忠惠王后3年(元顺帝至正2年，壬午年，1342)。

《破闲集》·《补闲集》·《栎翁稗说》诗宗没有只写文学批评。里面也记载着人们的逸话、传说、世间中流行的故事、某些事情的经纬，里面的每一个部分都可以取出来独立。所以经常把这三本书视为随笔作品。但是，那是错误的做法，这三本书确实作为评论书是有价值的，所以朝鲜时代的姜希孟在〈东人诗话序〉中说道：

> “吾东方诗学大盛，作者往往自成一家，备全众体。而评者绝无闻焉，及益斋先生栎翁稗说李大谏破闲等编作，而东方诗学精粹，得有所考。”

金守温在〈书东人诗话後〉中说道：

> “吾东方自殷太师歌麦秀以来，历三国高丽氏，至于今，作者不啻数百家，其评品观破闲稗说诸书，可知也。”

3. 小说文学的滥觞

我国小说文学的成立通常被认为是进入朝鲜时代之后。但是从起源来看高丽时代已经形成了。

中国的小说文学是从前汉时代初期形成的。那个时候的小说作品只不过是记录了一些神话、传说、或是在大街小巷中流行的某个人的逸话、社会上出现的某种现象而已。并且到南北朝时代末为止出现的小说作品也都是如此，没有变化。如果称这些为小说的话的话，高丽时代记录的这类的文章与此相比，我们的反而更有价值。

在此举两个例子:

> "南州乐籍有倡，色艺俱绝。有一郡守，忘其名，属意甚厚。及瓜将返辕，忽大醉，谓傍人曰，若我去郡数步，辄为他人所有。即以蜡炬烧灼其两脥，无完肌。
> 後，荣阳袭明杖节来过，见其妓怅怏不已，出一幅云蓝，手写一绝赠之，百花丛里淡丰容，忽被狂风灭却红。
> 獭髓未能医玉脥，五陵公子恨无穷。
> 因嘱云，若有使华来过，宜出此诗示之。
> 妓谨依其教，凡见者，辄加赒恤，欲使荣阳公闻之。因得其利，富倍於初。"

这个文章记录在《破闲集》卷下。这个文章是荣阳公郑袭明成为王使后在回去的路上看到不遇的妓女之后作诗的故实。就光这个，加上一个小说的题目，就能成为凌驾六朝末为止的中国小说的作品，虽然可能会听到太短了的评与，但是其体裁和内容不逊色于唐代的艳情类传奇。

> "边山有一老宿，自言。往时闻高敞县人设燃灯会，往观焉。有一少年，异於寻常者。问诸在右，皆曰不知谁之子。及罢去，踵其後，追至于山麓，

少年告曰，莫我追。我居陋，不堪寄宿。师曰，日暮矣，将安适归。曰业已俱来，不可辞以僻陋。行，有老妪出迎曰，咄，尔儿子。若汝两兄见之，此师其为食乎。师至是知其为虎窟。欲出去，妪曰，二子已回来。若强去，必殆矣。因携持而入。少年曰，吾恐甚。请以师置母之後。

须臾，二虎将一兔入来。妪欲其不久滞也，曰，我与汝等共一兔，其何以疗饥。速远出，更求食来。虎作人语而对曰，母有食，何更求为。即出去。良久复来曰，我从山主所乞祷，各得食。小妹可从来。何能忍饥自苦。复出去。

俄有来呼者，曰，以若之子女婆娑於州里间，主明罚之，诘朝当往入高敞县槛阱中就死。少年曰，主命也，不可逃。今幸逢师，亦命也。方我入槛中，众来制我，恐不忍生嗔。师宜来告众，宁却曰，我能独毙之。持短枪而前。吾出一言而死，师之惠也。

明旦至县，闻槛中有虎。师往，如其言，却众，持短枪以直前，虎曰，我向某村某家受生，为男子。至年十二三时，往谒师，削发以度我。即接刃自穴其胸而毙。後十五年，师偶出洞门，见一童子拜於道左。问之，曰，我乃某村男子也。师忆向槛虎之言。而髡为沙弥。颇颖悟，可爱。忽遁去，不知所之。後闻日严寺师修秘咒，以加持力日服人，承命，赴畿内兰若。师往省之，乃向沙弥也。”

这是记录在《补闲集》卷下里面的故事。崔滋记录了这个故事，在最后写道这个故事非常怪诞。世上对未来的预言的故事中有虎变成僧人的说法，但是日严寺的僧人的这种说法令人难以相信。这是为了扩大还生说的传奇。但是，把他独立起来，再加上小说的题目的话，难道不能称为神怪类的传奇吗？

高丽时代的文人很早就接触到了中国历代小说作品。我们可推测出广泛阅读《太平广记》的事实。太平广记是宋代太宗大平兴国2年

(977)，李昉·徐铉·吴淑等12名文臣受到敕命，开始编写的，同6年完成的。从345种古典里面，募集小说·野史等各种记述，写出了500卷，里面有很多小说形式的文章。但是高丽歌词《翰林别曲》中说道了太平广记。这说明了高丽时代的文人已经读了中国小说了。所以，文人之间开始写一些小说形式的文章。

关于构成小说作品的方法，高丽时代的文人取了中国小说别流的方法。即中国的文言文小说大概叫做○○传·○○记，以假想的人物或者实际人物为主人公；唐代以后往往对事物拟人化，但是取的是像唐代韩愈的〈毛颖传〉等那样的构成方法，以史书体的文章记述作者主张的观点。所以称那些文章为〈假传体〉。传至至今的所谓的假传体虽说不多，但是那些都明确表示了作者设定的主题，不比没有主题或者主题不明确的两汉时期或者之后出来的中国小说差。所以，我认为不应该加一个假传体的文章这种别称，而应该称他们为小说，并且我们的小说成立于高丽时代的说法才比较妥当。举出高丽时代的作品传至至今的有如下作品:

- 林椿作：麴醇传·孔方传。
- 李奎报作：麴先生传·清江使者玄夫传。
- 李谷作：竹夫人传。
- 佛僧息影庵作：丁侍者传。

林椿的《麴醇传》和李奎报的《麴先生传》，对“酒”拟人化，说人间喜乐忧苦之际，若以酒为好友，太过于亲近酒的话，一身一家都会灭亡。

《孔方传》对“铜钱”拟人化，说钱虽然能给人们的生活中带来方便，但是也会使人的欲望扩大，左右社会的秩序和个人的兴亡。清江使者玄夫传对龟类拟人化，暗自慨叹在肮脏的社会中，无辜的人受难的现实。

《竹夫人传》中对"竹"拟人化，鼓吹人们要警戒人间的淫荡、守礼仪重视节操。《丁侍者传》，有的人说是对"蝌蚪"进行拟人化，有的人说对"拐杖"拟人化，总之作品的主意是不要轻举妄动。

从上面所举的作品来看，我们的汉文小说在明宗(1171～1197)·高宗(1214～1259)时期已萌芽。这个应该是模仿中国的拟人传奇的，尤其是读了唐代韩愈对毛笔进行拟人化，寓意秦朝对有功之臣薄待之事的《毛颖传》，有了些这样的文章的意欲。写拟人传奇的先驱者是林椿·李奎报，当时李允甫对"蟹"进行拟人化，写了一篇《无肠公子传》。李奎报在〈李史馆允甫诗跋〉中，对李允甫的作品说道：

> "予友李史馆允甫，……其若无肠公子传等，嘲戏之作，若与退之所著毛颖下邳相较，吾未知孰先孰後也。"

说李允甫之作能与韩愈的〈毛颖传〉或〈下邳侯革华传〉相比，其实林椿·李奎报之作也能与韩愈之作相比。

4. 随笔的作品

高丽时代出现了很多文人，文人的文章能力也比前代的文人优越。所以他们能写出好的随笔作品。从《破闲集》·《补闲集》·《栎翁稗说》等里面也能看出很多优秀的随笔，正好立证这一点。

高丽时代应该有很多随笔作品，但是传至至今的很少。根据《高丽史·列传》, 朴寅亮写了《古今录》10卷；根据《东文选·续砂闲集序》, 郑叙(东莱人, 号瓜亭, 毅宗·明宗时人)写了《杂书》3卷。这些没有被传下来, 所以不能确认内容, 但是从书名来看, 可推测是记载着古今往来的很多事情的随笔集。还有, 高宗2年 (1215)五冠山灵通寺的住持觉训写的《海东高僧传》也有名。其中只有2卷被传下来了, 无法确认全貌。但是被传下来的2卷里面记录了我国佛教传入的由来和三国时代到当世为止为佛教传播立功的有名的佛僧的行迹。传至至今的有顺道·亡名·义渊·昙始·摩罗难陀·阿道·法空·法云·觉德·智明·圆光·安含·阿离耶跋摩·惠业·惠轮·玄恪·玄游·玄大梵等18高僧的传。

在高丽时代出现了很多记录各种事情, 或者对过去的人物叙述的随笔集, 并且从传下来的文人们的文集中也有不少随笔的佳篇, 但是李奎报的〈命斑盘文〉·〈咒鼠文〉·〈驱诗魔文效退之送穷文」·李谷的〈吊党锢文〉 等, 可以说是出类拔萃的文章。下面列举一下各李奎报的〈咒鼠文〉, 让人联想到韩愈的〈鳄鱼文〉。

○ 「咒鼠文」并序

"予家素不蓄猫。故群鼠横恣。於是, 疾而咒之。

惟人之宅, 翁媪作尊, 挟而辅之, 各有司存。司烹飪者赤脚, 司厮牧者崐岺。下至六蓄, 职各区分, 马司代劳, 载驱载驰, 牛司引重, 或耕于菑, 鸡以鸣司晨, 犬以吠司门, 咸以所职, 惟主家是裨。

问之众鼠, 尔有何司。孰以汝为畜。从何产而滋。穿窬盗窃, 独尔攸知。凡曰寇盗, 自外来思, 汝何处于内, 反害主家为。多作户窦, 侧入旁出, 伺暗狂蹂, 终夜叠窣窣, 寝益横恣, 公行白日, 自房归厨, 自堂徂室. 凡献佛之具与事神之物, 汝辄先尝, 蔑神无佛, 以能穴坚善入函椟, 以常穿突, 烟生隈曲, 饮食之, 是盗。汝亦营口腹, 何故噬衣裳片段, 不成服, 何故齕丝头, 使不就罗谷。

> 制尔者猫。我岂不畜，性本于慈，不忍加毒。略不德我，奔突抵触，喻尔惩且悔，疾走，避我屋。不然，放狞猫，一日屠尔族，猫吻涂尔膏，猫腹葬尔肉，虽欲复活，命不可赎。速去速去，急急如律令。”

在这里不出一句，高丽时代的四六文势利很大。新罗时代跟随了唐代的文章风，重视了四六文，这也是原因之一，但是更重要的原因是光宗时开始在科举考试中实施了四六文的制作。因四六文势利的扩大，无需用心雕琢语词、也不受外形的拘束、对韵律也不需要留意的，只是以文意的畅达为主的古文的势利自然变弱了。但是受到宋代文学的影响之后，文人之间开始有古文尊重的活动，渐渐地挽回其实离，最后终于压倒了四六文。

虽说尊重古文的风气是从金富轼开始的，但是积极主张古文的是林椿·李奎报等的时期。古文主张的先锋是林椿，李奎报等人致力于古文的写作。后来，紧接着崔慈也积极主张古文，之后出现了以李齐贤为首的诸文人，为了古文做活动，到了末期时四六文失势，只不过是主要写在朝廷文书上而已。

5. 选文学

选文学，即把中国历代文人的文章以及当世许多人的文章中收集好文章编撰的作业是从南北朝时梁朝的昭明太子编写的「文选」开始的。文学很早就传到我国，并对我们的汉文学带来了很大影响，对此之前已经说过，而高丽时代开始模仿文选，进行选文了。

高丽时代开始选文是从中·末期开始的，其先驱是金台铉和崔瀣。金台铉编写了《东国文鉴》，崔瀣编写了《东人之文》。但是这些没有被传下来，只有高丽末的赵云仡(号石硐，丰壤人，忠肃王後元年〈1322〉生，朝鲜太宗4年〈1404〉卒，官检校政堂文学)，从崔瀣的《东人之文》中选出一部分编辑的《三韩诗龟鉴》被传下来了。《三韩诗龟鉴》有上·中·下3卷，其内容如下：

- 上卷：崔致远·吴麟·金富轼·印毅·郑知常·崔惟清·任奎·许洪材·金华尹·崔鸿宾·林宗庇·崔谠·崔永濡·卢永绥·林椿·李仁老·金克己·赵准·俞升旦·金君绥·李奎报·陈澕·郭预·吴卿等人的五言律诗·绝句诗·古体诗。
- 中卷：崔致远·朴仁范·崔光裕·崔承老·朴寅亮·朴浩·郭舆·金仁存·金富轼·权适·高兆基·郑知常·崔惟清·李之氐·郑袭明·任奎·安淳之·林椿·李仁老·金克己·李奎报·陈澕·柳中·崔滋·李藏用·张镒·金圻·白文节·郭预·李承休·李混·洪侃等人的七言律诗和绝句诗。
- 下卷：林椿·李仁老·金克己·陈澕·金圻·郭预·李混·洪侃等的七言古体诗。

高丽时代除了上面举例的以外，还有末期金敬淑编写的《选粹集》，但是没有传下来。还有编者不明的《夹注名贤十抄诗》，这个被传下来了。有上·中·下3卷3册，选取了唐代文人和新罗诗人崔致远·朴仁范·崔承祐·崔匡祐等人的作品，并对他们加了注释。其内容如下：

- 上卷：白居易·刘禹锡·温庭筠·张籍·章孝标·杜牧·李远·许浑·雍陶·张祐等人的七言律诗个10首。
- 中卷：赵瑕·马戴·韦蟾·皮日休·崔致远·朴仁范·杜荀鹤·曹唐·方干处士·李雄等人的七言律诗个10首。
- 下卷：吴仁范·韩琮·崔承祐·崔匡裕·罗邺·秦韬·罗隐·贾岛·李山甫·李群玉等人的七言律诗个10首。

第四章　朝鲜时代的汉文学

第一节　时代概观

高丽恭让王四年(1392)七月，李成桂从高丽王氏接过王权之后创建的朝鲜王朝，直至隆熙帝四年(1910：庚戌年)八月二十二日与日本合邦而被灭亡，持续了27代519年。太祖李成桂以武力为背景夺取的过程中，并不是伴随着社会革命的。因此，在国家构造或政治形式上没有发生新的改变，与前朝一样仍然把中国侍奉为宗主国。

太祖完成创业之后，没有任意命名国号，而以权知国事的立场派使节到明朝，问议“朝鲜”和“和宁”两个国号中选何为优，还请求允许使用王号。接着以朝鲜为国号，根据明朝可立国王的决定，就正式成立了朝鲜王朝。

开国之后，太祖没有进行特殊的社会改革。但是最大的社会问题是关于田制的事，而他刚即位之后就下令“田制一依前朝之制，如有损益者，主掌官拟议，申闻施行。”(太祖实录)。但是，他自己作为最高权力者，给曾经协助过自己的文武之士们封赏了土地和官职，构筑了以自己为中心的统治势力。因此，很快就形成了中央集权的官僚专制体制的权力构造。还有，为了巩固王权专制的机构，他主张了三纲五论，想到需要有着严格的上下之别的儒家的帮助。因此他把儒家思想立为治国的根本思想。由此，严格地分别贵贱和上下的社会构成迅速地确立起来了，而主权专制的技能也得以充实了。

朝鲜时代持续的时间最长，在这时代里比历代王朝加强了国力的伸张。但是，没有维持一贯的内外和平，而比其他时代还要夏杂多难。即燕山主时(1495－1506)，由于连续不断的士祸，政局的安定性受到动摇，宣祖时由于倭冠的侵略，失去了国家的安宁，加上朋党之争的日益深大，朝夕发生国政上的混乱，国家的安定和秩序到了不可收拾的境地了。还有，仁祖时期，由于满洲清朝的大举南侵，国力极度地衰败。虽然英祖(1725－1776)·正祖(1777－1800)两代之间保持了比较太平的生活，但其后被尚存的朋党对立，国论没有得到了统一。加上东西各方强国势力的侵入，国运日趋倾倒，而对腐败至极的官僚的民怨，引起了东学之乱。因此，国内形势得一片混乱，而王权政治的命运也到了山穷水尽的地步。

在高丽时代，表面上是儒家思想站在统治地位，而实际上是佛教思想形成了一般大众思想的主流。因此，在社会思想界里产生了儒·佛两个思想的矛盾。所以文学方面里也自然反映了其思想上的矛盾现象。但是，在朝鲜时代儒家思想占了超然的优势，以儒家思想作为一切文化思想的根本。

高丽末期，由于李穑、郑梦周、文益渐等呼吁崇儒，接着是以郑道传、权近等为中心猛烈地斥佛，因此儒家比以前更加得到了重视，加上进入朝鲜时代之后以儒家思想作为治国的根本思想而极度尊崇儒家，使人民大众强力遵守儒道，因此儒家的势力迅速强大起来了。而且儒臣们一有机会，就主张对佛教进行斩草除根，政府及儒家积极的压迫佛教，因此长时间在各方面起着很大影响而发展起来的佛教日益萎缩。相反地儒家的势力日益提高到了支配一切文化的高度。因此，文学也就越来越受到了儒家的束缚。《朝鲜实录》世宗19年6月条里有：

“司宪府上疏曰，···词章虽不可以偏废。然必先究孔孟之言，有余力然后，可以及之。”

表明儒家开始的掌管文学，又同19年9月条里有：

“传旨议政府，近来，学者惟习词章，不务经学，诚为可虑。”

从这里可以看出国王也随着儒臣们的主张，轻视文学，为了儒家可以牺牲文学的态度。还有，同成宗7年10月条里有：

“十月朔辛未，御经筵，讲纲目，至唐文宗欲直诗学士，李珏曰，诗人浮薄，无益於理。同知事李承召曰，诗亦文学，虽不可废也。然末艺，不常专向着意。”

指出文学要反映儒道精神，而强调了文学只不过是儒道的枝叶而已，表现了儒家想要完全掌握文学，抹杀文学的独立性的意图。

上面所举的例子并不是个别的特殊的例子，而是朝鲜时代整个时期，文学事实上就受到了儒家的过度的拘束。还有，在朝鲜时代里阶级过分严格。即宗亲·国·驸马·两班·中人·庶·胥史·常民等的分别过分得严格，因此中人以下的大众受到了少数士大夫阶层像奴隶一样的待遇。在这个时期里，中人没有登上清官和显官，而且《经国大典》里有：

“庶孽勿许赴文科生员进士试。”(礼典诸科条)

用这种法律制约了庶孽以下的社会进出。如沈献永在自己所作的《姜孝子传后》里指出：

> "今日士夫者，···傲然自大，奴祖微匹，或闻闾巷荎荜之中有读书饬躬之人，则不惟不能贵之，乃反群起，而詈毁之而曰，学问何有於贱人。"(英祖·纯祖时人姜凤文的诗文集《玉溪遗稿》里有记载)

庶民阶层的文化活动受到了抑制。因此，肃宗时当过兵曹判书的具庠在黄厚宅的诗文集《华谷集》的序文里这样指出过：

> "中人下人之称区别已甚，而至於庶孽之不得齿於士而极矣。故自知无用，而暴弃其才能。"

持续了500余年的朝鲜时代里，人文得到了很大的进步。在这个时期里，儒学得到了空前的发展，不像高丽时代那样停留在只研究经·史的阶段，而是探求儒学的根本道理的性理学也兴盛起来了。还有，英祖以后产生了反对空理，追求实利的实学，促进了学术的发展。朝鲜时代的文化与它之前文化相比，有不少优越的地方，而在文化方面上尤其能引以为自豪的是创制了国文字训民正音的事实。最初，我们的民族没有具备自己的文字，只能借用中国的文学来记述语言和思维，但是到了世宗25年(1443)创制了国文字28字，并经过发布(世宗28年，1446)，整个国民才开始了真实的文字生活。

随着朝鲜时代初期创制的国文字，真正的民族文学才开始建立。但是，由于上流阶层的官僚或读书人依然注力于汉字汉文，又予以尊重，没有对人材登用的考试进行改革，仍然施行了用汉文作文章的科举制度，因此汉文学的盛运継续维持下来了。所以，这一时期。即建国初期，诗人継续出现，汉诗文学也隆盛起来了，赋文学虽然没有得到大的发展，但也有诗人们经常作赋，出现了不少作品。还有，在高丽时代处于幼稚状态的小说文学上升到了充分发展的轨道，也出现了大量的评论文学的作品，更出现了丰富的优秀的随笔。还有出现了许多用古文写的学术方面的书和论述社会各方面问题的书。但是，和前代一样，能用汉文创作文学作品，而且能接受和消化的只局限于上流阶层的人士或中，下流层的一些熟悉于汉文的个别的人。

第二节　诗文学的兴盛及其状况

1. 兴盛的原因

朝鲜时代的汉文学的隆盛超过了任何一个时代。一种文化如果没有受到抑制，并且它自身有无限的可行性，那么随着时间的推移，能够越来越发展也是应该的。但是，这一时代里已经创制了我们的文字，不借用他国的文字，也能做文章了，所以用我们的文学来从事文学是应该的，而事实却非如此，反而汉文学更兴盛起来了，这不能不说是一个矛盾的现象。

在朝鲜时代，促进了汉诗文学兴盛的认为有以下三个人的原因。第一，根据旧制的科举制度，没有中断継续得以施行，鼓舞了以做官为本领的士族子弟们对汉文学的意志，根据徐居正在他的《笔范杂记》3卷里指出的一段话，也可以推测这一点：

“本朝开国以后，词学尽废，岁戊午始设进士科，中場用词赋，自此，诗学大成。”

太祖建国之后，就开始注意登用人材，在他的元年制定了式年文科法，第三年施行了生员·进士试，到了太宗元年施行了增广试，同7年实施了对文臣们的重试，同年始设武科，同14年实施了谒圣科。但是，认为没有正规地实施设有诗·赋课的进士科。

因此，建国初士族阶层忽于诗，而诗文学一时陷入了沉滞状态，但是到了世宗20年(1438，戊午年)施行式年进士·生员科之后，诗就开始再次兴盛起来了。第二是由于过度的事大主义。我国对中国的事大思想，从三国时代之后日益得到了强化，到了宗朝的程朱学(性理学)进入发展之后更加促进了这样的趋势，尤其是进入朝鲜时代之后，排斥佛教，只崇尚儒学，不顾自己的东西而尊宗了中国及其文物。因此，甚至说过如下一段话：

> “集贤殿副提学崔万里等，上疏曰，···自古，九州之内，风土虽异，未有因方言而别为文字者。唯蒙古西夏女真日本西蕃之类，各有其字，是皆夷狄事耳，无足道者。···分别作谚文，舍中国，而自同於夷狄。”

这样一心侍奉中国，又尊崇中国文物的思想，就导致了排斥自己的文学而尊重汉字，重视汉文学的结果。因此，汉文学自然就降盛起来了。第三，是由于于庶民阶层的文化意识渐渐得到了提高，庶民直接参与了文学活动。根据曹植在宣祖元年(1568：戊辰年)上书的封事里有如下记载：

> “自古，权臣擅国者有之，戚里专国者有之，官寺专国者有之，未闻吏胥专国如今时。正在大夫犹不可，况在吏胥乎。”

可以看出宣祖(1568 - 1608)之前的明宗时期(1546 - 1567)里已存在官衙的实权掌握在胥史的手里的弊端，官僚们渐渐地变成了象征权力的存在。

到了肃宗时期(1675 - 1720)之后，两班阶层在势力上或经济上日益弱化的反面，随着文化的进展，开始打开文化视野的庶民阶层的人们渐渐对文学产生了关心，因此，比较富有的知识分子参与了文化活动，创出了实绩。所以，汉诗文学的社会领域括大起来了。

2. 诗文坛的状况

(1) 诗界的概况

如许筠的《惺叟诗话》里有如下记载：

> "我朝诗，至中庙朝大成，···宣庙朝大备。"

从朝鲜初创期到中宗之前，诗文学没有得到新的发展。即开国初期，作为高丽的遗臣入朝的人士継承了高丽末的汉诗文坛，但是由于国事紧张，没有安居作诗的闲暇，因此诗文学没有得到重视。还有，致力于文化昂扬的世宗，把人材招集到了集贤殿，聚集的文士们可大大推动文运，但是由于许多文臣被端宗和世祖间的王位之乱所连累，而失去性命，所以没有得到预期的成果。

另外，成宗致力于文治，文坛的朝气恢复的气象变得浓厚，但是由于燕山君引起的几次士祸，杀了许多文儒，文士们都忙于保全自己，因此文学上也没有什么突出的成就。而到了中宗即位之后，开始变得和平，文人们的活动也活跃起来了。因此，诗文学也开始发展起来了。还有，仁宗(1545)·明宗(1546－1567)两代，没有发生过大乱，文坛也走上了顺坦的道路，而到了宣祖时，开始产生政界的内讧，局势变得比较乱，但是由于还遗留着中宗时的文人，而且出众的诗人辈出，因此诗坛形成了前所未有的盛况。

由于宣祖时的壬辰倭乱和仁祖时是的丙子胡乱，民族社会受到了极大的破坏，国力极度衰落，而两班阶层的能力也显著地被弱化了，因此直到显宗时(1660－1674)再没有出现像宣祖时期那样的灿烂的盛况。

尽管如此，因肃宗(1675－1720)之后上流阶层及闾巷人中文学的大才辈出，诗文学进入了成熟期。而到了宪宗(1835－1849)之后，国运倾倒，西洋势力的拥进，引起了对旧文化的批判，再加上高宗31年(1894：甲午年)大小科的废除，汉文学走上了灭亡的道路。

徐巨正和同时代人金叟，比较高丽时代的诗文和从朝鲜初期到成宗时期诗文说道：

> "高丽诗文，词丽气富，而体格生疏。近代著述，辞纤气弱，而义理精到。"

作为文学评论家、学者的孝宗时人洪万宗，在他的著作《小华诗评》里指出了两时代诗文学的大要。

> "大抵，丽朝规模大，而近宋，我朝格调清，而近唐。"

但是，如果更具体的描述的话，则从朝鲜时代初期到中·明宗时期大体上可认为是继承了高丽后期诗风的时期，而到了宣祖时开始追随了唐诗之风，诗风产生了一大转换。于宣祖32年(1599)的沈守庆撰的《遗闲杂》里有如下记载：

“余少时，士子学习古诗者，皆读韩诗东坡，其来古矣。近年，士子以朝鲜为格卑，弃而不读，乃取李杜诗，读之。”

说明中宗时和宣祖时，诗界抛弃了以往的宗诗文学而追随了唐诗文学。还有，明宗时人权应仁在他的著作《松溪漫》下卷里指出宣祖时期前夜的诗学风：

“今世诗学，专尚晚唐。”

这也说明长期受人崇尚的宋诗文学被丢弃，取而代之唐诗文学受到了尊重。即从宣祖时宋诗风转变成了唐诗风，而其新的诗风一直保持到了朝鲜朝末。

以诗风而论，则可大分为宣祖之前和宣祖之后的两个时期，而在此则分为如下四期来记述。

1. 継前期：从国朝到明宗时(1392－1567)
2. 诗风转换期：从宣祖到显宗时(1568－1674)
3. 成熟期：从宗到纯祖时(1675－1834)
4. 终末期：从宪宗到亡(1835－1910)

(2) 継前期

举出这一时期有明的诗人则如下：

- 郑以吾：字粹何，号郊隐，晋州人，高丽恭愍王3年(1354)生，高丽时，登科，官朝鲜的赞成事，世宗16年(1434)卒，谥号文定，著书《郊隐集》。

- 李詹：字中叔，号双梅堂，洪州人，高丽忠穆王1年(1345)生，高丽恭愍王17年(1368)登科，官高丽知申事·朝鲜时议政府知事。大宗(1405)卒。谥号文安，著书双梅堂集。
- 郑道传：字宗之，号三峰，奉化人，高丽恭愍王11年(1362)登科，官高丽的三司右使·朝鲜的成均提调，太祖7年(1398)卒，谥号文宪，著书《三峰集》外多数。
- 权近：初名晋，字可还·思叔，号阳村，安东人，高丽恭愍王1年(1352)生。恭愍王17年登科，官高丽的签书密直司事·朝鲜的贰师，太宗9年(1409)卒，谥号文忠，著书《阳村集》·《入学图说》等。
- 卞季良：字巨卿，号春亭，密阳人，高丽恭愍王18年(1369)生，禑王11年(1385)登科，官高丽的进德博士·朝鲜的右军都摠制府判事，世宗12年(1430)卒，谥号文肃，著书《春亭文集》。
- 朴宣中：初名实，字子虚，号贞济，密阳人，高丽恭愍王时登科，官高丽的大司成·朝鲜的检校参赞议政府事。著书《贞斋集》。
- 柳方善：字子継，号泰斋，瑞山人，高丽禑王14年(1388)生，朝鲜太宗时成均馆入学，世宗25年(1443)卒，著书《泰斋集》。
- 成三问：字谨甫，号梅竹轩，昌宁人，太宗18年(1418)生，世宗20年登科，官左副承旨，世祖2年(1456)卒，谥号忠文。著书《成谨甫集》。
- 柳诚源：字太初，号琅玕，文化人。世宗17年登科，官待教，世祖2年卒，谥号忠景。
- 朴彭年：字仁叟，号醉琴轩，顺川人，太宗17年(1417)生，世宗10年谒圣科及弟，官刑曹参判，世祖2年卒，谥号忠正。
- 李垲：字清甫·伯高，号白玉轩，韩山人，李穡的曾孙，太宗17年(1417)生，世宗18年登科，官直提学，世祖2年卒，谥号忠简。
- 河纬地：字天章·仲章，号丹溪，晋州人，高丽？王13年(1387)生，世宗20年登科，官体曹参判，世祖2年卒，谥号忠烈。
- 崔恒：字贞夫，号太虚亭，朔宁人，太宗9年(1409)生，世宗16年谒圣科的及第，官领议政，成宗5年(1474)卒，谥号文靖，著书《太虚亭集》。

- 申叔舟：字泛翁，号保闲齐斋·希贤堂，高丽人，太宗17年(1417)生，世宗21年登科，官领议政，成宗6年(1475)卒，谥号文忠，著书《保闲斋集》外多数。
- 李石亭：字伯玉，号樗轩，延安人，太宗15年(1415)生，世宗21年登科，官中枢府判事，成宗8年(1477)卒，谥号文康，著书《樗轩集》。
- 金时习：字悦卿，号梅月堂·东峰·清寒子，江陵人。世宗17年(1435)生，成宗24年(1493)卒。谥号清简，著书《梅月堂集》。
- 金守温：字文良，号乖崖，永同人，太宗9年(1409)生，世宗23年登科，官中枢府领事，谥号文平，著书《拭疣集》。
- 徐居正：字刚中，号四佳亭，还成人，权近外孙，世宗2年(1420)生，世宗26年登科，官艺文馆和弘文馆的大提学左赞成，成宗19年(1488)卒，谥号文忠，著书《四佳亭集》·《笔苑杂记》·《东人诗话》·《太平闲话滑稽传》等多数，编选《东文选》。
- 成任：字重卿，号安斋，昌宁人，世宗3年(1421)生，世宗29年登科，官中枢府知事，成宗15年(1484)卒。谥号文安，著书《安斋集》。
- 姜希颜：字景愚，号仁斋，晋州人，太宗17年(1417)生，世宗23年登科，官参议，世祖10年(1464)卒。
- 姜希孟：字景醇，号私淑斋，姜希颜的弟，世宗6年(1424)生，世宗29年登科，官左赞成，成宗14年(1483)卒，谥号文良，著书《私淑斋集》·《村谈解颐》·《衿阳杂录》。
- 金宗直：字季昷，号占毕斋，善山人，世宗13年(1431)生，世祖5年(1459)登科，官中枢府知事，成宗23年(1492)卒，枢号文忠，著书《占毕斋集》。
- 李承召：字胤保，号三滩，阳城人，世宗4年(1422)生，世宗29年登科，官左赞参，成宗15年(1484)卒，谥号文简。著书《三滩集》。
- 南孝温：字伯恭，号秋江，端宗2年(1454)生，成宗23年(1492)卒，著书

《秋江集》·《秋江冷话》·《师友名行录》·《六臣传》。

- 金寿宁：字颐叟，号素食堂，世宗19年(1437)生，端宗1年登科，官参判，成宗4年(1473)卒，谥号文悼。
- 成俔：字声叔，号慵斋。虚白堂，昌宁人，世宗21年(1439)生，世祖8年登科，判书·大提学，燕山君10年(1504)卒，谥号文载，著书《虚白堂集》·《慵斋业话〉。
- 曺伟：字太虚，号梅溪，昌宁人，端宗2年(1454)生，成宗5年(1474)登科，官中枢府同知事，燕山君9年(1503)卒，谥号文状，著书《梅溪集》。
- 曹伸：字叔奋，号适庵，曹伟的庶兄，官司译院正，著书《适庵诗稿》·《谀闻琐录》。
- 李胄：字胄之，号忘轩，固成人，成宗19年登科，官正言，燕山君10年(1504)卒，著书《忘轩集》。
- 金驲孙：字季云，号濯缨，金海人，世祖10年(1464)生，成宗21年登科，官献纳，燕山君4年(1498)卒，著书《濯缨集》。
- 郑汝昌：字伯勗，号一蠹，河东人，世宗32年(1450)生，成宗21年别试文科登科，官县监，燕山君10年(1504)卒，谥号文献，著书《一蠹遗集》。
- 徐敬德：字可久，号夏斋·花潭，唐城人，成宗20年(1489)生，明宗1年(1546)卒，谥号文康，著书《花潭集》。
- 朴祥：字昌世，号纳斋，忠州人，成宗5年(1474)生，燕山君7年登科，官牧使，中宗25年(1530)卒，谥号文简，著书《纳斋集》。
- 朴暗：字仲说，号挹翠轩，高灵人，成宗10年(1479)生，燕山君2年登科，官经筵官，燕山君10年(1504)卒，著书《挹翠轩遗稿》。
- 李荇：字择之，号容斋，德水人，成宗9年(1478)生，燕山君1年登科，官左议政，中宗29年(1534)卒，谥号文献，著书《容斋集》。
- 金净：字元冲，号冲庵，庆州人，成宗17年(1486)生，中宗2年登科，官判书，中宗16年(1521)卒。著书《冲庵集》·《济州风土记》。

- 金安国：字国卿，号慕斋，成宗9年(1478)生，燕山君别试文科及第，官判书，中宗38年(1543)卒。谥号文敬，著书《慕斋集》。
- 申光汉：字汉之，号企斋，高灵人，申叔舟孙，衡宗15年(1484)生，中宗5年登科，左赞成，明宗10年(1555)卒，谥号文简，著书《企斋集》，《企斋记异》。
- 苏世让：字彦谦，号阳谷，晋州人，成宗17年(1486)生，中宗4年登科，官左赞成，明宗17年(1562)卒，谥号文靖，著书《阳谷集》。
- 郑士龙：字云卿，号湖阴，东莱人，成宗22年(1491)生，中宗4年等科，官中枢府判事，宣祖3年(1570)卒，著书《湖阴杂稿》。
- 成守琛：字仲玉，号听松，昌宁人，成宗24年(1493)生，明宗19年(1564)卒，著书《听松集》。
- 李滉：字景浩，号退溪，真宝人，燕山君7年(1501)生，中宗29年登科，右赞成·艺文馆和弘文馆的大提学，宣祖3年(1570)卒，谥号文纯，著书《退溪全书》外多数。
- 曹植: 字楗中，号南溟，昌宁人，燕山君7年(1501)生，宣祖5年(1572)卒，谥号文贞，著书《南溟集》·《破闲杂记》。
- 洪暹：字退之，号忍斋，南阳人，燕山君10年(1504)生，中宗26年登科，官领议政，宣祖18年(1585)卒，谥号景宪，著书《忍斋集》。
- 许晔：字太辉，号草堂，阳川人，中宗12年(1517)生，明宗1年登科，官中枢府同知事，宣祖13年(1580)卒，著书《草堂集》。
- 河应临：字大而，号 菁川，晋州人，中宗31年(1536)生，明宗14年登科，官正郎，明宗22年(1567)卒。

上面所举的众多人中最突出的几位诗人有李詹·金时习·徐居正·朴訚·李荇·郑士龙等，下面对这几位做进一步的说明。

- 李詹：南龙翼(1628－1692)在他的著作《壶谷诗话》里这样指出：

“国初，朴贞斋李双梅之诗最高，权阳村卞春亭诗不如文。”

而许筠在《惺叟诗话》里这样指出：

“国初之业，郑郊隐李双梅最善。”

南龙翼指出国初的最高诗人是李詹和朴宜中，而许筠指出李詹和郑以吾的诗是国初最优秀的，即互有不同之处。但都承认李詹是国初最优秀的诗人。从下面举出的〈慷甚〉一诗，可以看出他的诗风:

“平生志愿已蹉跎，争奈衰慵十倍多。午枕觉来花影转，暂携稚子看新荷。”

南龙翼简评他的诗为“荣茂”，说明了所作的诗，诗意丰盛于他人。

■ 金时习：为高丽的侍中金铉的后孙，三岁开始就能作诗，如：

“桃红柳缘三月暮，珠贯青针松叶露。”

“无雨雷声何处动，黄云片片四方分。”

还有，他在五岁就已经能读通《大学》了。因此人们都称他为神童。有一天，叫许稠的有名的人找他说：“我已经老了，你就用“老”字作一个诗句吧”。他就吟出了“老木开花心不老”，许稠大吃一惊。世宗听到了关于他的传闻，把他招到承政院，进行考试，下命要精心教育，日后能大用，给了50疋，让他自己拿走，他就解开每一个疋，把两端系在一起，牵着一端就走了。此后，直到13岁，在金洋·尹祥·李季甸的门下修学，进入了三角山重兴寺，专念于学问。而到了他21岁的时候端宗逊位，首阳大君即位为世祖，就丢弃了书册，削发为僧，成了到处浪迹四方的放浪客。流浪各地的他到了世祖11年春进入了庆州金山，筑居屋定居下来了，而到了成宗2年，37岁的他上京，在城东建了瀑泉精舍，过着讥讽世俗的生活。正在此时，听到了朝廷中发生了尹氏废妃论，痛斥世事和现实之余，又离开了京城遍历各地，到了成宗24年3月，终于在忠清道鸿山无量寺完结了他崎岖的生涯。他虽然入了佛道，但仍然没有抛弃儒家思想，始终追求春秋大义的现实。对于不正的社会现象用自身的辛苦来表示反抗的金时习的诗是慷慨而脱俗的。下面所举的诗〈乍晴乍雨〉，就说明这一点。

乍晴乍雨雨还晴。天道犹然况世情。
誉我便应足毁我，逃名却自为求名。
花开花谢春何管，云去云来山不争。
寄语世上须记忆，取欢无处得平生。

■ 徐居正：从世祖时期到成宗时期出现过许多以诗和文成明的士人，但野人中金时习、官界人中则徐居正和金宗直是最优秀的。金时习与学界·文坛或官界没有任何关系，因此没有人和他相比文力，也没有人去猜忌他。而率领无数弟子领导学界的金宗直和以文力君临于文学界的徐居正之间却存在着相互忌避的关系。

金时让的〈涪溪记闻〉里有如下记载：

“居正典文衡二十六年，不辞退，一日问族侄曰，外议以我为如何。对曰，皆嫌其久典文柄耳。居正怃然曰，我快递，则金宗直必为之。”

可以看出徐居正不喜欢金宗直掌握文柄。还记载着：

“大提学递，则必自举其代。待居正递，人皆属望於公，居正素猜公，遂举洪贵达自代，物议哗然。”

说明崇拜金宗直的人士们，斥责没有把大提学之位转给金宗直。但是，论儒学则金宗直是占上位的，而论文学创作则徐居正显然优越。编撰了我国汉文学研究上称为至宝的资料…《东文选》，又著述了《东人诗话》，对汉文学作出了巨大贡献的他是以诗扬名于当世。因此，申纬在《东人论诗绝句35首》(警修堂全藁·第九册所载)中加进评论徐居正的诗，也加进了评中宗·宣祖时的诗人的文章，文章里指出：

“至如初叶大家，常推徐四佳为第一，而金占毕成虚白次之。比之於唐，则四佳诸公，其初唐之四杰，而中宣诸名家，其犹盛唐开天诸家。”

认为当时的第一诗人是徐居正，其次是金宗直·成俔，而把他们的存在比喻成唐朝诗运初开时的初唐四杰，即王勃·杨炯·户照邻·骆宾王等。下面所举的诗〈菊花不开怅然有作〉，抒发了没能实现自己的抱负，虽没有恨，但是岁月催人老的心情:

佳菊今年皆较迟，一秋清兴谩东篱。
西风大是无情思，不入黄花入鬓丝。

■ 朴訚 : 他15岁时已经善于写文章, 受到了当时大提学申用溉(1463 - 1519)的宠爱, 成了他的女婿。18岁时在式年文科中及第了。他的文才当时已闻名于远近, 因此对他的将来抱了很大的期望。朝廷为了培养他的实力, 下了赐暇读书的命令。此后, 他历任了弘文馆的正字·修撰, 当过经筵官。由于他反对权臣柳子光一派, 因此被投狱罢职了。以文酒和自然为友生活的他, 在燕山君10年(1504)以知制教再次进入了官界, 但是由于受到反对燕山君暴恶而发生的甲子士祸的连累, 流配到东莱, 接着被义禁府拘禁, 最后被判死刑。虽然具有文学的大才, 却不幸地青年时就受到了死刑, 因此他所具有的文才就没有真正地发挥出来了。但是, 仍然是燕山君时期, 在汉诗文坛中与李荇并肩的最有名望的诗人。后世评他的诗是追随了宋朝的黄庭坚(字鲁直, 号山谷, 1045 - 1105)·陈师道(字履常, 号后山, 1053 - 1101)的诗风的。即申纬在《东人论诗绝句35首》中合评李荇和他的诗, 先举朴訚的诗〈福灵诗〉:

> 伽蓝却是新罗旧, 千佛皆从西竺来。
> 从古神人迷大块, 至今福地似天台。
> 春阴欲雨鸟相语, 老树无情风自哀。
> 万事不堪供一笑, 青山阅世自浮埃。

对此诗评为:

> 学副真才一代论, 容斋正觉入禅门。
> 海东亦有江西派, 老树春阴挹翠轩。

还有南龙翼在《壶谷诗话》中指出:

“国初以来，交体专尚东坡。而挹翠轩忽学山谷，侪流皆屈服。”

郑头卿也在《挹翠轩遗稿序》中这样指出：

“少时尝闻，崔简易权石洲两公，推挹翠轩文章，东国第一，后见良然，其诗气格放逸，可与黄太史雁行。”（见《东溟集》）

从高丽高宗时期到朝鲜时代中宗·明宗时期，宋诗尤其是苏轼的诗受到了尊重。东坡苏轼吸收了陶渊明·李白·杜甫·白居易·韩愈等前代大诗人们的长处，特别崇尚了杜甫的诗。苏轼的诗风由黄庭坚·张耒·晁补之·秦观(以上四人称为 “苏门四学士”·陈师道·李荐(与苏门四学士合称 “苏门六君子”等的苏氏门人得到了发扬，其中黄庭坚和陈师道是継承了苏诗文学的大统。此后，依靠以黄·陈为诗祖的 “江西诗派”，苏轼诗文学的传统得到了継承。江西诗派称 “江西宗派”·“江西派”，江西诗派这个名字是由吕本中制作 “江西诗社宗派图” 时起的名字，把以黄庭坚·陈师道为首的诗风相同的29名诗人，及追随他们的诗人，一概称作江西诗派了。把朴訚归属于江西派诗人，是因为他追随了黄庭坚·陈师道的诗风。黄·陈的中当然会表现出个性，但他们的诗风是継承了遵守宋诗风的苏东坡的诗风，因此取了黄·陈诗风，也就可以认为取了苏的诗风。学了黄·陈的诗就是说明比苏东坡的诗多读了黄·陈的诗。挹翠轩朴訚的诗，诗语纯净而圆满，诗想豪荡。

■ 李荇：他弹劾了金安老的横暴，成了祸根，被流配到了咸从，在配所去世了。但他作为大提学掌握了当时的文柄，也当过左议政，享尽了人臣的荣华富贵。燕山君时期，在诗坛中与朴訚一起享有最高的名声，而朴訚死后的中宗时期里是和郑士龙一起站在诗坛中最高诗人的位置。燕山君·中宗时期里因诗而有名的有李荇·朴訚·郑士龙，而在这三人之中他是第一。即许筠在他的《惺叟诗话》里指出：

“我国诗，当以李容斋为第一。”

他善于作古体诗，尤其是五言古体诗，因此金昌协(1651－1708)这样指出：

“容斋诗，虽格力不及挹翠轩，而圆浑和雅，意致老成，足为一时对手。其五言古诗，往往有绝佳者，非东岳所及也。”(《农严集》卷第34〈杂职外篇〉所载)

但是，他对各形的今体诗也很擅长。他的诗以温和为特色，诗风是和朴訚一样，追随了苏轼·黄庭坚·陈师道等的诗风。因此许筠评他的诗文学为：

“沈厚和平，澹雅纯热。其五言古诗，入杜出陈，高古简切，有非笔舌所可赞扬。”(《惺叟诗话》所载，文中的‘杜’指的是杜甫，‘陈’指的是陈师道)

下面所举的诗《岁暮有怀仲说》是怀念已故的亲友朴訚而作的：

“岁律其暮只今日，我思者谁无故人。今日苦留不肯驻，故人何处与为邻。吾生如此已堪笑，世事多端空自春。独立东风问冥漠，百年能夏几沾巾。”

■ 郑士龙：他登科之后官运顺利，明宗九年当上了大提学掌握了文柄。明宗13年(1558)，由于把科试题透露给了应试的慎思献，因此被罢职了。而当年就复职做了中枢府判事，接着当上了工曹判书，同17年又当上了中府判事，次年被认为是受沈议谦一派猜忌的李梁的同堂而罢职了。他在当时也受到了贪虐的责难，而在中宗·明宗时期作为代表性诗人，君临与诗文坛他的诗和杜甫的诗风很相似。举出他的诗中有名的〈后台夜坐〉则如下：

> "烟沙浩浩望无边，千仞台临不测渊。山本俱鸣风乍起，江声忽厉月孤悬，平生牢落知谁籍。投老迍邅祗自怜。拟着宫袍放身去，骑鲸人迹问高天。"

(3) 诗风转换期

如上所述，中宗·明宗时期的汉诗文坛渐渐排斥宋诗，出现了追随唐诗文风的趋向。而到了宣祖时期，就完全改变过来了。对于此事金昌协评论说：

> "世称，本朝诗莫盛於穆庙之世。余谓，诗道之衰，实自此始。盖穆庙以前为诗者，大抵皆学宋。故格调多不雅驯，音律或未谐适，而要亦疏卤质实，沈厚老健，不为涂泽艳冶，而各自成其为一家言。至穆庙之世，文士蔚兴，学唐者寝多，中朝王李之诗，又稍稍东来，人始希慕仿效，锻炼精工，自是以后，轨辙如一，音调相似，而天质不复存矣。"(《农岩集》卷34〈杂职外篇〉所载)

虽然不能完全肯定这一说法，但是宣祖以后的诗人尊崇唐诗，重视了诗格的情况是属实的。举出这一时期里出现的有名的诗人则如下。

- 卢守慎：字寡悔, 号苏斋, 光州人, 中宗10年(1515)生, 中宗38年登科, 官领议政, 宣祖23年(1590)卒, 谥号文简, 著书《苏斋文集》。
- 郑惟吉：字古元, 号林塘, 东莱人, 中宗10年(1515)生, 中宗33年登科, 官左议政, 宣祖22年(1588)卒, 著书《林塘遗稿》。
- 朴淳：字和叔, 号思庵, 忠州人, 中宗28年(1523)生, 明宗8年登科, 官领议政, 宣祖22年(1589)卒, 谥号 文忠, 著书《 思庵集》。
- 奇大升：字明彦, 号高峰, 幸州人, 中宗22年(1527)生, 明宗13年登科, 官大司谏, 宣祖5年(1572)卒, 著书《高峰集》。
- 黄延彧：字景文, 号芝川, 长水人, 中宗27年(1532)生, 明宗13年登科, 官判书, 宣祖40年(1607)卒, 谥号文贞, 著书《芝川集》。
- 高敬命：字而顺, 号斋峰, 济州人, 中宗28年(1533)生, 明宗13年登科, 官府使, 宣祖25年(1592)卒, 谥号忠烈, 著书《斋峰集》。
- 宋翼弼：字云长, 号龟峰, 砺山人, 中宗29年(1534)生, 宣祖32年(1599)卒, 谥号文敬, 著书《龟峰集》。
- 成浑：字浩源, 号牛溪, 昌宁人, 中宗30年(1535)生, 官左参赞, 宣祖31年(1598)卒, 谥号文简, 著书《牛溪集》。
- 李珥：字叔献, 号栗谷, 德水人, 中宗31年(1536)生, 明宗19年登科, 官右参赞, 宣祖17年(1584)卒, 谥号文成, 著书《栗谷全书》外多数。
- 郑澈：字季函, 号松江, 延日人, 中宗31年(1536)生, 明宗17年登科, 官判书, 宣祖26年(1593)卒, 谥号文清, 著书《松江集》。
- 白光勋：字彰卿, 号玉峰, 海美人, 中宗32年(1537)生, 官参奉, 宣祖15年(1582)卒, 著书《玉峰集》。
- 尹根寿：字子固, 号月汀, 海平人, 中宗32年(1537)生, 明宗13年登科, 官左赞成, 光海君8年(1616)卒, 谥号文贞, 著书《月汀集》·《月汀漫笔》。
- 尹卓然：字尚仲, 号重湖, 漆原人, 中宗33年(1538)生, 明宗20年登科, 官判书, 宣祖27年(1594)卒, 谥号宪敏, 著书《癸巳日缘》。

- 崔岦：字立之，号简易，开城人，中宗34年(1539)生，明宗16年登科，官参判，光海君4年(1612)卒，著书《简易集》。
- 李山海：字汝受，号鹅溪，韩山人，中宗33年(1538)生，宣祖5年登科，官领议政，光海君1年(1609)卒，谥号文笔忠，著书《鹅溪集》。
- 李纯任：字伯生，号孤泽，全义人，中宗38年(1543)生，宣祖5年登科，官参议，宣祖25年(1592)卒，著书《孤泽逸稿》。
- 崔庆昌：字嘉运，号孤竹，海州人，中宗34年(1539)生，宣祖1年(1568)登科，官府使，宣祖16年(1583)卒，著书《孤竹遗稿》。
- 刘希庆：字应吉，号村隐，江华人，任宗1年(1545)生，任祖14年(1636)卒，著书《村隐集》。
- 许筬：字功彦，号岳麓，许晔子，明宗3年(1548)生，宣祖16年登科，官判书，许筠的兄，光海君4年(1612)卒，著书《岳麓集》。
- 许篈：字美淑，号荷谷，明宗6年(1551)生，许筬弟，许筠兄。宣祖5年登科，官府使，宣祖21年(1588)卒，著书《荷谷集》。
- 许筠：字端甫，号蛟山·惺所，宣祖2年(1569)生，宣祖27年登科，官左参赞，光海君10年(1618)卒，著书《惺所覆瓿藁》。
- 许兰雪轩：许筠姊。本名楚姬，号兰雪轩，金诚立的妻，明宗18年(1563)生，宣祖22年(1589)卒，著书《兰雪轩集》。
- 林悌：字子顺，号白湖，罗州人，明宗4年(1549)生，宣祖10年登科，官正郎·知装教，宣祖20年(1587)卒，著书《白湖集》。
- 李好闵：字孝彦，号五峰，延安人，明宗8年(1553)生，宣祖17年登科，官左赞成，任祖12年(1634)卒，谥号文僖，著书《五峰集》。
- 车天辂：字复元，号五山，延安人，明宗11d (1556)生，宣祖13年登科，官余正，光海君7他(1615)卒，著书《五山集》·《五山说林草叶》。
- 李恒福：字子常，号白沙，庆州人，明宗11年(1556)生，宣祖13年登科，官领议政，光海君10年(1618)卒，谥号文忠，著书《白沙集》·《北迁日录》。

- 李德馨：字明甫，号汉阴，广州人，明宗16年(1561)生，宣祖13年登科，官领议政，光海君5年(1613)卒，谥号《文翼》，著书《汉阴文稿》。
- 柳梦寅：字应文，号於于堂，兴阳人，明宗14年(1559)生，宣祖22年登科，官参判，仁祖1年(1623)卒，谥号义贞，著书《於于集》·《於于野谈》。
- 车云辂：字万里，号沧洲，车天辂弟，明宗14年 (1559)生，宣组16年登科，官校理，著书《沧洲集》。
- 李达：字益之，号荪谷，原州人，明宗16年(1561)生，光海君10年(1618)卒，著书《荪谷集》。
- 许篈：字子贺，号水色，阳川人，明宗18年(1563)生，卒年不明，宣祖30年登科，官汉城府判尹，著书《水色集》。
- 李晬光：字润卿，号芝峰，全州人，明宗18他(1563)生，宣祖18他登科，官判书，仁祖6他(1628)卒，谥号文简，著书《芝峰类说》。
- 李廷龟：字圣徵，号月沙，延安人，明宗19年(1564)生，宣祖23年登科，官左议政，仁祖13他(1635)卒，谥号文忠，著书《月沙集》。
- 申钦：字敬叔，号象村，平山人，明宗21他(1566)生，宣祖19年登科，官领议政，仁组6年(1628)卒，谥号文贞，著书《象村集》·《晴窗软谈外》。
- 权韠：字汝章，号石洲，安东人，宣祖2年(1569)生，光海君4年(1612)卒，著书《石洲集》。
- 金尚宪：字叔度，号清阴，安东人，宣砠3年 (1570)生，宣祖29年登科，官敦宁府领事，孝宗 (1652)卒，谥号文正，著书《清阴集》·《南汉纪略》。
- 李安讷：字子敏，号东岳,德水人，李荇曾孙，宣祖4年(1571)生，宣祖32年登科，官公清道观察使，仁祖15年(1637)卒，谥号文惠，著画《东岳集》。
- 李植：字汝固，号泽堂，李荇玄孙，宣祖17年(1584)生，光海君2年登科，官判书，仁祖25年(1647)卒，谥号文靖，著书《泽堂集》·《杜诗批解》。

- 张维：字持国，号溪谷，得水人，宣祖20年(1587)生，光海君1年登科，官右议政，仁祖16年(1638)卒，谥号文忠，著书《溪谷集》·《溪谷漫笔》。
- 李明汉：字天章，号东洲，延安人，李廷龟子，宣祖28年(1595)生，光海君8年登科，官判画，仁祖23年(1645)卒，谥号文靖，著书《白洲集》。
- 李敏求：字子时，号东洲，全州人，宣祖22年(1589)生，李睟光子，光海君1年登科，官经筵同知事，显宗11年(1670)卒，著书《东洲集》，编纂《唐律广选》。
- 郑斗卿：字君平，号东溟，温阳人，宣祖30年(1597)生，仁祖7年登科，官参判，显宗14年(1673)卒，著书《東滨集》。
- 郑弘溟：字子容，号畸庵，郑澈子。宣祖25年(1592)生，光海君8年登科，官大提学，孝宗1年(1650)卒，谥号文贞，著书《畸庵集》·《畸翁漫笔》。
- 柳馨远：字德夫，号磻溪，文化人，光海君14年(1622)生，显宗14年(1673)卒，著书《磻溪随录》外多数。

这一时期是在我们民族文化史上最具有意义的时期。有名的学者栗谷李珥，还有龟峰宋翼弼为顶点的程朱性理学达到了顶峰，而在卢守慎等的影响下与程朱学相对立的阳明学也传播开了，也以李睟光·许筠为媒介传入了一部分西洋文化，出现的文学人才比任何时期都多，汉文学的兴盛也达到了极点。但是由于壬辰倭乱和丙子胡乱，我们的社会陷入了悲惨的境地。

这一时期的文人之中出现了“馆阁三杰”·“三唐诗人”·“汉文(文章)四大家”·“八文章”等的称号。再有，在一家中连续几代出现了大文材，如中国的曹氏三父子(曹操·曹丕·曹植)·苏氏三父子(苏洵·苏轼·苏辙)支配过文坛一样，在当时的文坛中放出了光芒。还有，这一时期里在庶民阶层出现了大才，显示了其文力，就像在告诉我们文学不是只有上流阶层才能享有的。“馆阁三杰”的称号是在南龙翼的《壶谷诗话》中首次出现。如：

“评者谓，郑湖阴卢苏斋黄芝川，馆阁三杰，金梅月南秋江宋龟峰，山林三杰。”

馆阁是包括中国宗代的昭文馆·史馆·集贤院三馆和秘阁·龙图阁·天章阁等而言的，在我国则模仿于此包括进去了艺文馆和弘文馆，而无论是在中国或在我国，馆阁官员是善于文章的文臣才能当上的。说明从以前一直到南龙翼生活的那一时期，官料诗人中最有名的有前期的郑士龙和这一时期的守慎·黄廷或，草野诗人中最突出的有金时习·南孝温·宋翼弼。“三唐诗人”指的是对唐诗文学最有体会的三位诗人，即崔庆昌·白光勋·李达。李光在他的《芝峰类说》九卷里指出：

“我东诗人. 多尚苏黄，二百年间，皆袭一套，至近世，崔庆昌白光勋始学唐，务为清苦之词，号为崔白，一时颇效之，殆变向来之习。然其所尚者，晚唐耳，不能进於盛唐，岂有所局耶。”

■ 崔庆昌·白光勋追随了唐诗文学，影响过当时的诗坛，但是只精通于晚唐诗学。而后来的任相元(字 公辅，号 恬轩，丰川人，官左参赞，1638 - 1697)在《荪谷集序》这样指出：

“当穆陵朝，有称三唐集者，谓崔孤竹庆昌白玉峰光勋李荪谷达也。”

说明李达也精通于唐诗学，因此把崔·白·李三人称作“三唐诗人”了。

“汉文(文章)四大家” 指的是李廷龟·申钦·张维·李植, 而 “八文章” 指的是宋翼弼·李山海·崔庆昌·白光勋·崔岦·李纯仁·尹卓然·河应临(前期人)。八文章的名称最初用于宋翼弼的墓志铭。汉文四大家和八文章是从前期末到这一时期的文人中最善长古文的人。这一时期里出现过不少代代以诗文出名的家门, 如前期诗人许晔的四个子女许筬·许篈·许筠·许兰雪轩, 前时期的学者车轼(字敬叔, 号頤斋, 官郡守, 1517－1575)的二子车天辂·车云辂, 前期的大诗人李荇的后孙李安讷·李植, 李廷龟·李明汉父子等。

上面所举的这一时期的有名的诗人之中, 很难指出谁是更有名的诗人。但是, 如果一定要举出在作诗上比别人突出的人士, 则有卢守慎·黄廷彧·宋翼弼·崔庆昌·白光勋·李达·崔岦·刘希庆·许兰雪轩·车天辂·权韠·李安讷·郑头卿·郑弘溟等。下面对他们的诗文学做简单的介绍。

■ 卢守慎：明宗·宣朝时, 文士权应仁在他的著作《松溪漫录》下卷里评出：

“苏斋相国之时, 专学老杜, 纯正老雅。”

即他是取唐诗诗风的先驱人物之一, 尤其尊重了杜甫的诗风。许筠在《惺叟诗话》里评苏斋时, 说他善于五言律诗, 但是也善于作其他形的诗。下面举出他的七言绝句诗〈碧亮诗人〉：

晓月空将一影行, 黄花赤叶正含情。
云沙目断无人问, 倚遍津楼八九楹。

■ 黄廷彧：黄芝川的诗风和卢苏斋相同。而对于他的定评是他善于七言律诗。下面所举的七言绝句诗〈次玉堂小桃韵〉中，可以看出他老健的诗风。

无数宫花依粉墙，游峰戏蝶趁馀香。
老翁不及春风看，空有葵心向太阳。

■ 宋翼弼：由于出身微贱没有当上官，但是以性理学的大家与栗谷齐名，培养了金长生·金集·郑晔·徐渻·郑弘溟·金盘等的人才，对于学界的贡献是很大的。作为学问的大家，他在作诗和作文上也压倒了他人。他的诗具有盛唐的诗风。

“山行忘坐坐忘行，歇马松阴听水声。後我几人先我去，各归其止又何争。”

这首〈山行〉诗中有警戒当世以派争为务人们的隐意。

■ 崔庆昌：他以精通于唐诗文学而著名，他要追随盛·中唐的诗风，而流于华美，更通于晚唐诗风。下面所举的〈次大同江韵〉是跟着郑知常的诗韵而作的，说明两人的诗风相似。

水岸悠悠杨柳多，小船遥唱采菱歌。
红衣落尽秋风起，日暮芳洲生白波。

■ 白光勋：李廷龟作了白光勋的文稿序，其中指出：

“白玉峰者，以诗名於湖中，尤工於绝句。···咸谓长吉复出。”

记载了当时的人们称赞我国再次出现了中唐时期的李贺(字长吉，791－817)。还有，许兰雪轩读过白玉峰所作的〈弘庆寺〉诗：

秋草前朝寺，残碑学士文。
千年有流水，落日见归云。

之后，把其感受做成了诗：

近者崔白辈，攻诗轨盛唐。
寥寥大雅音，得此复铿锵。

指出白玉峰追随了盛唐诗风。对于白光勋的诗，每个人的评价都不同，没有定论。可以从下面所举的《春后》诗：

春去无如病客何，出门时少闭门多。
杜鹃空有繁华恋，啼在青山未落花。

看出他的诗想不够坚定，有时流于哀愁，可以认为和中唐后期乃至晚唐时期的诗风相似。

■ 李达：他没有得到社会地位，也是怀才不遇之人。许筠在他的《鹤山樵麓》里指出：

"崔白李三人，皆法正音，崔之清劲，白之枯淡，皆可贵重。然气力不逮，稍失事厚。李则富艳，比二氏家数颇大，皆不出岛郊之藩篱。崔白早世，李晚年文章大进，自成一家，敛其绮丽，归於平实。仲氏亟称曰，可与随州比肩，亦不多让。"

他认为崔庆国·白光勋·李达没有从中唐时期的后期诗人孟郊(751－814)·贾岛(779－843)等的诗风脱离，崔·白的诗的内容没有气力，李的虽然华美，但是后期李丢掉华美的诗，开始作平实的诗，自己的仲氏许篈称赞李达，由于在唐时期前期作为田园诗人、山林诗人名望颇高，而且还是随州刺使，所以可与称为刘随州的刘长卿(字文房，709－785)齐名。

金万重(1637－1692)在他的《西浦漫笔》里指出：

"间尝阅本朝诸公诗，僭谓，五言绝当以李荪谷桐花夜姻落为第一。"

极赞了他的五言绝句诗〈桐花夜烟落〉，他确实是善于作棘手的五言绝句诗。下面所举的诗〈山寺〉也可以看出他的诗才和诗风：

寺在白云中，白云僧不扫。
客来 门始开。万壑松花老。

■ 崔岦：金万重的《西浦漫笔》里有如下记载：

"宣庙朝，诸名士会於崔简易宅，酒半，权汝章起，而问曰，当今海东文章，公固其人，但未知风雅之业当属何人，盖自许也。简易答曰，老汉死後，公等任自为之。"

有几位名士聚在崔岦家喝酒，若是诗的话，自称自己是第一的权鞸，向崔岦问道，“现在的文章第一大家是公，但是论诗的话，谁应该是第一?”崔说道，“等我死了之后，你们再论这个吧。”这说明论诗，他自负的认为自己是第一。他生活在开城，因此当时人们把他的文章和韩濩(石峰)的书、车天辂的诗合称 “松都三绝”，而犹如许筠比喻他的诗和文章之后说 “实胜其文” 那样，李睟光在他的《芝峰类说》卷九里这样的记载：

> “崔简易岦於诗酷好後山，常言，诗须以用意为工，我国人诗无意味，所以未善也。”

他很喜欢宋的陈师道(号后山)，他认为诗可以传意，所以应该借鉴好的诗。他经常来往中国，因此与中国人的接触比其他人多，又对过许多中国诗。下面举出他的七言绝句诗〈徐方伯江上别〉：

> 西游故国即天涯，复向江头管别离。
> 无限落来红叶湿，不堪题句寄相思。

■ 刘希庆：他在东岗 南彦经(字时甫，宜宁人，徐敬德的门人，明宗21年因学行高而当上了砥平县监，宣祖26年成为工曹参议。他作为阳明学者第一次批判退溪李滉的学问， 因此受到了程朱学派的排斥而削职。)之下修过学，因此在学问上的造诣也深。但是，因为属于低贱阶级的人，所以他的一生是极其不遇的。由于他明于丧礼之法，因此经常被叫到士大夫家当过他们的役夫，但是，他的爱国心是强过任何人的，又喜爱诗学。壬辰倭乱发生后，士大夫们为了保护一家的生命和财产，战战兢兢地都忙于避乱，而他招集了爱国之士，为国杀敌，立了战功。到了晚年，在北村净业院上面景色优美的地方种了桃柳，起了“枕流台”的称号，在那里汇集同阶层的白大鹏·朴継姜·崔奇男·朴枝华·姜玉瑞·朴仁寿·权千同·孔亿健等创立了诗社，进行了诗文创作活动。他们当时自称为“风流香徒”。他的诗名被世人所闻之后，当时的许多士大夫们也和他建立亲交，其中车天辂·李晬光·申钦·曺友仁·成汝学·洪庆民等经常与他和他所领导的风流香徒们在一起作过诗。与他最亲的李晬光评他的诗为：

“惟追唐李杜，不学宋陈黄。”

他不看宋的陈师道·黄延坚的诗，而是喜欢盛唐时期的李白·杜甫的诗。下面所举的诗是他的〈月溪〉诗：

山含雨气水生烟，青草湖边白鹭眠。
路入海棠花下转，满枝香雪落挥鞭。

■ 许兰雪轩：在朝鲜时代里出现过成嬉(字用晦，号仁斋，世宗－世祖诗人，官府尹)之女成氏·金悌男的子媳郑氏·俞汝丹(字师圣，号林碧堂，1480－?) 的夫人金氏·栗谷的母亲师任堂申氏·许兰雪轩·黄真伊·一枝红等女流诗人，而其中许兰雪轩最有名。她文才过人，与金诚立(字汝见，号西堂，安东人，宣祖25年登科，官弘文馆著作，壬辰乱时，年31岁)结了婚，但没有过和谐的夫妇生活。她说过“生在朝鲜，生为女子，与丈夫不和谐是她的三根”，而她的一部分作品由她弟弟许筠给了明朝的使臣朱之蕃，在中国以《兰雪轩集》刊行，在人们的称赞声中得到了流行。还有，在日本刊行之后，也受到了读者们的喜爱。下面所举的〈贫女吟〉是抒发她孤寂的心情的：

手把金剪刀，夜塞十指直。
为人作嫁衣，年年还独宿。

她的哥哥许筠评她的诗为：

"大都太白长吉之遗音也。"

■ 车天辂：他说"万里长成毕竟有尽头，而我的文章却没有尽头"，对自己的文力很是自负。他随通信使黄允吉去过日本，而以文闻名于日本。他写过许多给明朝的外交文书，在明朝也得到了东方文士的称号。对于他的豪放的诗文，　谁都只能感叹为奇才之诗。下面的是他的〈江夜〉诗：

夜静鱼登钓，波浅月满舟。
一声南去雁，啼送海山秋。

■ 权韠：他无志于参加科举或做官。因此，只是游山玩水，以诗酒为友过着生活。朋友们推荐他做童蒙教官，但一定要束带参礼曹才行，而他不愿意参加这种仪式而辞掉了。壬辰之乱发生后，国王避难到了龙湾，他就写了上疏，指出其责任在于大臣身上，应该诛斩李山海·柳成龙等时任大臣。光海君3年，他听到任叔英由于在对策文中攻驳了时政的缺点，而被王妃亲族们的阴谋落榜的消息之后，作了下面这首〈宫柳诗〉：

宫柳青青莺乱飞，满城冠盖媚春晖。
朝家共贺升平乐，谁遣危言出布衣。

讽刺了妃兄柳希奋的非理之行。而就是由于这首诗被判了死刑，但在李恒福的极力相救之下免了死刑，减形为流配边境。到了东城之外，喝了一个人给他的酒后就醉死过去了。他善于作对于任何形的诗，工于格调，诗想有时也和杜甫之诗相似。下面举出他的诗〈过郑松江基有感〉：

空山木落雨潇潇，相国风流此寂寥。
惆怅一杯难更进，昔年歌曲即今朝。

■ 李安讷：在诗风上与权韠相似，而比起权石洲的豪放，李东岳作的是清稳的诗。因此在南龙翼的《壶谷诗话》里有如下记载：

"车沧洲评東岳诗曰，子敏之诗，如衡岳无云，洞庭不波。盖谓诗格雄拔钜丽，而差少奇巧造化意也。"

下面举出他听过郑澈唱的《思美人曲》之后所作的诗〈闻歌〉：

江头谁唱美人词。正是孤舟月落时。
怊怅恋君无限意，世间惟有女郎知。

■ 郑头卿：他说"余平生所读诵，唐以上诗也。"因此他的诗没有与宋以后的诗学结下姻缘。所以，金昌协在他的《农岩集》34卷里评他为：

“郑东溟出於晚季，能知有汉魏古诗乐府为可法，歌行长篇，步骤李杜，律绝近体，模拟盛唐，不肯以晚唐苏黄作家计，亦伟矣。”

他确实是取盛唐诗风的诗人。下面所举的诗是吟御史的〈戏赠李御史子文〉诗：

御史潜来不道名，自称京洛李书生。
阴山夜云将军猎，莫向边城作虎行。

■ 郑弘溟：在这一时期末的诗坛里他与郑头卿齐名。他的诗也追随了盛·中唐时的诗风。他按照盛唐时期有名的山水诗人王维的诗韵作的诗〈客居用王辋川韵〉，就能说明这一点：

忧来仍独卧，灯火照寒更。
谷静幽泉响，山深怪鸟鸣。
新篇吟更稳，远梦觉还成。
来日持明镜，应添白发生。

(4) 成熟期

我们的民族在前时期里经过了两次前所未有的大乱。岛国日本和北方大陆的满族的大举侵犯，使民族社会支离破碎。当时，执政及领导民众的统治阶层应该指出我们民族要走的正确的方向，谋划出建设新社会的诸般施策。首先，要摆脱中国的羁绊，具备自主的观念。主张自主的思想在壬辰倭乱之前就已萌芽。李翼的《星湖僿说》九卷里有如下记载：

> “林白湖悌，气豪不拘检。病将死，诸子悲号。林曰，四海诸国，未有不称帝者，独我邦终古不能。生於此陋邦，其死不足惜。命勿哭。”

可以看出像林悌等人已认识到我国是中国的隶属国，并对其存在感到忿恨。但是当时的执政及上流阶层总是认为不能不依靠中国，不可能脱离他的支配。还有，在这一时期应当留意文化建设，进行社会改革的。所以整个国民同心协力地把衰败的国家重建起来才是紧要的。光海君时在许筠·李睟光的影响下传入了天主教等一部分西洋文化，但文化界没有及时加以重视。朴应犀·沈友英·徐羊甲·许弘仁·朴致毅·李耕俊·金庆孙等庶出的文士们自称为“江边七友”或“竹林七友”，揭露过不平等的社会的弊端。柳馨远远极力主张过要改革一切社会制度，但想到国家的处境，并没有改善国政或社会制度。因此民族社会在以派争为的贪虐无能的士大夫阶层的统治之下，越来越走向山穷水尽的境地。但是没有像前时期一样的外患，因此在表面上还是平稳的。

这一时期里没有像前时期一样出现大量的大诗家。但是比起一心追随唐朝诗学的前时期的诗坛，这一时期的诗人们是为了在诗文中显示自己个人的个性而努力的。还有这一时期里出现过许多庶民阶层的诗人。他们组织了诗社，形成了与士大夫出身的诗人不同的诗坛。从肃宗时到英祖，有过以林俊元为中心的“洛社”；此后组织了以千寿庆为中心的“松石园诗社”(又称“西社”或“西园诗社”；纯祖时，有过池锡观领导的“七松亭诗社”，形成了庶民阶层诗人的统合。举出庶民出身的诗人则上有洪裕孙(字余庆，号筱丛，1431－1529，金宗直的高弟子)，此后有朴枝华(字君实，号守庵，1513－1592)·徐起(字待可，号颐窝，1523－1591))·宋翼弼等兼备儒学的诗人，又有前时期的风流香徒。总的来说他们的影响是微弱的，但是在这一时期里他们的影响并不比士大夫阶层的诗人逊色。因此，我把这一时期命名为汉诗文学的成熟期。

下面举出这一时期的有名的诗人，先举出士大夫阶层的诗人则如下：

- 宋时烈:字英甫，号尤庵，恩津人，金长生、金集父子的弟子，継承李珥学统的大学者，宣祖40年(1607)生，仁祖11年生员科状元，因荐举走上官路，当了左议政，肃宗十五年(1689)卒，谥号文正，著书《宋子大全》。

  南龙翼:字云卿，号壶谷，宜宁人，仁祖6年(1628)生，仁祖26年登科，官两馆大提学·判书，肃宗18年(1692)卒，谥号文宪，著书《壶谷集》·《壶谷诗话》。
- 南九万:字云路，号药泉，宜宁人，仁祖7年 (1929)生，孝宗7年登科，官领议政，肃宗37年(1711)卒，谥号文忠，著书《药泉集》。
- 金锡胄:字斯白，号息庵，清风人，仁祖12年(1634)生，显宗3年登科，官左议政，肃宗10年(1684)卒，谥号文忠，著害《息庵集》。编纂《海东辞赋》。

  金昌协:字仲和，号农岩，安东人，孝宗2年(1651)生，肃宗8年登科，官府使，肃宗34年(1708)卒，谥号文简，著书《农岩集》外多数。
- 金昌翕:字子益，号三渊，金昌协的弟弟，孝宗4年(1653)生，景宗2年(1722)卒，谥号文康，著书《三渊集》。
- 金万重：字重叔，号西浦，光山人，仁祖15年(1637)生，显宗6年登科，官弘文馆大提学·经筵知事，肃宗18年(1692)卒，谥号文孝，著书《西浦漫笔》·《西浦集》。
- 金得臣:字子公，号柏谷，安东人，宣祖37年(1604)生，显宗3年登科。肃宗10年(1684)卒，著书《柏谷集》·《终南丛志》。

- 金春泽:字伯雨。号北轩，光山人，显宗11年(1670)生，肃宗43年 (1717)卒，谥号忠文，著书《北轩集》。
- 李时恒:字士常，号和隐，遂安人，显宗13年(1672)生，肃宗25年登科，官郡守，英祖12年(1736)卒，著书《和隐集》，编纂《西京志》。
- 申维翰:字周伯，号青泉，宁海人，肃宗7年(1681)生，肃宗39年登科，官奉常寺佥正，著书《青泉集》·《海游录》。
- 李瀷:字自新，号星湖，丽州人，肃宗7年(1681)生，官 以学行推荐为中枢府佥知事，英祖39年(1763)卒，著书《星湖僿说》·《星湖文集》。
- 池光翰:字辉甫，号雪岳,忠州人，进士，以学行做户曹佐郎，肃宗21年(1695)生，英祖32年(1756)卒，著书《雪岳遗稿》·《池氏鸿史》。
- 南有容:字德哉，号雷渊，宜宁人，肃宗24年(1698)生，当过县监之后，英祖16年登科，官右宾客，英祖49年(1773)卒，谥号文清. 著书《雷渊集》。
- 黄景源：字大卿，号江汉，长水人，肃宗35年(1709)生，英祖16年登科，官中枢府判书，正祖11年(1787)卒，谥号文景，著书《江汉集》。
- 李用休：号惠寰斋，骊州人，李瀷的外甥，因荫补官为中枢府佥知事。
- 文东道：字圣源，号敬庵，南平人，隐逸士，官副率，英祖时人。
- 朴趾源：字仲美，号燕岩，潘南人，英祖13年(1737)生，官府使，纯祖5年(1805)卒，著书《燕岩集》外多数。
- 李家焕：字廷藻，号锦带，李用休子，英祖18年(1742)生，正祖1年登科，官判书，纯祖1年(1801)卒，著书《锦带遗稿》。
- 李书九：字洛瑞，号姜山，全州人，英祖30年(1754)生，英祖50年登科，官中枢府判事，纯祖25年(1825)卒，谥号文简。著书《姜山集》·《惕斋集》。
- 丁若庸：字美鏞，号茶山·三眉·与犹堂，英祖38年 (1762)生，正祖13年登科，官参议,显宗2年(1836)卒，谥号文度，著书《丁茶山全集》。
- 申纬：字汉叟，号紫霞·警修堂，平山人，英祖45年(1769)生，正祖23年登科，官参判，宪宗13年(1847)卒，著书《警修堂全藁》·《申紫霞诗集》。

- 洪奭周：字成伯，号渊泉，丰山人，英祖50年(1774)生，正祖19年登科，官左议政·中枢府领事，宪宗81年(1842)卒，谥号文简，著书《渊泉集》·《鹤冈散笔》。
- 金迈淳：字德叟，号台山，安东人，英祖52年(1776)生，正祖19年登科，官留守，宪宗6年(1840)卒，谥号文清，著书《台山集》外多数。

举出庶民出身的有名的诗人则如下：

- 林俊元:字子照，号西轩。
- 庾缵洪:字述夫，号春谷，译官。
- 洪世泰:字道长，号柳下·沧浪，孝宗4年(1653)生，英祖1年(1725)卒，官蔚山监牧官。著书《柳下集》，编纂《海东遗珠》。
- 石希璞:字子城，号南川，丙子乱时20岁,作为崔鸣吉的书记参军。他的儿子石万载(字季叟，号豆村)也善于作诗。
- 崔承太:字子绍，号雪蕉.
- 李得元:字士春，号竹斋，仁祖17年(1639)生，肃宗8年(1682)卒，著书《竹斋稿》.
- 高时彦:字国美，号省斋，显宗12年(1671)生，李得元的女婿。17岁时司译院汉学科及第，英祖10年(1734)卒，著书《省斋集》。
- 郑来侨:字润卿，号浣岩，肃宗7年(1681)生，承文院制述官，英祖33年(1757)卒，著书《浣岩集》。
- 郑敏侨:字季通，号寒泉，郑来侨弟，肃宗23年(1697)生，英祖7年(1731)卒。
- 黄宅厚:字子和，号华谷，肃宗13年(1687)生，禁卫营胥吏，英祖13年(1737)卒，著书《华谷集》。

- 李彦瑱：字虞裳，号云我·松穆馆主人·沧起，英祖16年(1740)生，英组42年(1766)卒，著书《松穆馆集》。
- 李德懋：字懋官，号炯庵·雅亭·青庄馆，全州人英祖17年(1741)生，县监·司饔院主簿,正祖17年(1793)卒，著书《青庄馆全书》外多数.
- 柳得恭：字惠风，驴冷斋·古芸堂，文化人，英祖25他(1749)生，官府使。著书《冷斋集》。
- 朴齐家：字次修·在先，号楚亭·贞蕤，密阳人，英祖26年(1750)生，官县监。著书《北学议》·《贞集蕤》。
- 千寿庆：字君善，号松石园道人，纯祖18年(1818)卒。
- 张混：字元一，号而已广，英祖35年(1759)生，奎章胥使，纯祖28年(1828)卒，著书《篚段集》·《诗宗》等。
- 赵秀三：初名景滩，字芝园·子翼，号秋斋·经畹，英祖38年(1762)生，宪宗15年(1849)卒，著书《经畹集》。
- 车佐一：字叔章，号四名子，车天辂后裔，英祖29年(1753)生，纯祖9年(1809)卒，著书《四名子诗集》。
- 金洛瑞：字文初，号好古斋，内阁胥吏。
- 王太：字步庚，号数里。
- 朴允默：字士执，号存斋，英祖47年(1771)生，内阁胥吏，宪宗15年(1849)卒，著书《存斋集》。
- 姜凤文：字周瑞，号玉溪，英祖11年(1735)生，安东乡吏，纯祖15年(1815)卒，著书《玉溪遗稿》。
- 郑凤：俗号郑樵夫·杨根樵夫。

上面所举的许多有名的诗人中，指出更突出的人，则有被称为朝鲜时代第一诗大家的申纬和金昌翕·洪世泰·李彦瑱·李德懋·柳得恭·朴齐家·李书九·张混·赵季三等。下面略述他们的诗文学：

■ 申纬：终末期的有名的文人金泽荣在他的《韶濩堂集》10卷里极赞了申维说道：

“李益斋之诗, 以工妙清俊, 万象具备, 为朝鲜三千年之第一大家。是以正宗而雄也. 申紫霞之诗, 以神悟驰骋, 万象具备, 为吾韩五百年之第一大家。是以变调而雄者也。”

被称为诗·书·画的三绝的申维， 从小就善于文章， 有过神童的称号。他的《警修堂全藁·年谱》里有如下记载：

“於诗始学盛唐, 後改学苏东坡, 悉弃前作。”

又根据金泽荣的《申紫霞诗集序》里有如下记载：

“申公之生, 直接姜山诸家之踵, 以诗画书三绝闻於天下, 而其诗以苏子瞻为师。”

他不同于那些急于专研唐代诗学的前期的诗人, 反而尊重苏轼的诗风。他的许多诗中 东人论诗绝句三十五首·杂书五十首 是有名的。下面所举的诗〈狱中煎茶〉：

席地寒衾卒伍同, 茶炉幸有火通红。
耳根暂借松风响, 咫尺神游涧壑中。

■ 金昌翕：显宗14年, 进士科及第之后, 当时的宰相金锡胄推荐他, 任命为掌乐院主簿, 但志不在官界, 因此没有就任, 隐居起来致力于道学和诗文。他认为我国的诗人拘泥于中国的诗风，应该矫正这种卑靡的诗。而他的诗也是追随陆游的诗风。下面的诗〈访俗离山〉，表现了他的悠悠自在的隐逸生活的一面：

江南游子不知还，古寺秋风杖屦闲。
笑别鸡龙馀兴在，马前犹有俗离山。

■ 洪世泰：精通于经史，且如金昌协所感叹：

“矢口成章，有一唱三叹之音。”

他是诗的大才。肃宗8年随通信使去了日本，以诗的实力让日本的名士们惊叹，因此作为诗人他不仅仅是在国内，而且在日本也是有名的。但是，由于身分低微，因此他的一生很坎坷。他收集庶民诗人们的诗，编纂了《海东遗珠》，夸示了庶民阶层的文才。他的诗风像唐诗风，而实际上树立了自成一家的诗风，善于作慷慨的悲愤的抒情诗。下面所举的诗是〈满月台歌〉：

满月台前落木秋，西风残照使人愁。
山河气尽姜邯赞，日月名贤郑梦周。

■ 李彦瑱：他是英祖时诗坛中的犹如慧星似的存在，不幸地是才27岁就夭折了。朴趾源在《虞裳传》里把他称赞为天才诗人，这是无可非议的。24岁时以翻译官的身分去了日本，左酬右应，甚是自如，受到了日本文士们的日本没有这样的诗人的评判，不愧为大诗人之称。临终之前，他说：

“存亦无益世，谁知李彦瑱者。”

同时把生前所作的许多诗稿都烧掉了，因此，现在传下来的没有多少。如金潇在〈松穆馆集跋〉里指出：

“诗文之不蹈袭前人，而专出於己者。吾见李君虞裳，言简而旨深识，而调奇。”

他没有跟随前人的诗风，而是树立了自己的诗风。因此他的诗是清新又奇健的。他的诗中，长篇诗 海览篇 和 拟古田家四时词·一阳舟中(三十二叠)等很有名，下面举出〈一阳舟中〉中的一首：

耿谋妻子计，赍志学皇初。
牛角看前史，航头得古书。
馀粮分与鼠，残鱠弃为鱼。
肠肚急腥腐，新诗气笋蔬。

■ 李德懋·柳得恭·朴齐家·李书九：此四人称作 “四家”。有个叫柳琴的人把他们的诗收集成书，正祖1年作为贺正使的幕僚携带到清朝，让当时中国的名士李调元和潘庭筠看，并要求给写一下序和跋文，而李·潘两人同样地在序文中，称他们为“四家”，给诗集起了《四家诗》的名字，四家的名称亦源于此，他们都尊重排斥空理、主张实力的朴趾源，其中李书九以外的三人来过中国，与清代的文化有过直接的接触。与他们交情深厚的李书九也从三友那里得到了介绍，因此都精通于清代的文化。清朝的潘庭筠指出：

“炯庵锤字炼意，力扫凡豁，别开异境……触目都是奇宝，非寻常近玩之比。”

但是，如李德懋在他的《清脾录》里指出：

“余酷嗜贻上诗，以为非徒有明三百年内，无此正声，求诸宋元，亦罕阙俦。”

他以唐代的王维和孟浩然为诗宗，崇拜清代的王士祯(字贻上，号阮亮·渔洋山人，1634－1711)。王士祯提倡要“神韵说”，即提倡作诗要超越精神物我的区别、达到坐禅入定之心境。他还指出他的三友柳得恭·朴齐家·李书九也都精通于王士祯的诗。下面举出他们每个人的一首诗：

〈婵娟洞〉：李德懋

婵娟洞草赛罗裙，剩粉遗香暗古坟。
现在红娘休詑艳，此中无数旧如君。

〈松京杂绝〉：柳得恭

门千户万揔成灰，剩水残山春又来。
吹笛桥边踏青去，礼成江上打鱼回。

〈白云台〉：朴斋家

地水俱织竟是涯，圆苍所覆累如丝。
浮生不啻微如栗，坐念山枯石烂时。

〈秋日田园〉: 李书九

柴门新拓数弓荒，真是终南旧草堂。
藜杖闲听田水响，筝舆时过稻花香。
鱼梁夜火归寒雨，蟹窟秋烟拾早霜。
始信乡园风味好，百年吾欲老耕桑。

■ 张混：平民诗人朴允默(1771－1849)称张混说："屡百千言，字字新"(《存斋集》14卷)，他是善于作清新之诗的大家，当时的士大夫们也推崇过他。洪奭周评他为:

"足下之文，最长於诗，诗尤长于古体……亦知足下之诗,非今世诗也。"(《渊泉集》卷17)

李书九对于他的诗这样指出："古体深得汉魏余响"。他才是为了摆脱当时的诗人们尊崇唐诗文学的恶习，致力于朴素地表现自己的诗情。

■ 赵秀三：他作为进贡使的幕僚，来中国六次，他多闻博识又精通于医学。身分虽然低微，但是有许多被他的文才压倒的士大夫们与他交过友。以金正喜为首，与他有过亲交的许多人都指出他对杜甫的诗风精通。写实方面，确实和杜甫诗相似，而他的诗又是诣谑的。由于身分低微一直不遇的他，在83岁时及第于进士科。所作的〈司马唱榜日口呼七步诗〉中可以看出他的崎岖的一生：

腹里诗书几百担。今年方得一襕衫。
傍人莫问年多少，六十年前二十三。

(5) 终末期

李氏王朝大势已去，国家终究会走向灭亡的这一时期里，有过不堪回首的各种各样的事情。从宪宗时开始，外国人一点一点的走近，趁机惹是生非引起了事端；还有反对腐败的国政的骚乱，直到被日本强占之前，重大事件连续发生。

江华岛条约·与欧美诸国的修交·壬午军乱·甲申政变·东学乱·乙巳保护条约等是威胁朝鲜朝的生命，催促其灭亡的大事件。

民族社会被黑暗容罩着，人们急于希求光明，旧来的文化不可能得到昂扬，尤其是与旧制的政治有密切关系的汉诗文学，由于政治改革急速走向下坡之路，并且在高宗31年废止一切科举制度之后，汉诗文学几乎要退出历史的舞台了。这一时期的士大夫阶层的诗坛比前期微弱，而平民诗坛中有过纯祖时，新组织起来的"稷下诗社"系的诗人及其他许多闾巷诗人，他们反而超跃了士大夫阶层诗人的影响。举出这一时期的有名的诗人则如下：

ⓐ 士大夫诗人

- 金正喜:字元春，号阮堂·秋史，庆州人，正祖10他(1786)生，纯祖17年登科，官参判，哲宗7年(1856)卒，著书《阮堂集》。
- 李晚用:字汝成，号东樊，全州人，纯祖2他(1802)生，哲宗9他登科，官兵曹参知，著书《东樊集》。
- 姜玮:字仲武·苇玉，号秋琴·古懽子，晋州人，纯祖20年(1820)生，官监役，高宗21年(1884)卒，著书《古懽堂集》。
- 崔益铉:字赞谦，号勉庵，庆州人，纯祖33年(1833)生，哲宗6年登科，官议政府赞政，光武10年(1906)卒，著书《勉庵集》。
- 金允植:字洵卿，号云养，清风人，宪宗1年(1835)生，高宗11年登科。官大提学, 1922卒. 著书《云养集》·《天津谈笔》等。

- 李定稷:字馨五, 号石亭, 新平人, 宪宗7年(1841)生, 1910年卒, 实学者, 著书《海鸥遗书》。
- 李沂：字伯曾, 号海鹤, 固城人, 宪宗14年(1848)生, 隆熙3年(1909)卒, 实学者, 著书《海鹤遗书》。
- 金泽荣：字于霖, 号沧江·韶濩堂, 花开人, 哲宗1年(1850)生, 高宗28年进士, 官中枢院书记官内阁记录局史籍课长, 1927年卒, 著书《韶濩堂集》·《韩国小史》等。
- 李建昌:字凤藻(凤朝), 号宁斋, 全州人, 哲宗3年(1852生), 高宗3年登科, 官按核使, 光武2年(1898)卒, 著书《明美堂稿》·《党议通略》。
- 黄玹:字云卿, 号梅泉, 长水人, 哲宗6年(1855)生, 高宗22年生员试壮元, 1910年卒, 著书《梅泉集》·《梅泉野录》。
- 张志渊：初名志尹, 字舜韶, 号韦庵·嵩阳山人, 仁同人, 高宗1年(1864)生, 高宗31年进士, 1921年卒, 实学者, 著书《韦庵文稿》外多数, 编纂《大东文粹》。

ⓑ 庶民阶层的诗人

- 刘在建:字德初, 号兼山, 江陵人, 奎章阁胥吏, 稷下诗社诗人, 正祖17年(1793)生, 高宗17年(1880)卒, 著书《兼山笔记》·《里乡见闻录》。
- 李庆民:字元会, 号云冈, 江阳人, 李彦瑱的宗族, 稷下诗社诗人, 纯祖14年(1814)生, 高宗20年(1883)卒, 编纂《熙朝轶事》。
- 赵基完:字奉璧, 号菊史, 哲·高宗时人, 七松亭诗社诗人。
- 吴宖默:字圣圭, 号茝园, 哲·高宗时人, 七松亭诗社诗人.
- 卞锺运:字朋七, 号歗斋, 正祖14年(1790)生, 高宗3年(1866)卒, 著书《歗斋集》。
- 李尚迪:字惠吉, 号藕船, 牛峰人, 纯祖4年(1804)生, 以译官, 官中枢府知事, 高宗21年(1865)卒, 著书《恩诵堂集》。

- 金炳渊:字性深, 俗名笠, 号兰皋, 安东人, 纯祖7年(1807)生, 哲宗14年(1863)卒, 著书《金笠诗集》。
- 郑芝润：字景颜, 号夏园·寿铜, 东莱人, 纯祖8年(1808)生, 哲宗9年(1858)卒, 著书《夏园诗抄》。
- 玄锜:字信汝, 号希庵, 纯祖9年(1809)生, 哲宗11年(1860)卒, 著书《希庵集》。
- 崔瑆焕：字星玉, 号於是斋, 哲·高宗时人, 著书《性灵集》。
- 崔汉绮:字芸老, 号惠岗·明南楼, 朔宁人, 纯祖3年(1803)生, 高宗16年(1879)卒, 实学者, 著书《明南楼集》外多数。

上面举出的许多诗人之中, 诗名更突出的有金正喜·金炳渊·郑芝润·玄锜·卞锺运·李尚迪·姜玮·金泽荣·李建昌·黄玹等。黄玹和郑芝润可以说是这一时期代表诗人。

■ 金正喜：他以书法家扬名于国内外, 也精通于经。宪宗6年, 被连累入狱, 被流配到济州, 哲宗2年移谪到北青, 在那里去世的。他的诗大多数是比较感慨的。下面所举的诗是在济州的流配所, 听到夫人已故的消息之后所作的诗〈悼亡〉：

那将月老诉冥府, 来世夫妻易地为。
我死君生千里外, 使君知我此时悲。

■ 金炳渊：他是金益淳的孙子。纯祖12年, 洪景来起判乱之时, 当宣川府使的金益淳不能抵挡他们的军势而投降了。因此, 他被贬为庶人, 也断送了子孙的前程。以"金笠"的俗名广为传开的金炳渊, 对于他的诗风不能确定为哪一时代哪一人的诗风。他只是借诗的形式, 把自己的情感不受任何拘束地表达出来的诗人。他的诗是讽刺的、幽默的、又是慷慨的。下面所举的〈自叹〉诗中，蕴有流浪四方时偶然叹到自己身世的哀愁。

> 嗟乎天地间男儿，知我平生者有谁。
> 萍水三千里浪迹，琴书四十年虚词。
> 青云难力致非愿，白发惟公道不悲。
> 惊罢还乡神起坐，三更越鸟声南枝。

■ 郑芝润：金泽荣很早就极赞过他：

> "吾韩象胥之族以诗闻者，有洪世泰李彦瑱李尚迪及芝润四人，而芝润为最劲矣。本朝之政，蹈曹魏氏九品中正之馀弊，区别族类太甚，象胥之人，不得为士大夫。故其人之有才者，每落拓自弃，不求远大之学，而惟用诗以自宣。如芝润者，岂不尤可惜也哉。"(《韶濩堂集》 卷14)

郑芝润是以翻译日文为业的。对于过着犹如古代中国的竹林七贤一样的旷达的生活的他，有许多逸话。有一天，受贿七万两的金兴根家的下婢的小女儿吞了铜钱，他的下婢很是担心。当时，郑芝润听到那个小女孩儿吞的是她自己的钱之后说，那么不用担心，只摸摸肚子就行。现在吞了他人的七万两钱的也只是摸摸肚皮，何况吞的只是自己的一枚钱币，不会有什么腹疾。听到此言的金兴根，把受贿的七万两还给了主人。还有赵头淳(1796－1870，当过左议政)和几个人在谈论世上最让人害怕的是什么的时候，有人说是虎，有人说是强盗，而他毫不犹豫地说出是"骑虎两班之贼"，讽刺两班阶层的横暴。由于他对当时的社会有不平，因此忌避士大夫们，而士大夫们被他的诗文佩服，愿意和他交游。他的诗与宋诗相似，文有中国竹林七贤的气度，而刊行他的诗集的崔瑆焕评他的诗为：

> “其为诗也，不泥古法，而亦遗古法。揽旧作新，手随心应，愈旧而愈新，奇气横逸，又典雅温存，天然成一家。”(刊夏园诗钞题辩)

他平时研读列子·佛书等，对儒家的思想和现实社会的不公平表示了反抗。他只是用诗把自己的心情原原本本地吐露出来，没有追求哪一时代的诗风，没有效法前代某诗人的诗法，也没有故弄玄虚，只是用自己的语言豪荡地表达自己的情感的诗人。下面所举的诗是被人们广传的一首：

> 疏狂见矣谨严休，只合藏名死酒楼。
> 儿生便哭君知否，一落人间万种愁。

■ 玄锜：他在当时的诗坛中与郑芝润不分上下。与郑·玄一样，同是闾巷诗人的张之琬(字汝琰，号枕雨堂·斐然，1806－1858)的《枕雨堂集》卷1里有玄锜的〈秋日遗怀〉诗：

> 落魄英雄末路同，宋人诗句晋人风。
> 如今走卒知名字，争说玄锜郑寿铜。

根据这首诗，可以知道他也和郑芝润一样，取了宋代诗人的作句法，追求了晋代诗人的诗风。但是，实际上他也和夏圜郑芝润一样，作一些豪荡的诗。下面所举的是他的〈守岁步唐人韵〉诗：

酒中三百六旬眠，梦里无端鬓皓然。
今夜独醒因底事，聊将一刻抵长年。

■ 卞锺运：他的 鞍岘黄榆树记 中有如下文节：

“又见山之阴黄榆树，才盈尺，生於石窟中土，不能覆其根，上有崖石，压其枝，雨露之所不及也。又叹曰，汝亦木而奴欤。何所生之不得其地也。遂移植於山之前平衍处，深其根，阜其土，沃之水，祝曰，汝今得其所矣。遂汝之性，日滋而长，蔚然为我国都亿万人之望也。”

这是悲叹他们自己没有做好自己的本人，并暗中批判不公平的社会制度的诗。他用诗文安慰了自己对社会的不满。如洪显普在他的《歗斋集序》里指出：

“诗学三唐，泛滥两宋，苍健古雅，务祛浮靡。”

他通于唐·宋的诗，他反对修饰诗语、重视音律的作法，致为于诗意的传达，取了古诗风：

芦花如雪复如烟，十里晴波不系船。
一阵寒鸦决云去，斜阳秋色满江天。

这是他的诗〈杨子津〉。

■ 李尚迪：他以使臣的随员共来往中国十二次，与吴嵩梁·刘喜海·翁方纲等许多中国文人结交，酬唱诗文，使得他的诗名在国内外尤其高。而他所编的《海邻尺书》里有39名清朝的诗人送给他的尺札115篇。还有，宪宗召见过他，让他念过诗，因此他的诗文集叫做《恩诵堂集》，在中国刊行过。他善于“西昆体”诗，留下了许多华丽的诗。下面所举的诗〈题路傍去思碑〉是讽刺那些只增加民众疾苦的官僚们的：

去思横敛刻碑钱，编户流亡孰使然。
片石无言当路立，新官何似旧官贤。

■ 姜玮：住在茂宋的他，哲宗末期遇上了民乱，拒绝了乱民们的写檄文的要求，因此家被烧毁，迁居到京城。他在贫寒之中独自专念学问与诗，树立了自成一家的诗风。他的诗是慷慨的。下面所举的〈寿春道中〉是慨叹人生的虚无和贫困的：

袜底江光绿浸天，昭阳芳草放筇眠。
浮生不及长堤柳，过尽东风未脱绵。

■ 金泽荣：高宗20年，及第于进士科，进了史局从事史籍编纂。他痛叹国运的倾倒，领着妻子去了中国，投奔一个叫张赛的通州的名士，他们从以前开始关系深厚。而在那里度过了他的一生。他以诗文扬名于中国，在中国编著了自己的文集《韶濩堂集》和《韩史棨》·《丽韩十家之钞》等，又刊行过《申紫霞诗集》·《梅泉集》·《甘山集》等。他是一位拥有李白·杜甫·韩愈·苏轼等唐宋诗人们长处的诗人。

天涯流别五年间，刦梦重重国步艰。
岂意如今重相见，樽前沾袂说荆山。

这首〈赠李菏堂〉诗，是三首中的第一首，是在天涯异国通叹国家命运的诗。

■ 李建昌：他以宋代的古文大家为榜样，善于作古文而有名。他的诗是醇正的。下面举出他的〈无忘楼感怀〉诗：

百济宫边雪满城，三田渡外少人行。
穿仓老鼠长搜粟，绕堞寒鸦大点兵。
弱国君臣千载恨，异时中外一家情。
登临此日重惆怅，汉上高楼已失名。

■ 黄玹：在汉文学生命的最终宣告的时候，装饰其终末的是大诗人梅泉黄玹。他的诗恰似东坡苏轼的诗风，而其内容是忧国慷慨的。梅泉平生放浪于京乡之间，歌咏山川，或把倾倒的国运的悲叹托寄于风月，日益加剧的内忧外患，使他感到痛恨，就回到了故乡全罗道求礼，隐居起来了。隆熙年8月，听到国家被倭国合并的消息之后，跟着国家的亡灵，饮毒寻死了。他在去世的时候留下的〈绝命诗〉4首里寄有他的凄绝的心情，举出其第三首则如下：

鸟兽哀鸣海岳嚬，槿花世界已沉沦。
秋灯掩卷怀千古，难作人间识字人。

第三节　赋文学

高丽以后的诗人们平常也作过赋，因此在文人们的文集中常常会见到赋作品。但是，以评论赋文学的眼光来看，那些几乎都只不过是作诗后的余兴中作出来的产物。我国文人之中没有以赋为主的人，又没有好的作品可以夸示，因此不能详论赋文学的消长。但是，生于宣祖22年，死于显宗11年的诗人东洲李敏求和春沼申最是以赋文有名的。即在《小华诗评》下卷里指出：

"李东洲敏求，自少业文章，而最长词赋也。"

又指出：

"申都事最号春沼，自其祖玄翁文章相継，长於词赋，而诗亦清雅。"

申最，字李良，平山人，仁祖26年(1648)及第于庭试，在承文院·王堂里当过职，接着做了注书奉教，即而辞职归田了。之后，他再次出任，当了咸镜道都事，受到了水土之害而得了病，卒于孝宗9年(1658)。

不能把朝鲜时代文人们留下来的赋作品全部举出来，下面举出有名的人的作品。

- 郑道传：江之水辞·梅川赋。
- 李詹：墨君赋。
- 成侃：新雪赋。
- 申叔舟：次倪谦雪霁登楼赋·八骏图赋。
- 南孝温：止酒赋。

- 姜希孟：养蕉赋。
- 金宗直：拟登楼赋。
- 朴祥：梦游赋·拟自悼赋。
- 沈义：大观赋·小观赋。
- 李荇：挂冠东门赋，外多数。
- 朴訚：次李白惜馀春赋。
- 金净：绝命辞。
- 申命仁：吊朱玉辞。
- 白光弘：蓬莱山辞。
- 许筠：毁壁赋·竹西楼赋·东征赋。
- 申钦：和归去来辞。
- 李廷龟：次愁阳春赋。
- 张维：续天问。
- 金泽荣：呜呼赋。

此中举出好的作品则有 绝命辞·吊宗玉辞·呜呼赋 等。绝命辞 是被流配到济州的金净，被赐死之前感叹自己不遇的身世的。吊宗玉辞 是金湜(字老泉，号沙西，清风人，成宗13年 1482 生，官大司成，己卯士祸时被流配到善山，中宗15年听到移配到绝岛的消息之后逃亡到居昌自杀)死后，他的门人申命仁(字荣仲，号龟峰，平山人)把金湜的遗体领到忠州，举行葬礼之后，悲叹他的死而作的。还有 呜呼赋 是金泽荣在庚戌年(1910)看到国家灭亡，激愤而作的爱国赋。下面只举出绝命辞和呜呼赋。

〈绝命辞〉

投绝国兮作孤魂，遗慈母兮隔天伦。

遭斯世兮陨余身，乘云气兮历帝阍。
从屈原兮高逍遥，长夜瞑兮何时朝。
炯丹衷兮埋草莱，堂堂壮志兮中道摧。
呜呼，千秋万世兮应我哀。

〈呜呼赋〉

呜呼，东西南北无非地兮，余何生乎兹堧。
古往今来多日兮，余又何丁乎兹辰。
呼皇穹而欲问兮，穹噤默而无言。
呜呼，穹既邈然不我答兮，请敷衽而自陈。
惟上世之淳朴兮，各守邦而谧民。
国无间其大小兮，德惟论夫醨醇。
自厥朴之日散兮，纷虎夺而狼攘。
戈已长而犹恐其或短兮，疆已辟而犹患其不广。
嗟，我弹丸黑子之邦兮，处斯际也良难。
恭雌伏以自免兮，簏于人而仆臣。
夫惟如此而为国兮，岂云贤於纪纲三家之村。
然其运之极盛兮，天或授以奇人。
摧西锋於萨水兮，褫东魄於龟船。
呜呼哀哉，哀莫哀於今日兮，畴能不令辱及吾君。
竞迎虎而饷肉兮，从而乞其馀膻。
欲以延其须臾之命兮，庸讵知夫吾身亦一肉也旃。
呜呼，今日万国之际。
或与曩时异兮，持公法而会洹。
苟使真能自治兮，虽绵弱犹不丧国权。
何吾君之仁圣兮，而偶遗乎厥议。
岂天命之若斯兮，抑怪鬼之好戏。

东风飍飍兮，海水暴扬。
涵陆浩浩兮，横拔仁王。
光化之钟兮，何人于夕。
箕子之神兮，何族于食。
呜呼哀哉，已矣兮，吾其无如鬼而无如天。
独祖宗之崇儒兮，其终也得一义安重根。
彼生气之凛然兮，孰云国之尽圮。
庶英灵之顾我兮，搴秋兰以竢乎江之涘。

第四节　小说文学的确立和发展

1. 小说文学的确立

如前章所述，小说文学在高丽时代已经萌芽。但是，高丽时代的小说，对事物进行拟人化，以史传体构成的，因此被称为假传体文学，这只能说明小说作品比较幼稚。

小说文学从内容上、形式上变得更加充实，以一种文学的形态完全确立是到了朝鲜时代之后。虽说是朝鲜时代，但也不是说朝鲜时代始初时期就已确立，而是世祖时(1456-1468)以后的事情。世祖时期别的文学不太兴盛，小说文学更是如此。因李詹的〈楮生传〉·成侃的〈慵夫传〉，接了高丽时代的小说文学。其形式和内容完全和高丽时代一致。

但是，世祖时期以后，文士们开始关注小说。有的受到中国汉代到隋代的小说，还有唐代以后的传奇等的影响，收集在世间流传的谐谑的故事，记录下来，有的还出神怪类的以及别传类等的传奇。严密分析其内容的话, 都是模仿中国小说, 也许没有什么可夸耀的价值, 但是在我国的小说文学史上有很大的意义。其中金时习的《金鳌新话》, 在小说文学史上从内容上或者形式上, 都是完全的最初的传奇, 这是我们小说文学确立的渊源。

另外, 睿宗(1469)·成宗(1470–1494)两代间, 除了《金鳌新话》以外, 还出现了其他小说作品, 所以说我们的小说文学毫无疑问是从成宗时代开始发达的。

之前也说过, 朝鲜时代文学受到极其尊重入学的士大夫的轻视, 尤其是小说, 视为士人在修君子道的时候, 会带来恶影响, 把它当作是禁物, 排斥它。但是明朝陈继儒(字仲醇, 号眉公, 明世宗嘉靖37年〈1558:朝鲜明宗13年〉生, 毅宗崇祯12年〈1639:朝鲜仁祖17年〉卒)的《太平清话》中说道:

> "朝鲜人最好书, 凡使臣入贡, 限五十人, 或旧典新书稗官小说, 在彼所缺者, 日出市中, 各写书目, 逢人偏问, 不惜重直, 购回。故彼国反有异书藏本。"

又柳梦寅在《於于野谈》里说道:

> "我国文笔之士, 皆攻太平广记。"

还有正祖2年李德懋在〈入燕日记〉中说道:

> "每年使臣冠盖络绎, 而其所车输东来者, 只演义小说及人家文抄唐诗品汇等书。"

从这句话可以知道，朝鲜时代的人士们对小说文学的意欲很大。所以在宣祖(1568–1608)·光海主(1609–1623)·仁祖(1623–1649)·孝宗(1650–1659)·显宗(1660–1674) 等历代君王执政时期，以《三国志演义》·《水浒传》·《西游记》·《金瓶梅》等中国口语小说为首，传来了很多历代的传奇小说，文士们也很爱读。其中对《三国志演义》尤其爱不释手。就如下面所述那样:

> "今所谓三国志衍义者，出於元人罗贯中，壬辰後盛行於我东，妇孺皆口诵说。"(《西浦漫笔》)

> "三国衍义……在今印出广布，家户诵读，试场之中，举而为题，前後相继，不知愧耻，亦可以观世变矣。"(李瀷的《星湖僿说》卷9上)

还有，李圭景(1788–?) 的〈五洲衍文长笺散稿〉中说道：

> "桃花扇红楼梦续红楼梦水游志列国志封神演义东游记，其他为小说者，不可胜记。有聊斋志异，蒲松龄著，稗官中最为可观。"

根据这段话，可以知道李德懋的孙子李圭景的时代，清代的小说也陆续地传进来，广泛流行，这些不断传进来的中国小说带来的影响和文士们的意欲还有大众的嗜好促使着我们小说文学的发展。

2. 小说文学的形式和作风

汉文小说的形式和中国文言文小说一样是"传奇"体。在中国，称戏曲文学中的"南曲"为传奇，但是在小说文学中称唐代小说或者唐代小说流为传奇。中国的古小说从形式上可分为两大类，那就是唐末开始萌芽，宋代发达的口语文小说即白话文小说和文言文小说-传奇小说。对比这两种小说的特点的话，如下表所示：

白话小说		传奇小说
用白话文记述	——	用古文记述
长篇的	——	短篇的
内容夏杂	——	一人一事，简单

我们的汉文小说几乎都遵从短篇传奇小说，没有像《水浒传》·《西游记》·《红楼梦》或者《三国志演义》那样的长篇，内容也比较单调。

我们的汉文小说的作风可分为贵族阶级的和庶民阶级的。分析这两类作风的话，可分为：

o 贵族阶级的：	中国小说模仿的 ·	劝善惩恶的 ·	享乐的	
	↕	↕	↕	
o 庶民阶级的：	独创的 ·	讽刺的 ·	社会的 ·	批判的

就像其他形态的文学，很多都模仿了中国的一样，小说文学也是如此。即我们小说文学史上最早出来的作品《金鳌新话》模仿了明代的传奇，以这个为首，后期出来了很多作品都模仿了中国的小说。另外因朝鲜时代五百多年都一贯的被儒家思想支配思想世界，上流阶层的作家没能从中摆脱出来，只是在礼教的立场上以扬善除恶为主要目标，安逸与支配的位置，不顾一般社会，享乐讴歌，被支配阶级的眼目和感情所勾住，这样的风气在肃宗以前的作品中明显地表现出来了。但是，到了肃宗朝代以后，受到对勃兴的庶民大众的社会意识的刺激的作家

们, 打破以前的文人们固守礼教立场, 执着于偏狭的环境的思想, 与大众一起呼吸, 努力独创作品。然后, 用作品批判讽刺一直以来的社会中的恶行, 或说破大众社会的念愿, 小说文学风发生了很大的改变。

在这里有一点要补充说明。就如高丽崔滋的《补闲集》卷中说的那样:

> "诗僧元湛谓予云, 今之士大夫作诗, 远托异域人物地名, 以为本朝事实, 可笑。……予答曰, 凡诗人用事不必泥其本, 但寓意而已。况复天下一家, 翰墨同文, 胡彼此之有间。僧服之。"

高丽时代的文学也有这样的现象, 但是朝鲜时代的小说大部分选择了中国的人名·地名等作为素材。

这样的问题比肃宗以前的作品更加严重。我想一方面就像崔滋说的那样, 因为我国和中国都属于一个天下, 字也一样, 所以没有必要相互区别, 一种事大的观念导致的, 另一方面是想避开对小说极其排斥的儒家们的逼迫。

3. 作品和作家

朝鲜时代的小说大致分三个时期:

① 高丽时代延长期 : 国初端宗时
② 传奇小说确立期 : 世祖时~明宗
③ 发达期 : 宣朝时~国末

关于第一期, 就像说的那样, 作品都想高丽时代的作品一样, 而且作品的数量也少，没有看到任何发展状态。第二期，首先出现了金时习写的最初的传奇小说，然后几个文人收集流传在人间的故事，用文字表达出来，还模作传奇。因此，我们的小说文学才能具备充实的形式和内容。但是，文人们对小说的观念还是稀薄，于是也没出现很多作品。不过，到了宣祖时期以后，文人们真正地认识到了小说的价值，开始积极地拜读中国小说，也有很多中国的小说传了进来。文人们受到大众们爱读的刺激，想依托小说表达并传播自己的想法和主张，这种意欲也日益扩大。所以，小说自然而然地开始发展起来，文人们对小说的新认识和大众们的小说嗜好，最终孕育出了国文小说。

如果朝鲜时代写的汉文小说没有消失，都被传下来发现的话，也许能举很多例子。但是，不仅有很多消失了，还有一部分虽然传下来了，但是还没有被我们发现。现如今能举出来的非常少，非常遗憾。作为目前被传下来的这个时期的汉文小说，下面列举一下作者较明确的作品。

- 楮生传：李詹作
- 慵夫传：成侃作
- 太平闲话滑稽传：徐居正作
- 村谈解颐：姜希孟作
- 金鳌新话：金时习作
- 元生梦游录：林悌作
- 睡乡记：南孝温作
- 大观斋梦游录：沈义作
- 御眠楯：宋世琳作
- 蔡生传：金安老作
- 清江小说：李济臣作

- 达川梦游录：尹继善作
- 愁城志：林悌作
- 花史：林悌作
- 柳渊传：李恒福作
- 於于野谈：柳梦寅作
- 崔陆传：赵纬韩作
- 南宫先生传：许筠作
- 蒋生传：许筠作
- 严处士传：许筠作
- 张山人传：许筠作
- 寿圣宫梦游录(云英传)：柳泳作
- 续御眠楯：成汝学作
- 周生传：权韠作
- 章敬天传：权韠作
- 金刚诞游录：安瑞羽作
- 天君衍义：郑泰齐作
- 彰善感义录：赵圣期作
- 玉楼梦：南永鲁作
- 玉莲梦：南永鲁作
- 玉麟梦：李庭绰作
- 南兴记事：慎後聃作
- 续列仙传：慎後聃作
- 洪生远游记：安鼎福作
- 女容国传(一名孝庄皇帝妆台记)：安鼎福作
- 沈生传：李钰作
- 蒋奉事传：李钰作
- 崔生员传：李钰作

- 蒋生传 : 金鑢作
- 琉球王世子传 : 金鑢作
- 剑僧传 : 申光洙作
- 万德传 : 蔡济恭作
- 黄固执传 : 林昌泽作
- 马鉏传 : 朴趾源作
- 秽德先生传 : 朴趾源作
- 闵翁传 : 朴趾源作
- 两班传 : 朴趾源作
- 金神仙传 : 朴趾源作
- 广文者传 : 朴趾源作
- 虎叱 : 朴趾源作
- 许生 : 朴趾源作
- 烈女咸成阳朴氏传 : 朴趾源作
- 许生传 : 李羲准作
- 金申夫妇传 : 李德懋作
- 三韩拾遗 : 金绍行作
- 六美堂记 : 金在堉作
- 天君本纪(一名:心史) : 郑琦和作
- 汉唐遗事 : 朴泰锡作
- 五台剑侠传 : 金祖淳作
- 金衣公子传 : 黄玹作

下面是作者未详的作品:

"王庆龙传·柳绿传·红白花传·云香传·金铨传·英英传·再生缘·崔孤云传·三教指归·南洪量传·江都梦游录·金山寺梦游录·壬辰录·泗水梦游

录·鼠大州传·桂旬传·玉仙梦·乌有兰传·蔷花红莲传·徐门忠孝录·华氏忠孝录·苏氏忠孝录·三代忠孝录·刘氏忠孝录·唐氏忠孝录·三门忠孝录·薛门忠孝录·韩门忠孝录·花门忠孝录·杨门忠孝录·苏门明贤忠孝录·苏氏明行忠义录·苏门忠孝录·刘孝公善行录·河氏善行录·华郑善行录·苏渭明行录·明行贞义录·雇星孝行录·金氏奉孝录·李氏孝门录·圣贤公淑列记。”

上面所举的是传至至今的汉文小说。但是，除了上面这些以外，还有以南孝温的《六臣传》为首的，像许筠的《荪谷山人传》·柳梦寅的《刘希庆传》·朴趾源的《虞裳传》等那样，担心他们事情不能如实的传给后人，而把他们的经历如实写出来的文章也很多。还有，像唐朝柳宗元的随笔〈捕蛇者说〉、宋朝王安石的随笔〈伤仲永〉那样类似的文章也很多。如果把这些都归类于小说的话，那么小说作品的数量会很多。但是，从这些作品的构成来看，不是作者自己设定的主题成为作品的骨髓，为了给读者感铭，去适切的选择时间·空间及人物·事物等素材，并介入自己的思想和想象等，让某事渐进地发展到结束的，只是把事实记录下来，或者依托某一点，把一时的感兴或者思索表达出来的文章，所有应该归类于随笔，不能看作是小说作品。从这一观点出发的话，前面所举的收集古今故事而编写的《太平闲话滑稽传》或《村谈解颐》·《御眠楯》·《清江小说》·《於于野谈》·《续御眠楯》等，大部分都是非创作的，应该从小说品目录中除外。

我们的古文小说，不论国文小说还是汉文小说，都是以劝善除恶为主题，以恶者亡，善者兴为结尾。这一点尤其体现在拟人小说和壬辰·丙子乱之后的道德小说之中。但是，随着文人们对人间和社会的批判意识渐高，写小说的人们摆脱了道德的意识形态，为了写出符合现实社会的作品而努力。因此，终于出现了像朴趾源的诸作品一样的小说。

汉文小说根据在作品中登场的主人公或者附随者是直接登场的，还是对事物拟人化之后登场的分成“人物小说”和“拟人小说”两种。上面举的作品中《楮生传》·《慵夫传》·《愁城志》·《花史》·《天君衍义》·《安容国传》·《虎叱》·《心史》·《鼠大州传》等是拟人小说，其中《花史》是拟人小说的代表作品。

汉文小说的形式主要尊崇中国的文言文小说即传奇小说的形式。但是往往取的是白话文小说，其中还出现了像《天君衍义》·《彰善感义录》·《玉楼梦》·《玉莲梦》·《玉麟梦》·《六美堂记》等作品一样长篇的章回小说。另外，中国的传奇小说大概分神怪类·艳情类·义侠类·别传类，但是我国的汉文小说不能用这四种来区分，因为我们的汉文小说中还有像中国的白话文小说的历史小说那样的，还有忠·孝·贞烈等儒家们鼓吹高唱的人伦的道德小说。应该分为六类比较好。下面对上面举的作品进行了分类。

- 神怪类：金鳌新话·元生梦游录·睡乡记·大观斋梦游录·蔡生传·达川梦游录·蒋生传·寿圣宫梦游录·金刚诞游录·续列仙传·洪生远游记·崔生员传·再生缘远·崔孤云传·江都梦游录·金山寺梦游录·泗水梦游录·虎叱。
- 艳情类：周生传·玉楼梦·玉莲梦·玉麟梦·沈生传·红自花传·云香传·金铨传·英英传·王庆龙传·柳绿传。
- 义侠类：剑僧传·五台剑侠传·三教指归·南洪量传·壬辰录。
- 别传类：楮生传·慵夫传·柳渊传·崔陟传·南宫先生传·严处士传·张山人传·章敬天传·蒋奉事传·蒋生传·琉球王世子传·万德传·黄固执传·马駔传·秽德先生传·闵翁传·两班传·金神仙传·广文者传·许生·许生传·金申夫妇传·金衣公子传·桂旬传·玉仙梦·鼠大州传·乌有兰传。

- 历史类：愁城志·花史·南兴记事·三韩拾遗·汉唐遗事。
- 道德类：天君衍义·彰善感义录·六美堂记·天君本纪·蔷花红莲传·烈女咸阳朴氏传·徐门忠孝录以下圣贤公淑列记的诸作品。

这些分类除去了《太平闲话滑稽传》·《村谈解頣》·《御眠楯》·《清江小说》·《於于野谈》·《续御眠楯》等。那是因为它们都不能被认为是一部作品。所以，在这里对这些文章，简单的说明一下。

《太平闲话滑稽传》简称《滑稽传》，是徐居正晚年隐退官场之后写的。从内容来看，募集了从高丽时代到朝鲜时代初期在民间流传的故事。有很多官僚腐败无能的故事、男女老少各阶层的好色谭、滑稽的故事等。没有创作的内容，只是把民间流行的故事用文字记录了下来，虽然不是创作小说，但是就像中国把汉代收集古谈记录下来的称为小说一样，也视为了小说。共有四卷，成宗8年(1477)完成的这本书的开头有由梁诚之和姜希孟在成宗13年(中国明代宪宗成化18年，1482)夏天写的序文。

《村谈解頣》与《太平闲话滑稽传》内容一样。书的开头是由作者姜希孟写的自序，其中说道，从村里人们讲的故事中，选取了有意思的故事并且记录下来。根据这段话，可知是收集了当时流行的故事并记录下来的，但是里面有几部爱情关系。

《御眠楯》是作者宋世琳在泰仁度过晚年的时候写的。这里面记载着88个故事。记录的是滑稽的事情和淫谈。里面有对男子的阴茎拟人化之后诉说男女情事的部分，题目叫《朱将军传》，很像假传体小说，但是也只不过是记录了民间故事。

《清江小说》也是一部记录流传的故事，不是一篇创作小说。《於于野谈》共有5卷1册，记录了关于人伦·宗教·学艺·社会·万物等诸多事物的故事。其中红桃和南原的郑生成为了夫妇过了一生的故事有小说的风气。《续御眠楯》和《御眠楯》一样，里面记录了32篇故事。

汉文小说按照内容分六类。举出各类中的代表作的话有《金鳌新话》(神怪类)·《周生传》(艳情类)·《壬辰录》(义侠类)·《许生》(别传类)·《花史》(历史类)·《彰善感义录》(道德类)等。下面对这些进行说明。

《金鳌新话》完成的年代不确定，但是金安老在《龙泉谈寂记》中说道：

> "东峰金时习……入金鳌山，著书藏石室。……其书大抵述异寓意，效剪灯新话等作也。"

详考这段话的话， 推测金时习写这个作品是在他定居金鳌山之后的事情。传至至今的《金鳌新话》中有〈万福寺樗蒲记〉·〈李生窥墙传〉·〈醉游浮碧亭记〉·〈南炎浮洲志〉·〈龙宫赴宴录〉 等五篇作品。下面列举一下这些作品的概要。

■〈万福寺樗蒲记〉

全罗道南原，有一个姓梁的老光棍，早失父母，无依无靠，于是在万福寺的房屋的东边的小房中度日。他总是悲叹自己的命， 有一天他求和佛一起玩儿掷樗蒲戏， 并且要是佛输的话就让他和好女子结上佳缘， 结果佛输了。梁光棍希望自己的祈祷能够灵验， 藏在桌子下面等着。这时有一个漂亮的女子来到佛前，求佛祖为她薄命的人生给一个伴。梁欣喜若狂，跳出来提议要与此女子结缘，女子很快就许诺了。

这个女子是在倭寇来侵时牺牲的人的幽灵。他们在寺中的一室中度过一晚，第二天去了女子开宁洞的家，欢乐地度过了三天。那时女子说，这里的三天如同人间的三年, 我们缘分已尽, 你应该回去了。然后给他一个银饭碗说道, 明天我的父母为了我会去宝莲寺, 如果你忘不了我, 就在途中等我, 我们一起去。他和她约好要那么做, 并在第二天在女子说的地方等着, 果然女子的父母为了给女儿办祭祀, 去寺庙了。梁见到女子父母之后, 等女子一起去宝莲寺吃了祭祀的东西, 然后再寺庙过了一夜。第二天两个人永别了。女子的父母知道这件事情的始末之后, 把自己的资产分给了梁。梁拿着这些财物无忧无虑地生活, 并为女子的亡灵, 尽心尽力地吊祭。一天, 女子在空中出现说道, 因你的一片至诚, 我将还生, 要在异国以男子身份出生, 以后要忘了我, 并且修道脱离世俗的苦累。梁之后去了智异山, 以采药为生。之后的事情就谁也不知道了。

■〈李生窥墙传〉

18岁的李氏住在松都骆驼桥旁边。他有俊秀的面容, 而且善于写文章。然后, 善竹里的一个姓崔的两班, 他有一个十五六岁的女儿, 漂亮、善于女工, 能作诗赋。所以人们称这俩男女为"风流才子李公子, 窈窕淑女崔家娘"。李去学堂的时候要经过崔家, 有的时候在她家北边的墙边的数十株杨柳下休息。有一天, 偶然看到崔氏家里面, 墙里面百花盛放, 花园中的小楼里有个美人正在刺绣。李生看到她之后心动了, 立即在纸上写了三首爱情诗, 扔进墙里面。女子让侍女捡过来一看, 知道是李生的诗, 给他回了一封晚上相见的字。李生在约好的时间越墙而入, 并与女子以诗应酬, 建立了感情, 在女子的房间度过数日。后来李生被父亲发现, 受到斥责, 并受到去蔚州监农之命离开了。崔氏的女儿因对李生的思慕最后卧病在床。女子的父母探知女儿生病的原因之后, 好不容易劝慰李氏家的反对, 两个人终于订了婚, 随即女子的病也马上治愈了。然后选了一个黄道吉日结了婚。之后, 李生在第二年参加科举并得以及第, 走上了官路, 闻名于天下。但是辛丑年因红贼之乱, 他失去了父母, 妻子因抗拒贼人的胁迫最后也死了。乱后, 他回到了什么都没有的故都, 正伤心难过, 这时妻子的亡灵出现了。他们结下三生之缘，为父母办了葬礼。然后，把贮藏的家产挖出来做了有意义的事情，一天女子说已经过了在人间呆的时间得离开了，然后离开了李生。只身一人的李生也不幸的生病，数月后就死了。

■ 〈醉游浮碧亭记〉

明朝英宗重祚的天顺年间(1457-1464，朝鲜世组2-9)的初，松都有一个富豪的儿子洪氏。他外貌俊秀，善于写文，很年轻。他在仲秋佳节带着很多商贾次布帛，去了平壤古都，受到了朋友李生的欢迎。他兴起登上浮碧亭，没能压住对兴亡盛衰的感兴，吟了六首诗。这时，忽然有一女子带着侍女出现了。女子说她是箕子的女儿，在天界，为了寻找父王的墓下界，正回去的路上听到洪生吟咏的诗才过来的。他们摆酒宴，欢谈着。洪生余兴说要以“江亭秋夜翫月”的题目作诗。女子马上作了一首40韵(80句)的诗，并让侍女传达玉皇大帝之命至严，得离开，然后消失在空中。就在这时，吹来一阵旋风，女子的诗飘在空中。之后，洪生就像失了魂，因过度思念其女子而卧病在床。一天做梦，梦到一个美人跟他说，我家小姐嘉赏先生的才能，故此在牵牛星下找了个差事，速速前来。他被吓醒了，淋浴之后又躺下，就那么离开了人世间。家人给他办了殡葬，但是过了几天他的肤色也没有变化。所以人们说他成了神仙。

■ 〈南炎浮洲志〉

明朝宪宗成化年间(1465-1487，朝鲜世祖10-成宗18)初，庆州有一个朴氏男子。他不懂得向有势者屈服，所以身边的人说他傲慢。但是，在人际关系上他特别温顺。他志在儒学被推荐为太学馆的候补生。他很早就对佛教·鬼神·巫觋等说怀有疑心，后来读完《中庸》和《周易》之后，觉得儒家的主张才是真理。一日，与别的教派一起争论教理，不服对方的说理，主张阴阳五行说和理气说，作了一些高唱三纲五伦的文章，驳斥异端，专念自己的学问。某一天晚上，正读着书犯困，这时突然不知不觉中到了一个小岛。那里草木不生，也没有土砂，岛是有铁和铜形成的。白天空中的火焰似乎要融化所有的东西，晚上却刮着凉风。铁城临街大海，铁门紧紧地关闭着。还有，在那里生活的人都住在用黑铁做的建筑物里面，岛上白天流着铁液，晚上冻的僵硬。看到此景的朴氏吓得直打哆嗦，在守门将的带领下，见到了阎王，对人世间的事和治道及异端道进行了问答。问答结束之后，阎王让位给他，王先把他送回故国。他坐着牛车出来的时候，因御车者的失误，牛车翻了，他受到惊吓醒来一看是梦。之后没过多久，他就生病了，他谢绝了医药和巫女，最后终于离开了人间。在他死后，他的邻居的梦里出现了神人并说道你的邻居朴生将成为阎罗大王。

■ 〈龙宫赴宴录〉

高丽时代，松都住着一个韩氏，他是一个善于写文章的文士。松都有天磨山，山中有一个龙湫，故叫瓢渊。一天韩生在屋子里，突然空中出现衣着青衫，带着幞头的两个郎官，趴在屋子前面的地上，说是请他去瓢渊的神龙命。吃惊的韩生推辞了一番，但是最终还是走出门跟着去了。外面备好了金鞍玉勒的聪马，有十余人侍从人等着。骑着马登上空中，不一会到达一个宫里，那个是水晶宫。他到了那里之后，百官诸卒都对他毕恭毕敬，并告诉他龙王欢迎他。龙王为了准备女儿的洞房花烛，盖了一个别阁，都已经准备好了，但是还差一个上梁文，听闻阁下文名，就请来了。然后拿出笔墨，请他写上梁文。他立即写了上梁文。龙王设宴，又请他开始作诗。他作了一首二十韵的诗，让满座感叹。龙王作为谢礼给了他很多宝物。设宴结束以後，参观了一下龙宫，然后带着宝物跟着使者回来了。一睁眼，自己躺在家里，找了龙王的礼物还在那里。之后，也没有求名利，视那些宝物为至宝，回到名山，后行方不明。

《金鳌新话》在我们小说文学史上意义重大。因为是我国小说文化正式崛起的起点。所以说，即使有比这个作品更加好的神怪小说，也不能超越这个作品。若对《金鳌新话》的各篇诉说的话如下。

关于〈万福寺樗蒲记〉，我们可以看成这是到了40岁才结婚作者金时习，早年丧妻，就把自己平生游浪的崎岖的身世依托在梁生身上去叙述。不过，这在隐然中也诅咒了在贫困、孤独和微贱的处境中，受苦的人们不能受到社会保障的现实，并且还反映了向神佛呼诉苦悯，逃避非妥当的社会的思想。〈李生窥墙传〉抗拒在礼教的拘束下，青春男女不能随意的吐露爱情，还有不能表露真实的人间性的环境，呼吁要成为自由的人。〈醉游浮碧亭记〉恨叹现实社会中总出现非理的、非义的现象，表达了思念理想境的心情。在作品中说道:

> "先考败绩匹夫之手，遂失宗社，卫满乘时窃其宝位，而朝鲜之业坠矣。"

借用箕子之女的一句话，隐然中谴责世祖占居王位的事情是不符合道理的。〈南炎浮洲志〉表达了作者的思想和政治观，主张儒家思想是我们社会中最正当的思想，公明正大的政治应该执行。〈龙宫赴宴录〉记述了作者虽因善于写文章，被很多人称赞前途无量，但不求名利，总是在不遇中度过，作者以自己的形变作为原型来记述的。

《金鳌新话》与中国的传奇小说《剪灯新话》关系很深。《剪灯新话》是明朝的瞿佑在明太祖洪武年间(1368-1398，高丽恭愍王17-朝鲜太祖7)完成的。原来有40卷，原名《剪灯录》。这个作品完成之后，作者因诗祸被贬调到保安。那时候，他的著作大部分丢失，《剪灯录》也逸散。后来蒲江的尹氏胡子昂，从在他下面书记的人那里把残存的四卷拿到手。然后再由原作者瞿佑重新校正编写，并加了一个新名《剪灯新话》。这时明太宗永乐19年(1421，朝鲜世宗3)发生的事情。当时

原作者75岁。传下来的《剪灯新话》有4卷和附录，各卷有5篇小说，附录里有1篇小说，合计21篇小说，其内容如下:

- 卷一：〈水宫庆会录〉·〈三山福地志〉·〈华亭逢故人记〉·〈金凤钗记〉·〈联芳楼记〉
- 卷二：〈令狐生冥梦录〉·〈天台访隐录〉·〈滕穆醉游聚景园记〉·〈牧丹灯记〉·〈渭塘奇遇记〉
- 卷三：〈富贵发迹司志〉·〈永州野庙记〉·〈申阳洞记〉·〈爱卿传〉·〈翠翠传〉
- 卷四：〈龙堂灵会录〉·〈太虚司法传〉·〈修文舍人传〉·〈鉴湖夜泛记〉·〈绿衣人传〉
- 附录：〈秋香亭记〉

《金鳌新话》的傅本卷尾记录着〈书甲集後〉，从这里可以看出原来现存的不仅有5篇小说，还有乙集，可推还有作品。但是，现在还没有发现可考究原来作品的资料。如上所述，《金鳌新话》的诸作品与《剪灯新话》关系很深。《金鳌新话》是在《剪灯新话》的影响之下形成的。下面列举两者之间有关的作品:

- 万福寺樗蒲记：滕穆醉游聚景园记·富贵发迹司志
- 李生窥墙传：渭塘奇遇记
- 醉游浮碧亭记：鉴湖夜泛记
- 南炎浮洲志：令狐生冥梦录
- 龙宫赴宴录：水宫庆会录

《周生传》是作者1961年8月30日在通文馆发刊的《花史外二篇》(国学丛书五)里译完之后加上注解，第一次在世上亮相。其主要内容

如下:

周氏很有才华，以太学生的身份参加了几次科试，但是都没有及第。周生慨叹在这虚无的世界上，以走上官途为目的而奔走是徒劳无益的。然后便把自己的财产卖掉，买了船和商品，以商人的身份东游西览。之后，偶然到达少时生活的地方钱塘。跟着一起长大的人，见到了那里以第一美色妓女而有名的俳桃。他们欢谈之后，约定相伴终身，结下姻缘之后周生寄居在俳桃的家中。俳桃原来是两班家的子孙，但是因为祖父在当仕官的时候因罪贬为庶民，从此之后家运倾倒，她也入了妓籍。俳桃虽然怀有高贵之心，但是光凭自己的力量没拌饭拜托低贱的妓女生活。不得已受着社交界的弄络活着。她与故卢丞相夫人关系很好，经常受夫人的召见。

一天，受夫人之命，去了她家，周生送她走之后，悄悄地跟在后面。透过窗户看到故丞相的女儿仙花得美色，意情被其迷惑。在于故丞相夫人的谈话中，得知俳桃和周生私定终生，而且周生学识渊博，想拜托他教育儿子国英。因此，周生开始教国英。周生每天在自己的住所教国英。一天没能忍住对仙花的迫切的思念，为了减轻国英来往的辛苦，并借口要专力教学，提议住在国英家。受到夫人欢迎的他，即日就住在了国英的家。周生住进故丞相家后，如愿以偿的和仙花开始交往，两人深深地陷入了爱情之中。不过，一天夫人为了答谢周生，摆下酒宴，偶然中被俳桃发现能证明的与仙花结下的情的痕迹，被追问了。没办法回到了俳桃的家。没过多久，俳桃和国英病死了。周生没有可依靠的，只好离开了钱塘。

离开钱塘的周生，拜访了在湖州的巨富 – 因特别关照亲戚而有名的张氏老人。张氏老人是母亲本家的亲戚。虽然不愁吃不愁穿，但是因忘不了仙花，日渐虚弱。看到他的状态之后，张氏老人疑惑之余追问事由，然后说愿以妻族和故卢丞相的世交为由，给他做媒。故丞相家里收到张氏老妻的媒书之后，别说是因周生离别而生病的仙花，其母亲也觉得是好事，许诺9月结婚。但是，周生觉得婚期有点远，想方设法要提前。可是就在这时，倭敌侵犯朝鲜，勃发了壬辰之乱。周生因不可避免的情况，成为了李如松麾下的某个将军的书记从军了。所有的事情都没有如愿以偿。

作者是在松京的某旅馆，见到了因病不能与中国军南下而留在这里的周生，交谈之后把他的经历写下来了。

《周生传》是《金鳌新话》之后出来作品。这个作品可以说是我国汉文小说完全具备传奇小说的体裁的最初的杰作。并且这部小说是艳情类小说中最出色的作品，可与唐代的以艳情小说有名的元稹的《会真记》相匹敌。这个作品通过描写周生·俳桃·仙花三人的三角关系，如实的表达了男子的贪欲和利己的思维和女性的天性的爱欲和嫉妒心。还指出了在这非合理的社会上，热望摆脱低贱的身份，希求光明正大的社会生活却没能实现自己的愿望的低贱的女子的生涯和在道德的制约下不能自主的行动，而在阴暗的闺房不自由的生活着的妇女的立场。而且这部小说依托周生，表达了怀有一身才华的作者不遇的立场。虽然不能明确指出《周生传》完成的日期，但是觉得是在宣祖26年(1593)–光海君3年(1611)之间完成的。这个作品在形式上和内容上有两个特异点。

① 作品里面有"词"，这是形式上的特异点。传奇小说一般在文章里面插入诗。但是，这个作品以词代替诗。在我国并不实用，也比较难写。可知作者对词的造诣也很深。

② 以悲剧结束，是内容上的特异点。我国的小说文学与中国的小说相反，都是以幸福结尾。但是这个作品的特点就是以悲剧结尾。从这一点来看，作者的文学观与众不同，而且很好的领会到了中国小说文学的

要领。

《壬辰录》 是把宣祖时期的壬辰倭乱的状况写成了作品，内容分略显不同的国文本和汉文本两种。在这里取的当然是汉文本。因为这部作品是以历史的事实作为素材，所以觉得应该归类于历史类的作品才正确，但是因为作品里面出现了梦中事还有神怪类的故事，所以也觉得应该归类于神怪类的作品。不过，这部作品不只是叙述了历史上的困难，也不是同情在分立的民族之间为统一而战的战争中战败的人而写的。也不止于依托神怪的事情表达某些主张。这部小说，在记述手法上虽然模仿了中国的历史小说 《三国志演义》，但是作者是因为国土和社会被外敌毫不留情地践踏，不能忍受其义愤，拿起笔的。作品中登场的人都是始终如一的为了救自己的国家发露义气，还想让后人认识到壬辰之乱的困难，鼓吹后世不要重蹈覆辙的为国义侠心。内容较夏杂，下面大概说一下概要:

宣祖25年壬辰年7月15日傍晚，宣祖梦到关云长的教示，抓住了暗地打探我们的情况的日本的佛僧。9月4日倭敌从巨济岛开始大举入侵。朝廷派给郭再祐二万军队，低档倭寇。就在这时，倭军攻占了晋阳城，崔庆龙·金千镒·柳惠益等因败战的耻辱跳南江自杀了。倭寇的胜战宴中义妓论介抱着倭投身南江，同归于尽。汉阳城沦陷之后，朝廷臣下大部分都降服，但是李恒福和李德馨决死反对，往北汉山避难，向王进言请明朝援兵。

李恒福和李德馨成为请兵使前往明朝。明朝皇帝表示这是朝鲜的国运，明朝无法出军。李德馨决定留下继续努力，李恒福则回了国。王重新派李恒福去中国。李恒福去中国的途中，求到李如松的肖像画，并要请把李如松派过来。明朝皇帝没办法，让守边防的李如松去朝鲜救援。

李如松讨厌李恒福，让他献上龙的肝。李恒福去白马江从上天那里求来了龙肝。李如松带着援兵到了鸭绿江旁边，并说明天黎明将击破倭寇，要吃早饭，准备全军的食事，李恒福不失约地按照他的话做了。李如松感服了。来到我国的李如松，看着天文知道了高灵的金德龄是名将，并命他过来了。金一晚上跑了二千里地，来到了这里。李如松让金进击平壤杀掉倭将小西飞。金得知自己在当平壤监司的裨将时，喜欢的妓女花月服侍小西飞，就与花月一起杀了小西飞，还将倭将曹达也杀掉了。失去了将军的倭军大败，退到南方。在北汉寺避身的王按照关云长的指示想回到宫里，但是途中被倭军阻挡，又重新返回了北汉寺。

先祖28年乙未年正月，李如松军拿下了平壤。李看到君王之相之后，本打算回军，但是听到王回到北汉山哭的声音，觉得有王者的资格，中止回军了。倭将贺罗北请战，金德龄出去迎战并大胜。被追赶到南边的倭敌在各地掠夺，但是金德龄击退了忠清道的敌人，郭再又击退了全罗道的敌人，金德龄在鸟岭打仗的时候，用道术杀了倭寇的平秀吉。

先祖30年丁酉年正月，受到关云长的教示的李如松起用了李舜臣。李舜臣在南海一带配置军队，防备倭军，用巧妙的战术赢得数次胜利，但是不幸的是被敌人的流弹打中壮烈地牺牲了。李舜臣的儿子白铁穿上父亲的军服奋战，郭再祐在大多浦大胜，李如松也大大地消灭了倭军。

先祖31年戊戌年12月，回到汉阳的李如松，嫉妒我国美丽的山水，断脉挖地纵火，他点燃的火整整烧了4个多月，其损害比倭敌侵略我们7年的损害额还要大。李如松心中想占领我国。一青衣童子出现在他面前表示傲慢的态度，李如松就让金德龄把那个童子抓来。但是金德龄只是被童子受到侮辱没能抓来。李如松大怒，本是想抓童子而跟过去的，却不知不觉来到了太白山。天黑了，迷路的他徘徊不定，发现了一家草屋，进去了。进去之后，家主人一位老人拜托如松惩戒一下自己不良的孙子。如松在惩戒家主人的孙子时受到了侮辱。于是，老人训诫了如松。如松被青衣童子困辱之后回到了自己的国家。

《许生》作品中的主人公的经历，或者关于他的事件，按照史家记述某实际人物的方式写出的别传类里面有很多好作品。像朴趾源的诸作品，还有《鼠大州传》·《乌有兰传》那样，依托作品里面设定的模式，真实地反映现实社会，其中《许生》就是一部成功的别传类作品。《许生》的内容概要如下：

> 住在都城的南山脚下的许氏虽然是读书士族出身，但是很穷。住在草屋的他，天天只是学习，对生活和社会漠不关心。只是靠他的妻子打零工还有做一些针线活儿来糊口。筋疲力尽的妻子，有一天跟丈夫许生说，别人就学2，3年就能在科举及第做官，无忧无虑的生活，你读了一辈子的书，到底要做什么？许生说想做生意但也没有资本，叫我如何是好？妻子说没有资本的话可以偷啊。
>
> 许生回答道我下决心要读10年书，只读到7年很可惜，随即扔掉书离开了家。离开家的许生，打听到了都城的首富卞氏，向他借了万两银子。去安城买了很多水果，因为人家要多少就给多少，所以把全国的水果都买尽了。他自己独占了全国的水果之后，国中没有了水果。士大夫难求祭祀用的水果，年末的时候水果的价钱翻了十倍。他恨叹既然能用钱万两就能买尽全国的水果，这个国家是如此虚弱。
>
> 许生拿着卖水果挣的钱去买了农机具和衣服等，到济州岛去卖，又得到了很多利益。他又拿着这些钱买了做济州岛的特产物济州网巾的马尾毛。因为他的独占，马尾毛的价格又翻了10倍，他又赚了一笔。后来他在船工的带领下去了无人岛。正好在边山地区上盗贼横行，使官家特别担心。他去劝慰盗贼的头领了。他说服了盗贼团伙，每人给了百两，让他们带着一女子和一头牛来。许生准备了两千人能过一年的粮食，装上船，带着盗贼们去了自己发现的无人岛。为他们各自能够生活下去做了准备。3年后，听到日本的长崎凶年的消息，就载上吃剩下的粮食去长崎卖，挣了百万两银子。他回到岛上，教岛民们如何生存之后就回国了。

身上的钱即使全部带回去也没有可用的地方，然后往海里扔了50万两，拿着50万两回去了。然后40万两分给了全国各地的可怜的人们。然后把10万两还给了之前借他钱的卞氏。卞氏说这些钱不能全收，谢绝了，但是许生放在那里就回来了。

卞氏问清许生的居处所之后，第二天给他送过去，但是许生没有答应。他们变得很亲，几十年关系一直很亲密。当时，卞氏与御营大将李浣很亲。一天，交谈时听到关于许生的故事。李浣同卞氏一起去找许生，请他帮国事，许生说有三件难事，然后拒绝了。李浣和李氏第二天又去找他了。但是许生已不知去向了。

作品中，贫穷的书生放下书本，投商，用得到的利益帮助盗贼们从事生业，让他们好好活；拿着我国生产的粮食拿到日本去卖，赚了巨额的银两；帮助了很多可怜之人，暗自提示了如下当世社会的问题:

① 读书人要觉醒，认识现实社会。

② 一个人用一点钱就能独占国内的东西，说明国家的生产力是多么的微弱。

③ 盗贼们横行，是因为他们不能享有自己的生业。

④ 国家应该致力于生产，要为国家经济的富饶而努力，要与外国进行贸易，建立富强的对策。

⑤ 即使有报国之心的人，但是也不能在现实中实现自己的抱负。

对朴趾源的作品《许生》里面登场的人物许生，是否是架空人物还是以实际人物进行详考的话，觉得他是以前实存人物许镐为模范的。许镐出生于孝宗5年(1654)，卒于肃宗40年(1714)。他的文集《卧龙亭遗集》中，有一个叫许愈的人，在附录上对他的叙述大致如下:

"许镐字京远, 从小就格外地聪明。他虽然埋头读书, 但是意不在科举。丙子·丁丑年(仁祖 14·15)对从清朝受到的国耻痛恨不已。据说, 他在弱冠时, 去湖西找过一个寺庙。那个寺庙里面有个老僧, 凭着勇力做了很多坏事。但是因为官吏们都怕他, 谁也不敢逮捕他。许镐训斥老僧的罪, 把他打死了。虽然很多人觉得此事做的痛快, 但是年轻的几个人与他相对。他不知道会不会给他带来什么灾祸, 就去一个海岛中避难。他从岛上回来之后, 在终南山脚下的窝棚里住下, 虽然很艰苦, 但是継续读书, 尤其热衷于中庸。当时朝廷密议北伐的事, 正选拔人才。这时, 某一将臣听到许镐的学问, 晚上悄悄地去找他一起谈论天下之事。他立了三个计策, 但是将臣面有难色。然后他很正色地说道, 这样还能做什么事。将臣慢悠悠的退下。他也从窝棚里出来, 离开了那个地方。"

许镐和许生都去过海岛, 将臣也都去找他们谈论国事, 并提到三件难事, 而且纯祖时期流传着于朴趾源的作品《许生》类似的故事。即纯祖时期, 有个叫李羲准的人写的《溪西野谈》中有关于许生的故事。故事概要如下:

"在贫困的环境中一直读书的许镐, 再也忍受不了贫穷, 扔下书本, 去找松都的白氏富人, 借了千两银子, 去了平壤。到了平壤之后, 他的钱被妓女楚云娘骗走了, 全都浪费掉了。他又去找白氏借了三千两。但又因楚云娘全用光了。他拿着第四次借来的三千两, 从楚云娘那里换来马驹、钱橐和乌铜炉。他把乌铜炉砸成碎片, 放进钱橐, 骑着马驹去会宁做古物的买卖。西域的商人视乌铜炉的碎片为贵重物品, 花10万两买回去。拿到10万大金的他, 拿着这些钱还给白氏。白氏大吃一惊, 偷偷地跟着他, 发现他走进紫阁峰的窝棚中。白氏觉得很奇怪, 与自己的熟人李浣政丞一起去找许生谈论国事, 许生说到了时事三难。第二天又去找他, 但是许生已不在那里, 不知去向。"

这个内容和朴趾源写的《许生》有如下几个共通点:

① 书生许氏放下书本，因想赚钱，去富豪那里借钱。
② 做生意挣了10万两。
③ 富豪和李浣关系好。
④ 富豪和李浣一起去找许生谈论国事，说了时事三难。
⑤ 又去拜访时，许生不知去向。

虽然有以上几个共通点，但是朴趾源通过许生在作品中更切实的反应了现实社会。这两个也许都是把许镐当作主人公而写的。

《花史》是拟人小说的代表作品。是所有汉文小说中最有名的作品之一。在春·夏·秋三个季节开的百花中，选取梅花·牡丹·芙蓉三种花各自代表一个国家的王，把每个季节的花·草·木为国家的人民和臣下，论梅花的国家(陶)·牡丹的国家(夏)·芙蓉的国家(唐)三国的兴旺盛衰和人才，按照古史书的本纪记述方法取编年式。作者通过这个主张劝善惩恶，政治的大道。在各国的各王的记事的结尾中，以史官的立场，通过史臣议论表达了自己的主见。然后在最后做了一下作品的总结，附有可称为〈后记〉的〈总论〉。在这里不一一举出《花史》的内容，下面列举一下其中一小段，进行介绍:

"陶烈王姓梅，名华，字先春，罗浮人也。其先，有佐商者，为高宗调鼎羹，以功封於陶，中世为楚大夫屈原所摈，避居阖庐城，子孙因家焉。"

这是《花史》的开头部分，说明陶君的王室系。

"史臣曰，红白党比，弊无异於唐之牛李，宋之川洛。而金带围能诚心保合，使朝著之间晏然，直所谓宰相器也。後之为总百之任者，可不鉴哉。又曰，唐文宗常曰，去河北 贼易，去朝廷朋党难。读史，至此，未尝不卷卷叹也。谓之党祸酷於逆乱，则可，谓之破党难於制贼，岂其可也。夏王有一辅佐之贤，犹能调制一世，以致和平，而况明君御世，先平以王者乎。书曰，无偏无党，王道荡荡。君子之德风，小人之德草。风之所加，安有不偃之草乎。”

这是史官对“夏国”文王三年条为止的记事的评价。在这里论崩党之弊会弄乱国家，治道纷乱。

“道人以妙法经进王曰，说经，则天雨四花，莲胎化生於极乐世界。王大说，乃设水陆道场，贵可亿万计。日与左右诸臣朝夕说经，废其国事。学士文藻伏青蒲谏曰，彼佛者，果何人哉。违理邪说，惑世诬民。君王之道，守经常而已。何必以秖园为福田，贝叶为真经哉。人生如树花，落茵席者为贵。落粪溷者为贱，此乃自然之理。因果说，岂可信听乎。王不纳。”

这是“唐国”明王三年条记述的一部分，表达了作者抑佛扬儒的思想。

“总论曰，天地之间，人是一物而已，花有千百种，则人固不如花之寿矣。天以花行四时，人以花辨四时，人孰如其信。花不绝荣於春风，落不怨落於秋天，人孰如其仁。或生於阶砌之上，或生於粪土之中，而不争高下贵贱，同其荣枯，则其公心亦异人矣，然则，花有至仁至信至公，众且寿，而得天性之正者也。既众矣。何有乎为国，既仁既信矣，又如是至公，则何有乎为君。凡人有一艺之能，一分之才者，必欲夸矜一世，流传百代，施为争功伐，录於简编，而花则不然。故知其天性之美老，犹人中之君子。是以，宋濂溪先生，庭前草不除曰，与自家意思一般。君子欲与之一般，则其性之全且正可知。且彼区区於言语文章，孜孜於功业事务之间者，亦安得而全其性，而复其正耶。"

这是《花史》最后的总论，对花和人进行比喻，强调仁·义·信·公平。

如果从艺术至上主义的审美观去看《花史》的话，也许会觉得无味干燥，是一部多识才子用文字戏弄很多以前故事和人物的作品。但是，作者在作品中把花·草·木拟人化的描写的意图是想表达暴露人间社会的丑陋、希求光明的世界的思想，是基于这种真实的文学精神而写的。所以，指出君臣的义理，训斥奸恶的团伙，褒赏贤明的人才，谴责派党的争权，诽谤虐政，鼓吹崇儒排佛的思想，讽刺利己功名心，希求公正的社会。

被传下来的《花史》的写本上注明了这是由林悌所写的。所以《花史》是林悌的作品。但是也有的说是南圣重写的，有的说是卢兢(字如林，号汉源，交河人，进士，英祖14年〈1738〉生，正祖14年〈1790〉卒。)写的。南龙翼(字云卿，号壶谷，仁组6年〈1628〉生，官两馆大提学·吏曹判书。肃宗18年〈1692〉卒。）的庶子南圣重写的说法，是依据가람李秉岐博士的自藏本总论末尾的"岁壬午花辰宜春後人南圣重论"这一文句来主张的。(著书《国文学全史》）另外"卢兢作说"是李家源主张的。(论文〈关于花史的小考〉)但是，证据不够明确。觉得南圣重可能只是写了总论，而卢兢是人们把他手写传下来的作品误认为是他的作品。李家源教授甚至把作品中的红·白·黄党比喻为南·老·小论的三党，把英王比喻为英祖，文王比喻为正祖，金带围·卫足等比喻为蔡济恭的一党。

但是，这种比喻只是想象，不能成为实证。作品中登场的人物也完全能比喻为林悌在世时的明宗·宣祖时期的人物。而且，那时候政派也被分为几派，把作品中的派党比喻为明宗·宣祖时期的政派会更有意思。另外，南圣重比卢兢早很多，既然有“南圣重之说”，“卢兢作说”就没什么问题。传下来的作品中有别人加笔的痕迹。追究本文的文章和总论的话，可以发现写的人似乎不一样，而且中间还有作者以外的人加的注释。难道是加了总论，然后有了南圣重论的说法？再或者加了一些注释，然后称是自己写的？不管怎么样，对这个两异说法有必要进一步探讨。我觉得从林悌担忧国家，还有他写的《愁城志》的内容和这个作品的内容有相通的地方来看，旧传的林悌作说比较妥当。

章回小说 《彰善感义录》 共有14回， 是我们古小说中长篇小说之一。登场人物很多，跨越的时间很长，故事发展的情节多样，场所的移动频繁，内容非常复杂。很难概括其内容。

> “明初的功将花云的七世孙花郁有沈氏·姚氏·郑氏三妻。沈氏生了儿子瑃，郑氏生了儿子珍。瑃相貌丑陋，对学业无意，以悖伦行为为能事，珍聪明好学状元及第。沈氏和瑃猜忌珍，总是迫害他，甚至要杀了他。珍后来立了大功，升了大官。他一直对沈氏毕恭毕敬，善待兄长。后来瑃犯下大罪要受到惩戒时，珍向天子请愿，瑃才得以逃过此劫。于是，沈氏和瑃悔改自己过去的犯下的错，一家变得和睦。”

这个是这个作品的主要内容，此外还展开了有很多人的善恶行为事件，告诉人们善有善报，恶有恶报。

这个作品是以忠孝心昂扬为主题的道德小说。这个作品中极其俨然的追究因果关系，反映着道教思想，尊上卑下的阶级观念也彻底地被发露，固守着代辩朝鲜时代的两班阶级的人间性和生活面的文学传统。首先看一下因果关系:

① 因为南公的夫人普施于清远的庵子重建事业，所以南公的夫妇在水中

被救出，死去的南少姐苏醒，离散的家庭10年后重新相遇。前者是因，后者是果。

② 因为郭仙公对南公夫妇施恩，所以金山贼讨伐马芳枝时，郭公的孙子郭善庆逃过死劫，南公的女婿被花珍救出，在南公的保护下成长，后日成功了。前者是因，后者是果。

这两个例子是全篇中典型的例子，而且整篇作评中始终贯穿着因果关系的观念。另外，这部作品中的故事是在儒家·佛教·道教三种思想背景下发展的。即这个作品以道德上的义理作为主脉，这说明儒家思想是作品构成上的主流思想的背景。还有，南公夫人因为普施于清远，与佛祖结下姻缘，后日一家才能逃过危机，离散之后虽过了一段放浪生活，但最总能够再次相聚，尤其是第11回中通过花珍听完事情的来龙去脉之后，为了找女儿南小姐，徘徊在西蜀，又到了清远的所在地，并见到了清远，接着找到了女儿，在这个故事中，婉然的表达出了因信佛而受福的情节。还有，在第3回，南公一家被贼追赶，南公夫妇掉进水里，被丢弃在河边小山坡的南小姐和侍女不知所措，这时仙女下凡，慰安她们，给她们吃仙浆，使之有力气；在第8回中，被流配到成都的花珍，见到郭仙公，与他对话时郭仙公预言他是天子的师傅，国家的栋梁；第9回中，像仙公预言的那样，珍见到了道士殷真人，但拒绝成为仙人，拿到太上老君的伏妖之符，在那里睡了一晚，人间却过了一个时节，这都是从道教思想构想的。还有，第10回中，头目徐山海杀害花珍之命的李八儿没有完成任务，对此徐山海大怒，并要杀了他，此时他往空中逃掉了。第11回中，贼军和官军打仗，徐山海使用召唤神兵的妖术，被花珍写的丹符所阻止，这也是依据道教思想构想的。

最后举例说明一下发露尊上卑下的阶级观念的例子:

① 两班可以随意娶妻。一个男子可有多名妻子，但是下流阶级不可以。
② 虽然是同样的恶人，但是两班阶级的恶人的报应仅仅止于可怜，然后转向，最后变成幸福的结局，而下流阶层的恶人的结局却是非常悲惨的。
③ 看重上流阶层的生命，而对下流阶层的生命不怎么关心。

除了上面已提到的写小说的作者以外，下面简单列举一下其他人。

- 成侃：字仲和，号真逸斋，昌宁人，成俔的兄，世宗9年(1427)生，端宗1年登科，官集贤殴博士，世祖1年(1456)卒，著书《真逸斋集》。
- 沈义：字义之，号大观斋，丰山人，成宗年(1475)生，中宗2年登科，官昭格署令。
- 朱世琳：字献仲，号醉隐，砺山人，成宗10年(1479)生，燕山主8年登科，官校理。
- 金安老：字颐叔，号希乐堂，延安人，成宗12年(1481)生，中宗1年登科，官左议政，中宗32年(1537)卒，著书《龙泉谈寂记》。
- 李济臣：字梦应，号清江，全义人，中宗31年(1536)生，明宗19年登科，官兵马节度使，宜祖17年(1584)卒，著书《清江集》·《鹅城杂记》。
- 尹继善：字而述，号坡潭，坡平人，宜祖10年(1577)生，宜祖30年登科，官都事，宜祖37年(1604)卒。
- 赵纬韩：字持世，号玄谷，汉阳人，明宗13年(1558)生，光海君1年登科，官参判，仁祖27年 (1649)卒，著书《玄谷集》。
- 柳泳：未详。
- 成汝学：字学颜，号鹤泉，昌宁人，与李睟光是同一时代的人。
- 安瑞羽：字凤举，号两弃翁，广州人，显宗5年(1664)生，安鼎福的祖父，肃宗20年登科，官府使，英祖11年(1735)卒。
- 郑泰齐：字东望，号菊堂，东莱人，光海君4年(1712)生，仁祖13年登科，官承旨。

- 赵圣期：字成卿，号拙修斋，林川人，仁祖16年（1638)生，肃宗15年(1689)卒。
- 南永鲁：号潭樵，宜宁人，南九万(1629–1711)的五代孙。
- 李庭绰：字景裕，号晦轩，全州人，肃宗4年(1678)生，肃宗40年登科，官参判，英祖34年(1758)卒。
- 慎後聃：字耳老，号河滨，居昌人，肃宗28年(1702)生。进士，英祖37年(1761)卒。著书《河滨集》。
- 安鼎福：字百顺，号顺庵，广州人。肃宗38年（1712)生，官中枢府同知事，正祖15年(1791)卒，谧号文肃，著书《顺庵集》·《橡轩随笔》。
- 李釭：正祖·纯祖时的人，与金炉的交情深厚。
- 金炉：号藫庭，延安人，纯祖1年(1801)被认为是天主教信者，流配到镇海。纯祖25年，因荫补成为咸阳郡守。著书《藫庭》
- 申光洙：字圣渊，号石北，高灵人，肃宗38年(1712)生，官敦宁都正，英祖51年(1775)卒，著《石北集》。
- 蔡济恭：字伯规，号樊岩，平康人，肃宗46年(1720)生，英祖19年登科，官领议政，正祖23年（1799)卒，谥号文肃，著书《樊岩集》。
- 林昌泽：字大润，号崧岳，罗州人，进士，肃宗8年(1682)生，景宗3年(1723)卒，著书《崧岳集》。
- 李羲准：字平汝，号溪西，韩山人，英祖51年(1775)生，纯祖5年登科，官判书，著书《溪西野谈》。
- 金绍行：字平仲，号竹溪，安东人，金尚宪的五代孙，英组41年(1765)生，哲宗10年(1859)卒，他在纯祖14年(1814)写了《三韩拾遗》。他平生过着隐逸的生活。
- 金在堉：字宇洪，号云皋，金海人，纯祖8年(1808)生，高宗30年(1893)卒，平生只做学问，80岁时当上了中枢府同知事。著书《云皋集》。
- 郑琦和：纯祖诗人，号歇吾斋。

- 朴泰锡 ： 号石斋, 哲宗·高宗时人, 哲宗3年(1852)写了《汉唐遗事》。
- 金祖淳 ： 字士源, 号枫皋, 安东人, 金昌集的玄孙, 纯祖的丈人, 正祖9年登科, 官大提学, 纯祖31年(1831)卒, 谥号忠文。

第五节 评论文学的发展

高丽时代成立的评论文学, 到了朝鲜时代得到了很大的发展。很多文士评论诗·文·赋·小说等, 还出现了很多诗文评论著书。

朝鲜时代的评论文学先驱者是徐居正。他写的《东人诗话》是第一部评论文学专书。紧跟徐居正的《东人诗话》, 出来的评论文学书有

- 清江诗话 : 李济臣作
- 惺叟诗话 : 许筠作
- 小华诗评 : 洪万宗作
- 壶谷诗话 : 南龙翼作
- 榕灯诗话 : 郑万朝作

其中 《东人诗话》·《惺叟诗话》·《小华诗评》 是朝鲜时代评论文学的代表。

《东人诗话》可称为朝鲜时代评论文学的祖宗, 共有上、下卷, 是成宗5年(1474)刊行的。这里面对新罗时代到朝鲜时代初期位置的诗文学或诗人进行了评论。许筠的《惺叟诗话》在《惺所覆瓿藁》第25卷。《小华诗评》 是对高丽时代及朝鲜时代的诗歌进行的评论。这个与《东人诗话》的题材一样, 分上、下2卷。这里面有金得臣的序和肃

宗1年(1675)写的自序。著者洪万宗是仁祖时期的学者，字宇海，号玄默子或长洲，作为丰山人，除了《小华诗评》以外，还写了《旬五志》·《海东异迹》等作品。

李济臣的《清江诗话》·南龙翼的《壶谷诗话》·郑万朝(字大卿，号茂亭，东莱人，哲宗9年〈1858〉生，高宗26年登科，官奎章阁副提学，为堂郑寅普的父亲，1936年卒，著书《茂亭全稿》)的《榕灯诗话》也是取前面三种诗话的题材。

朝鲜时代出现的评论文学专著，除了上面列举的以外没有多少。但是以徐居正的《笔苑杂记》为首，许多学者·文人写的诸多著书中，有很多对各文学及文章进行评论的话，所以可以说朝鲜时代的评论文学得到了很大的发展。

第六节　随笔文学的丰盛和其他文笔

1. 随笔文学

朝鲜时代出现了很多随笔文章。很多学者·文人们的文集中可摘出纪行文、自己或者记录周边的事情的文章、他人的行迹记、写他人或者自己忘不了的事情的文章、写山水或风土的文章、见闻记、手记、把某件事情的始末有趣得记录下来的记事文、对某些事物的感想文等。但是没有办法一一指出。

很多学者文人们写的著书里面的随笔实在太多，没办法全部举例说明，写成一本书的随笔作品也很多，不胜枚举。在这里不能全部举出，下面列举一下有点名气并对后世人的良识有帮助，而且能告诉前代人和事情的好作品。

(1) 日记·手记

- 阴崖日记(1卷1册)：李耔(字次野，号阴崖，韩山人，成宗11年〈1480〉生，燕山君10年登科，官右参赞，中宗28年〈1533〉卒，谥号文懿，著书《阴崖集》)作。写了从中宗4年9月开始到11年12月为止的朝廷以及周边发生的事情，中间还写了一些自己的意见。
- 江北日记(1卷)：记载着左寨将崔宗范·先达金泰兴·助防将林硕根等受官命，在中宗7年从6月1日到7月10日，去女真部落观察的情况。
- 眉岩日记(11册)：柳希春(字仁仲，号眉岩，善山人，中宗8年〈1513〉生，中宗33年登科，官参判，宣祖10年〈1577〉卒，谥号文节，著书《眉岩集》·《诗书释义》·《新增类合》)作。宣祖即位的那一年(1567)的10月1日到10年(1577) 5月13日为止的日记。
- 石潭日记(一名经筵日记，3卷1删)：李珥作。以日记体记录并评论了宣祖时栗谷在经筵与君臣之间论难的时事。
- 惩毖录(16卷7册)：柳成龙(字而见，号西崖，丰山人，中宗37年〈1942〉生，明宗21年登科，官领议政，宣祖40年〈1607〉卒，谥号文忠，著书《西崖集》外多数)作。记录着宣祖25年到31年壬辰倭乱之时发生的事情的手记。
- 乱中日记(七册)：李舜臣(字汝谐，德水人，仁宗1年〈1545〉生，宣祖9年武科及第，官三道水军统制使，宣祖31年〈1598〉卒，谥号忠武，著书《李忠武公全书》)作。是宣祖25年5月1日到31年9月17日的战中日记。
- 西征日录(1册)：李廷馣(字仲薰，号四留斋，庆州人，中宗36年〈1541〉生，明宗16年登科，官都巡察使，宣祖33年〈1600〉卒，谥号忠穆，著书《四圣斋集》)作。宣祖25年4月28日到10月7日为止的乱中日记。
- 龙蛇日记(一册)：李鲁(金诚一〈中宗33年～宣祖26年〉的慕僚，号松岩)作。记录着宣祖23年(1590)，金诚一成为了黄允吉的副使，去日本之后开始，到壬辰倭乱的发生，金作为庆尚右道巡察使在晋州病死，把他安葬在安东的事情的手记。

- 看羊录(一卷)：姜沆(字太初，号睡隐，晋州人，明宗22年〈1567〉生，姜希孟的五代孙，宣祖26年登科，官分户曹判书的从事官，光海君10年〈1618〉卒，著书《睡隐集》外多数)作。记录着宣祖时的倭乱中，作为俘虏被抓去日本，并返回来之后的事情的手记。
- 南汉纪略(一册)：金尚宪作。主要写了仁祖14年(1636)的丙子胡乱时，扈从仁祖在南汉山城时的事情，从仁祖14年12月到王降服于清军，还都为止的事情。
- 南汉战中记(一册)：文载道(字戒器，号休轩，南平人，宣祖8年〈1575〉生，宣组36年武科及第，官庆尚左水使，仁祖21年〈1643〉卒，著书《休轩集》)作。丙子胡乱时扈从仁祖去南汉山城写的战中日记。
- 南汉日记(4卷4册)：石之珩(字叔珍，号寿岘，花园人，光海君2年〈1610〉生，仁祖12年登科，官显宗时开城府教授，著书《寿岘集》)作。丙子胡乱时清军在南汉山城打仗的日记。
- 江都日记(一册)：鱼汉明(字汝亮，咸从人，宣祖25年〈1592〉生，官水军判官， 仁祖26年〈1648〉卒)作。凤林大君和麟平大君为了避开清兵去江华的时，他作为京畿左道水军判官，从甲串津到江华为止保护两位大君的经过的日记。
- 瀋阳日记(十册)：丙子胡乱时，作为人质被清朝抓去的昭显世子和凤林大君等的瀋阳(奉天)滞留日记。记载着仁祖15年正月30日，王从南汉山城出来那天开始到22年8月18日为止的日记。
- 章翼公漫记(一册)：朴师益(字谦之，号鹭洲，潘南人，肃宗1年〈1675〉生，肃宗38年登科，官判书，英祖12年〈1736〉卒，谥号章翼)作。把肃宗38年到英祖12年为止的事情用编年体写下来的手记。
- 漂舟录(一册)：被认为是英祖时人的武官李志恒作。从英祖32年4月

28日在釜山坐船，漂流到日本北海道西海岸的北端，到次年3月5日回到釜山之时的日记。

- 西征日记(一册)：方禹鼎(号晖斋，温阳人，正祖时武科及第，纯祖16年〈1810〉求礼县监)纯祖11年12月发生的洪景来乱中，他以左哨官从军，纯祖11年12月22日到12年5月6日为止的日记。
- 阵中日记(二册)：玄仁福(正祖·纯祖时人)作。从纯祖11年12月18日洪景来在嘉山·郭山起兵，到次年10月13日被讨伐为止的日记。
- 三省斋日记(二册)：作者未详。从景宗2年(1722) 1月1日到英祖2年(1726) 5月末为止(上卷)·英祖17年3月10日到22年7月17日(下卷)的日记， 写着很多治罪的人。
- 云城日记(一册)：宪宗时某个武官写的从宪宗1年(1835) 1月到3年8月为止每天发生的事情。很好的表现出当时武官们的习惯。

(2) 传记

- 六臣传(一册)：南孝温作。世祖2年(1456)，记录着图谋端宗的复位而惨遭失败的朴彭年·成三问·河纬地·李?·柳诚源·俞应孚等的生活·活动·治罪等事情。也叙述了参与此事的成胜·许翎等的事情。
- 乙巳传闻录(一册)：李中悦(字习之，号果斋，广州人，中宗13年〈1518〉生，中宗34年登科，官正郎，明宗2年〈1547〉卒)作。写了明宗即位乙巳年(1545)的乙巳士祸的受害人。这里写着柳灌等乙巳士祸的受害者以及受到牵连的那些被流配或者受处罚的人们，共记录者80名的事情。
- 正气录(一册)：起初是由高敬命的儿子高由厚写的，后来由他的儿子高用厚(号晴沙，宣祖10年〈1577〉生，宣祖39年登科，官仁祖2年当高城郡守，著书《晴沙集》)进行增补。写了壬辰倭乱时，成为义兵大将的高敬命和他的儿子在锦山之战中壮烈战死的事情。题目是尹根寿加上去的。

- 海东名臣传(9卷9册)：金堉(字伯厚, 鱿潜谷, 清风人, 宣祖13年〈1580〉生, 仁祖2年登科, 官领议政, 孝宗9年〈1658〉卒, 谥号文贞, 著书《潜谷遗稿》外多数)作。记述着从新罗时代到仁祖时期的文武名臣301人(新罗:2, 高丽:3, 朝鲜:296)的略历。
- 海东名将传(6卷3册)：洪良浩(字汉师, 号耳溪, 丰山人, 景宗4年〈1724〉生, 英祖28年登科, 官中枢府判事, 纯祖2年〈1802〉卒, 谥号文献, 著书《耳溪集》)作。从三国时代到仁祖时期的名将的传记。上面有正祖18年(1794)写的自序。
- 里乡见闻录(10卷 3册)：刘在建(字德初, 号兼山, 正祖17年〈1793〉生, 高宗17年〈1880〉卒, 奎章阁胥吏, 著书《法语》·《兼山笔记》)作。里乡人物或者闾巷诗人们的传记。
- 骑驴随笔(一册)：宋相焘(号骑驴子·眉轩·莲坡·冶炉人, 高宗8年〈1871〉生, 1946卒)作。记录着朝鲜时代末期到8·15解放为止, 为国家民族而奋斗的爱国志士的行迹和大事件。

(3) 时事记

- 晋兴君日记(1册)：姜绅(字远卿, 号东皋, 晋州人, 中宗38年〈1543〉生, 宣祖10年登科, 官中枢府判事, 仁祖7年〈1629〉卒, 谥号毅简)作。虽然是从宣祖29年到光海君6年的日记体的文章, 不过记录着壬辰倭乱的始末和当时国政。
- 玄驹记事(1册)：朴宗谦(字君实, 潘南人, 英祖20年〈1744〉生, 正祖9年登科, 官正言, 正祖23年〈1799〉卒)作。英祖38年〈1762〉发生的思悼世子(庄宪世子)事件的始末记。
- 青白日记(1册)：作者未详。记录着宣祖35年仁穆王后被册封之后到光海君10年仁穆大妃废除为止的事情。
- 眉皋笔记(23卷11册)：作者未详。从哲宗14年(1863) 12月8日到隆熙3年(1909) 10月28日之间发生的重大事件, 按照年度、月日记录的。是一部可以观察当时王宫内情况的好作品。

(4) 见闻记

- 龙湾闻见录(1册)：郑琢(字子精。号药圃，柄谷，清州人。中宗21年〈1526〉生，明宗13年登科，官中枢府领事，宣祖38年〈1605〉卒，谥号贞简，著书《药圃集》)作。记载着作者在壬辰倭乱时，跟随宣祖去义州的所见所闻。
- 锦溪日记(1册)：鲁认(号锦溪，咸平人，宣祖25年壬辰倭乱时，跟随权栗从军，丁酉再乱时在南原被捕，带去日本，后来又逃脱出来，经过中国，在宣祖32年归国。宣祖36年武科及第，治理水原·雍津。著书《锦溪集》)作。记录着被抓取日本之后的所见所闻。
- 公私见闻录(4册)：郑载岺(字秀远，号竹轩，东莱人，和孝宗的第五个女儿淑静公主结婚，仁祖26年〈1648〉生，景宗3年〈1723〉卒，谥号翼孝)作。记录者孝宗·显宗·肃宗·景宗4王执政时，出入于宫中时的所见所闻。

(5) 纪行

〈国内纪行〉

- 山中日记(2卷2册)：丁时翰(字君翊，号愚潭，罗州人，官中枢府佥知事，仁祖3年〈1625〉生，肃宗33年〈1707〉卒，著书《愚潭集》)作。从肃宗12年3月13日到14年9月19日，寻找江原·庆尚·全罗·忠清等各道的名山古刹时，写的日记体纪行文。
- 苍狗客日录(2卷1册)：李栽(字幼材，号密庵，载宁人，李玄逸〈1627-1704，官判书〉的儿子，肃宗时人，官主簿，肃宗39年编著《朱书讲录刊补》)作。在肃宗20年(1694，甲戌年)的狱事中，父亲被连累，流配刀洪原，跟随父亲写的文。记录着肃宗20年4月9日从故乡宁海出发，到达洪原之间的事情和肃宗23年7月18日移配到光阳为止的生活状。虽然是可归纳为手记的作品，但是到洪原为止些的内容是出色的纪行文，故归类于纪行。

- 海山录(1册)：姜哲钦(号浑斋，正祖2年〈1778〉生，哲宗7年〈1856〉卒)作。纯祖29年3月16日从尚州出发，在忠清·江原道各名胜地巡游，5月3日为止回家为止的日记体纪行文。
- 海东山川录(1卷)：百拙老人(未详)在光海君14年(1622)写的。记录着有名的山川·楼台·亭阁等。

〈外国纪行〉

我国人往来外国(中国和日本)时，写的文章很多。朝鲜时代去外国回来写的文章中，第一步作品是申叔舟的《海东诸国记》(2册)。这是世宗25年(1443)，作者成为通信使卞孝文的书状官，去日本时，以当时得到的知识在成宗2年(1471)写的。但是，这是关于日本的著作，不是纪行作品。中国和日本纪行都很多，下面列举一下其中有价值的作品。

- 燕行录(1册)权悏：(字思省，赋石塘，安东人，中宗37年〈1542〉生，宣祖10年登科，官判书，光海君10年〈1618〉卒，谥号忠贞)作。记录者宣祖30年倭敌再侵时，他因告急去明朝的事情。
- 柳命天燕行日记(2卷1册)：柳命天(字士元，号退堂，晋州人，仁祖11年〈1633〉生，显宗13年登科，官中枢府判书，肃宗31年〈1705〉卒)作。记录着肃宗19年11月3日成为贺正使去了中国，20年3月12日到达黄海道平山为止的事情。
- 老稼斋燕行日记(6卷6册)：金昌业(字大有，号老稼斋，安东人，孝宗9年〈1658〉生，进士，景宗1年〈1721〉卒，著书《老家斋集》)作。肃宗38年，兄长金昌集作为冬至使兼谢思使去中国时，跟着去的纪行。
- 乙丙燕行录(20册)：洪大容(字德保，号湛轩，南阳人，英祖7年〈1731〉生，官郡守，正祖7年〈1783〉卒，著书《湛轩书》)作。其叔父洪忆作为书状官去中国时跟着去的纪行。记录者英祖41年(1765, 乙酉年) 11月离开都城, 到次年(丙戌年) 4月返回都城为止的事情。

- 热河日记(26卷10册)：朴趾源作。正祖4年(1780)三从兄朴明源作为使臣去的时候, 作为他的随员, 去中国的纪行。纪行文中最有名的作品。
- 燕行日录(1册)：郑元容(字善之, 号经山, 东莱人, 正祖7年〈1783〉生, 纯祖2年登科, 官中枢府领事, 高宗10年〈1873〉卒, 谥号文忠, 著书《经山集》)作。记录着从纯祖31年10月成为冬至正使去了中国, 到次年1月回国为止的事情。
- 日本往还日记(1册)：黄慎(字思叔, 号秋浦, 昌原人, 明宗15年〈1560〉生, 宣祖21年登科, 官判书, 光海君9年〈1617〉卒, 谥号文敏, 著书《秋浦集》)作。成为通信使去日本回来的记录。一名《东搓录》。
- 扶桑录(1册)：李景稷(字尚古, 号石门, 全州人, 宣祖10年〈1577〉生, 宣祖39年登科, 官判书, 仁祖18年〈1640〉卒, 谥号孝敏)作。光海君9年〈1617〉, 正使吴允谦去日本时作为从事官跟着去了, 记录者7月4日离开釜山, 到10月18日回到釜山为止的事情。
- 东槎录(1册)：姜弘重(字任甫, 号道村, 晋州人, 宣祖10年〈1577〉生, 宣祖39年登科, 官义禁府同知事, 仁祖20年〈1642〉卒)作。仁祖2年作为副使去日本回来的纪行。记录着从8月20日到次年3月26日为止的事情。
- 丙子日本日记(1册)：任絖(字子瀞, 丰川人, 宣祖12年〈1579〉生, 仁祖2年登科, 官世子左副宾客, 仁祖22年〈1644〉卒, 谥号忠简)作。这是一本他成为通信使去日本回来的记录。从仁祖14年10月6日到15年2月25日为止的事情。
- 海游录((2册)：申维翰(字周伯, 号青泉, 宁海人, 肃宗7年〈1681〉生, 肃宗39年登科, 官奉常寺佥正, 著书《青泉集》)作。肃宗45年作为制述官, 跟着通信使洪致中, 去日本回来的纪行。

- 海槎录(3卷3册)：金绮秀(字季芝，号苍山，延安人，纯祖32年〈1832〉生，高宗12年，以县监登科，官参判)作。高宗9年，作为修信使去日本回来的纪行。

2. 其他文笔

朝鲜时代，崇尚中国的韩愈·柳宗元(唐代人)·欧阳修·苏洵·苏轼·苏辙·曾巩·王安石(宋代人)等唐宋八大家的文章或两汉的古文。所以，即使出现四六文的高手，但是四六文的势利还是微弱。另外，在那个时候，有很多学者或文士发挥自己的作文能力，论文艺评人物，还指出社会和历史上的故事，又写出了很多关于天文·地理·生活·制度·治国的著书。没有办法一一举出，在这里列举一下成为汉文学研究中的贵重文献的作品。

- 笔苑杂记(2卷2册)：徐居正著。
- 青坡剧谈(1册)：李陆(字放翁，号青坡，固城人，世宗20年〈1438〉生，世祖10年登科，官参判，燕山君4年〈1498〉卒，著书《青坡集》)著。
- 言叟闻琐录(2册)：曺伸著。
- 慵斋丛话 (3卷3册)：成俔著。
- 秋江冷话(1册)：南孝温著。
- 龙泉谈寂记(1册)：金安老著。
- 稗官杂记(1册)：鱼叔权(号也足堂，咸从人，鱼世谦的庶孙) 著。
- 松溪漫录(2卷1册)：权应仁(字士元，号松溪，明宗时的人，官汉吏学官) 著。
- 遣闲杂录(1册)：沈守庆(字希安，号听天堂，丰山人，中宗11年〈1516〉生，明宗1年登科，官中枢府领事，宣祖32年〈1599〉卒，著书《听天堂诗集》) 著。

○ 象村杂录(1册)：申钦著。

○ 月汀漫笔(1册)：尹根寿著。

○ 五山说林草藁(2卷1册)：车天辂著。

○ 东阁杂记(2卷1册)：李廷馨(字德薰，号知退堂·东阁，庆州人，明宗4年〈1549〉生，宣祖1年登科，官大司成，宣祖40年〈1607〉卒，著书《知退堂集》）著。

○ 海东野言((3卷1册)：许篈著。

○ 松窝杂说(1册)：李塈(字可依，号松窝，韩山人，中宗17年〈1522〉生，明宗10年登科，官判书，宣祖33年〈1600〉卒，谥号庄贞）著。

○ 芝峰类说〈20卷10册)：李睟光著。

○ 涪溪记闻(1卷)：金时让(字子中，号荷潭，庆州人，宣祖14年〈1581〉生，宣祖38年登科，官春秋馆判事，仁祖21年〈1643〉卒，谥号忠翼，著书《荷潭集》）著。

○ 荷潭破寂录(1卷)：金时让著。

○ 竹窗闲话(1册)：李德泂(字远伯，号竹泉，韩山人，明宗21年〈1566〉生，宣祖29年登科，官右赞成，仁祖23年〈1645〉卒，谥号忠肃）著。

○ 松都记异(1卷)：李德泂著。

○ 畸翁漫笔(1册)：郑弘溟著。

○ 磻溪随录(26卷13册)：柳馨远著。

○ 西浦漫笔(2卷2册)：金万重著。

○ 星湖僿说(10卷10册)：李瀷著。

○ 杂同散异(53册)：安鼎福著。

○ 燃藜室记述(59卷42册)：李肯瀷(字长卿，号燃藜室，全州人，英祖12年〈1736〉生，实学者，纯祖6年〈1806〉卒）著。

○ 壶山外史(1册)：赵熙龙(字致云，号壶山·铁笛，咸安人，正祖21年〈1797〉生，纯祖13年登科，官五卫将，哲宗10年〈1859〉卒）著。

○ 松南杂识(7卷14册)：赵在三(纯祖时的人）著。

- 五洲衍文长笺散稿(60册)：李圭景(字伯揆, 号五洲, 全州人, 李德懋的孙子, 正祖12年〈1788〉生, 实学者) 著。
- 熙朝轶事(2卷1册)：李庆民(字元会, 号云冈, 江阳人, 纯祖14年〈1814〉生, 作为李彦瑱的宗族, 从吏曹的小吏开始, 当上了中枢府仑知事, 高宗20年〈1883〉卒) 著。
- 梅泉野录(6卷7册)：黄玹著。

第七节 选文学

选文学的作业从高丽时代开始, 到了朝鲜时代才正式的发展起来。因此, 也收获了很多成果。最先开始于徐居正等编写的《东文选》。

《东文选》 是受王命而编写的。现存的油154卷45册, 分正篇和续篇。正篇是在成宗9年(1478), 徐居正受王命, 从新罗时代到朝鲜初期的诸家的诗·赋·文中选取编写的。续篇是中宗13年(1518)申用漑等受王命, 选徐居正等编写的《东文选》之后的40余年的内容编写的。但是肃宗39年(1713)年改编了。关于《东文选》的编辑, 成宗实录55卷6年5月中记录着徐居正向君王请愿, 因担心古人的诗文逐渐被泯灭, 导致没有办法传给后人, 故此希望模仿中国的《文选》, 收集历代文人的文章选辑。他的这种高度的责任心非常值得赞扬。并且, 在新罗·高丽·朝鲜初期文人们的作品没有被传下来的情况下,《东文选》的价值非常大。《东文选》的内容有目录3卷·正篇130卷·续篇21卷。

《东文选》之后, 写出来的重要的作品如下:

- 诗话丛林((4卷4册)：洪万宗编。
- 昭代粹言(12卷12册)：郑道应(字凤辉, 号无忝, 晋州人, 光海君10年

〈1618〉生，官谘议，显宗8年〈1667〉卒）编。

- 海东辞赋(2卷20)：金锡胄编。
- 海东遗珠(1册)：洪世泰编。
- 昭代风谣(9卷2册)：高时彦编。
- 风谣续选(7卷3册)：千寿庆·张混编。
- 海东诗选(19卷19册)：赵琮燮(字稚宗，杨州人，纯祖时人）编。
- 风谣三选(7卷3册)：刘在建·崔景钦编。
- 古今咏物近体诗(32卷17册)：刘在建编。
- 大东文粹((1册)：张志渊编。
- 东文集成(18卷18册)：朱伯玉(未详）编。
- 东国风雅(6卷2册)：金光济(未详）编。
- 东洋历代女史诗选(6卷1册)：郭灿(未详）编。
- 大东野乘(72卷72册)：编者未详。
- 大东诗选(12卷6册)：编者未详。
- 律选(4卷4册)：编者未详。
- 选赋(2卷2册)：编者未详。
- 续青丘风雅(7卷1册)：编者未详。

《诗话丛林》把以前的诗话集大成的。就如编者在凡例中:

> “如破闲集补闲集东人诗话，专是诗话，当以全书看阅。故兹不抄录。如栎嗡稗说於于野谈等十馀书。乃记事之书，而间有诗话。故今只拈出诗话，别作一编，以备吟玩。”

说的那样，编者除掉诗话的专书，摘取诸家的著述中评诗的那部分来编写的。来看它的内容的话，第一卷载入了收集李奎报的文集中的诗评的文章，有《白云小说》·《栎翁稗说》·成俔的《慵斋丛话》·南孝温的《秋江冷话》·金正国的《思斋摭言》·曹伸的《言叟闻琐录》·金安老的《龙泉谈寂记》等；第2卷载入了沈守庆的《遣闲杂录》·权应仁的《松溪漫录》·鱼叔权的《稗官杂记》·李济臣的《清江诗话》·尹寿根的《月汀漫笔》·车天辂的《五山说林》·申钦的《晴意软谈》·《山中独言》等；第3卷载入了李睟光的《芝峰类说》·柳梦寅的《於于野谈》·许筠的《惺叟诗话》·梁庆遇的《霁湖诗话》·张维的《溪谷漫笔》等；第四卷载入了金得臣的《终南丛志》·南龙翼的《壶谷漫笔》·任埅的《水村漫录》·任璟的《玄湖琐谈》等；附录上编者加上证正。

《昭代粹言》是挑选多人的著作来编写的。第1册到第4册里载入了许筠的《海东野言》和其《别集抄》等里面记载的从"太祖纪"到"明宗纪"为止的内容；第5·6册里载入了禹性传(字景善, 号秋渊, 丹阳人, 中宗37年〈1542〉生, 官大司成) 编写的〈癸未记事〉·〈癸甲日录〉·〈时政录〉·〈己丑录〉等内容；第7·8册里载入了李廷馨的《东阁杂记》；第9·10册里载入了南碟(字卓夫, 号由由轩, 仁祖时人, 官宗庙直长)的著作《丙子录》·《乱离日记》·《江都录》；第11·12册里载入了金时让的《涪溪记闻》·《紫海笔谈》·《荷潭破寂录》等内容。

《海东辞赋》中选取了高丽·朝鲜时代的李奎报·李穑·李达衷·李崇仁·徐居正·金宗直·成侃·南孝温·金驲孙·李胥·闵齐仁·金麟厚·李春英·李安讷·赵缵韩·赵希逸·申最等人的诗赋编写的。

《海东遗珠》是选录朴续姜以下48名闾巷诗人的3百30余首诗编写的, 是研究平民诗文学的贵重资料。

《昭代风谣》是英祖13年〈1737〉刊行的。选取了朝鲜时代闾巷诗人162人的685首诗, 按照各体别编写的。

《风谣续选》是《昭代风谣》完成之后, 过了60年, 正祖21年(1797)编写的。选取《昭代风谣》之后的闾巷诗人303人的723首诗, 按照作者别编写的。

《海东诗选》是选集新罗时代以后到朝鲜纯祖时期为止的许多诗人的诗编写的。

《风谣三选》是《风谣续选》完成之后，过了60年，哲宗8年(1857) 编刊。选取《风谣续选》之后的闾巷诗人305人(包括无名氏四人·释子13人·女子4人) 的诗编写的。

《古今咏物近体诗》 选取了吟咏天道·地道·人事·楼台·饮食·花木·鸟鱼等的，我国以及中国唐·宋·元·明代的中国诗编写的。

《大东文粹》是选集古代到朝鲜时代为止的文章编写的。

《东文集成》是选取李穑·金宗直·崔岦·李廷龟·申钦·李植·张维·许穆·南九万·金锡胄·金昌协·赵龟命·黄景源·洪良浩·朴趾源·金迈淳·洪奭周·洪吉周等诗文编写的。

《东国风雅》 是1917年刊行的。选取新罗时代到朝鲜时代的有名的汉诗人的诗编写的。

《东洋历代女史诗选》是1909年编写的。收集了我国女流诗人50人、中国女流诗人约500人、日本女流诗人20人的5,500首诗编写的。

《大东野乘》 是在仁祖以前编著的诸多的著作中，选取59种有文化价值的内容编写的。其内容有《慵斋丛话》·《笔苑杂记》·《秋江冷话》·《师友名行铭》·《言叟闻琐录》·《丙辰丁巳录》·《稗官杂记》·《五山说林草藁》·《海东药府》·《青坡剧谈》·《阴崖日记》·《海东野言》·《己卯录补遗》·《己卯录续集》·《己卯录别集》·《乙巳传闻录》·《龙泉谈寂记》·《遣闲杂录》·《石潭日记》·《己丑录》·《己丑续录》·《海东杂录》·《癸甲日记》·《癸未记事》·《时政非》·《象村杂录》·《乱中杂录》·《续杂录》·《历代要览》·《再造蕃邦志》·《光海朝日记》·《凝川日录》·《光海初丧录》·《长贫居士胡撰》·《寄斋杂记》·《寄斋史草》·《东阁杂记》·

《奇翁漫笔》·《云岩杂录》·《闻韶漫录》·《甲辰漫录》·《松窝杂说》·《松溪漫录》·《月汀慢笔》·《梧阴杂说》·《清江琐语》·《丁戊录》·《逸史记闻》·《清白日记》·《延平日记》·《癸亥靖社录》·《默斋日记》·《混定编录》·《柳川箚记》·《竹窗闲话》·《松都记异》·《紫海笔谈》·《荷潭破寂录》·《涪溪记闻》 等。

《大东诗选》选集了古代到朝鲜时代的诗编写的。

《律选》 是选取我国和中国的唐·宋·明代的诗人写的七言律诗而编写的。

《选赋》是选取我国的李崇仁·李奎报·徐居正·金驲孙等人的赋和中国的文选里面的赋以及唐·宋时代的赋编写的。还有安鼎福编写的《选赋》(1册), 这里面选录了中国汉代到唐代为止的赋。

《续青丘风雅》是金宗直编写的《青丘风雅》(成宗时)的续选, 选取了朝鲜时代诗人们各体中的好诗编写的。

索引

D

F

G

H

J

K

L

M

N

O

P

Y

Z

韩国汉文学

- 概论与史 -

印刷 | 2015年 1月 20日
发行 | 2015年 1月 26日

著 者 | 文璇奎
译 者 | 安奇燮·金庆国
发行人 | 池秉文
发行处 | (韩)国立全南大学校出版部

登录 | 1981. 5. 21. 第53号
住所 | 500-757 光州广域市 北区 龙凤路 77
TEL | (062) 530-0571~2 Marketing 530-0573
FAX | (062) 530-0579
Homepage | http://www.cnup.co.kr
E-mail | cnup0571@hanmail.net

价格 20,000(韩币)

ISBN 978-89-6849-181-8 (93810)

이 도서의 국립중앙도서관 출판예정도서목록(CIP)은 서지정보유통지원시스템 홈페이지(http://seoji.nl.go.kr)와
국가자료공동목록시스템(http://www.nl.go.kr/kolisnet)에서 이용하실 수 있습니다.
(CIP제어번호 : CIP2015004252)